安徽省高等學校人文社會科學重點研究基地皖江歷史文化研究中心
安徽優秀傳統文化研究中心（皖江傳統文化）
資助

安慶師範大學皖江歷史文化研究中心
皖江文獻叢書·方志系列

安慶舊影校箋

程濱遺 著
汪祚民 校箋

北京师范大学出版集团
BEIJING NORMAL UNIVERSITY PUBLISHING GROUP
安徽大学出版社

圖書在版編目(CIP)數據

安慶舊影校箋/程濱遺著;汪祚民校箋. —合肥:安徽大學出版社,2023.11
(安慶師範大學皖江歷史文化研究中心皖江文獻叢書. 方志系列)
ISBN 978-7-5664-2686-4

Ⅰ.①安… Ⅱ.①程… ②汪… Ⅲ.①安慶—地方史—史料 Ⅳ.①K295.43

中國國家版本館 CIP 數據核字(2023)第 199423 號

安慶舊影校箋

Anqing Jiuying Jiaojian

程濱遺 著
汪祚民 校箋

出版發行:北京師範大學出版集團
安 徽 大 學 出 版 社
(安徽省合肥市肥西路 3 號 郵編 230039)
www.bnupg.com
www.ahupress.com.cn
印　　刷:安徽新華印刷股份有限公司
經　　銷:全國新華書店
開　　本:787 mm×1092 mm　1/16
印　　張:18.25
字　　數:315 千字
版　　次:2023 年 11 月第 1 版
印　　次:2023 年 11 月第 1 次印刷
定　　價:98.00 圓
ISBN 978-7-5664-2686-4

策劃編輯:李加凱
責任編輯:李加凱
責任校對:龔婧瑤
裝幀設計:李　軍
美術編輯:李　軍
責任印製:陳　如　孟獻輝

皖江文獻叢書編委會（以姓氏筆畫爲序）

主　任　彭鳳蓮

副主任　肖　新

成　員　王永環　朱　洪　芮文浩　肖　新

汪孔豐　汪長林　汪祚民　沈志富

宋豪飛　金松林　張　雷　張紅飛

彭鳳蓮　葉當前　鄭淑婷

序一

隨着學術研究的持續深入,『皖江』一詞所指的地域空間越來越清晰,皖江在長江文化中的價值地位也越來越凸顯。《長江文化史》《長江文化研究文庫》致力於長江分期文化與類型文化的綜合研究,每個時期都會涉及皖江文化,每個類型都涉及皖江流域。但皖江處於吴楚交界地帶,在先秦時期被楚文化與吴越文化覆蓋,在近代與海派文化和湖湘文化相競争,自身文化特質反而不鮮明,尚需要學術界進一步發掘與提煉。

安慶師範大學地處長江北岸的國家歷史文化名城安慶。安慶屬於皖江歷史文化帶的核心城市,也是長三角區域重點城市之一。學校一直把皖江文化研究作爲學科建設的主要陣地。早在二〇〇一年,安慶師範學院就設立皖江文化研究所;二〇〇二年七月,整合學校文科科研平臺,成立皖江文化研究中心;二〇〇八年九月,成功申報爲安徽省高等學校人文社會科學重點研究基地,更名爲『皖江歷史文化研究中心』。該中心設有桐城派與傳統文化研究、皖江歷史人物與中國現代化研究、禪學與皖江民俗研究、皖江文獻整理研究、黄梅戲與戲曲文化研究等方嚮。中心不斷彙聚和培養優秀人才,圍繞國家和安徽省經濟社會發展、文化傳承創新中的重大理論和實踐問題、學科發展的前沿問題,組織開展創新研究,陸續出版以《皖江文獻叢書》爲標志的高水準成果。

《皖江文獻叢書》分四個方嚮同步推進。方志系列先後整理了道光《桐城續修縣志》、道光《宿松縣志》、《安慶舊影》、乾隆《望江縣志》、正德《安慶府志》、同治《太湖縣志》等,正在組織整理乾隆《池州府志》、乾隆《太平府志》、光緒《直隸和州志》、民國《懷寧縣志》、民國《潛山縣志》等;《桐城派名家年譜》系列點校前賢編撰的桐城派名家年譜,已出版至第五輯,桐城派戴名世、方苞、王又樸、尹會一、陳大受、姚鼐、方東樹、姚瑩、王昶、鮑桂星、方士淦、吴廷棟、曾國藩、吴汝綸、歸有光等文人的經典年譜均已出版,惠及學林;《皖江文集》系列對區域代表性文人的别集展開校注;《皖江家集匯刻》系列對區域内知名家族的總集分工整理。這些都將爲區域歷史文化研究提供更加翔實的文獻。

安慶師範大學正在加快有特色、高水準的大學建設步伐。圍繞皖江文化研究搭建的跨學科、全方位、綜合性學術平臺已經建成。教育部人文社科重點研究基地的中國詩學研究分中心、徽學分中心及皖江歷史文化研究中心、皖江文化數字化保護與智能處理重點實驗室、安徽省皖江文化數字化保護與傳承工程研究中心、黄梅戲藝術發展研究中心等省級平臺協同合作，全面開展皖江文獻研究，重點推進以黄梅戲爲龍頭的戲曲表演實踐，着力打造以元宇宙爲主的數字化傳播、立體化展示的學術科研成果，爲長江文化研究作出應有的貢獻。

中華文明源遠流長，不同區域的文化不斷碰撞融合，最終彙聚成博大精深的中華文化。深入挖掘皖江文化，可以爲長江文化研究提供支撑，推進長江文化研究的學術深度，從而充實中華文明研究體系，助推中華民族現代文明建設。皖江文化是在長江安徽段特定的地理環境、幾千年積澱的歷史文化傳統、農林漁并重的生産生活方式影響下生成的地域文化，這些文化藴涵在豐富的地方文獻與民風民俗中。持續整理出版《皖江文獻叢書》，夯實學術文化研究的基礎工程，是一項有深遠意義的工作。學校的前輩學人爲此不計個人得失，付出艱辛勞動，獻身學術事業，功莫大焉。新時代區域文化研究的任務依然繁重，道路還很漫長，祇有一代代學人自强不息，薪火相傳，奮鬥不止，纔能無愧於學術這項神聖事業。是爲序。

安慶師範大學校長　彭鳳蓮

序 二

皖江文獻，乃指以安慶地區爲中心涵蓋長江之安徽段區域内所孕育、發展而産生并傳存於世的各種文獻資料。皖江，史稱上控洞庭，下扼京滬，『分疆則鎖鑰南北，坐鎮則呼吸東西』，有『長江萬里此咽喉，吴楚分疆第一州』之美稱。皖江地區不僅因地勢而顯耀於東南，而且是歷史悠久、地靈人杰、文化薈萃之域，爲後人留下了大量珍貴的歷史文獻資源。不僅有家喻户曉的蒙學《千字文》，『函雅故，通古今……期於通達』的《通雅》，還有如『現代中國佛教復興之父』『中國佛學的中興之祖』楊文會，中國近現代道教領袖、仙學創始人陳攖寧，『東方詩哲』、新儒學八大家之一的方東美，父子宰相張英、張廷玉，中國近現代史上偉大的啓蒙者陳獨秀；不僅有著名的徽劇與黄梅戲，還有影響一個時代的桐城派；不僅有李公麟、曹履吉、蕭雲從的繪畫，還有『和州三張』（張孝祥、張孝伯、張即之）與鄧石如的書法；不僅有《金粉世家》《啼笑因緣》，也有入選世界民歌首批非物質文化遺産名録的桐城歌；等等。

皖江地區，奇山秀水，地靈人杰，故其地方性志乘之纂修，亦承襲有序，已然形成自己的修纂傳統。早在魏晋時期就有無名氏的《廬江七賢傳》，其『七賢』蓋『先賢』之誤。姚振宗《隋書經籍志考證》云：『志叙有曰：「後漢光武，始詔南陽，撰作風俗，故沛、三輔有耆舊節士之序，魯、廬江有名德先賢之贊，郡國之書由是而作。」又曰：「魯、沛、三輔序贊并亡，則廬江先賢尚存。」此二卷其即東漢相傳之舊歟？』明清以降，纂修之風猶盛，存世文獻已蔚爲大觀，就其類别可分府志、縣志及專題志三種。

府志分安慶、池州與和州三類：安慶地區的方志編纂很早，然而宋元以前的《（舒州）圖經》《同安志》《續同安志》《同安後志》《懷寧圖經》《望江圖經》等均已亡佚。今存者唯明代天順六年（一四六二年）纂修的《直隸安慶郡志》、正德十五年（一五二〇年）纂修的《安慶府志》與嘉靖三十三年（一五五四年）纂修的《安慶府志》。清代則有姚琅修、陳焯纂、劉櫄重訂的《安慶府志》，原修於康熙十二年（一六七三年），增訂於康熙二十二年（一六八三年）。後於康熙六十年（一七二一年）知府張楷再次續修，成爲《安慶府志》的集大成者，也是安慶府志纂修的終結者。池州之志，漢、唐無所稽考。始作於宋守王伯大，再修於明守葉恩；而常顯、陳良器、祁司員、何紹正、文相等相繼修纂。據《皖志史稿》統計，有明一代池州府共九次修志，然今存者唯三部而已：正德《池州府志》、嘉靖《池州府志》與萬曆《池州府志》。清代三種：康熙十二年（一六七三年）《池州府志》、康熙五十年（一七一一年）《池州府志》和乾隆《池州府志》。和州志編纂亦很早，但明代以前的均已亡佚。今存明代三種：正統《和州志》、嘉靖《和州志》和萬曆《和州志》。清代七種：康熙十二年（一六七三年）、康熙二十三年（一六八四年）、乾隆《和州志》，嘉慶、同治、光緒《曆陽典録》，道光、同治、光緒《曆陽典録補編》，道光、光緒《直隸和州志》等。

縣志有桐城、潛山、懷寧、太湖、宿松、望江、貴池、建德、東流、石臺、青陽、南陵、繁昌、蕪湖、當塗、無爲、和縣等各縣縣志。其中著名者有章學誠的《和州志》、李兆洛的《東流縣志》、徐乃昌的《南陵縣志》等等。

有鑒於此，安慶師範大學將依據現有的人力與物力，對上述文獻進行有計劃的整理與研究，使本地區優秀的文化資源得以傳存，使先賢優秀的人文情懷得以光大，使皖江地區新的文化建設得以鑒古資今。其中，安慶師範大學皖江歷史文化研究中心點校的清代、民國時期的安慶六邑舊志，是這套叢書的組成部分。

亂世修牆，盛世修志。謹以此爲序！

安慶師範大學原校長　閔永新

序　三

方志起源，幾與中國文化史同步，周代就有『四方之志』的説法，《周禮》中已出現『方志』一詞。方志網羅散佚，撰集舊聞，可爲史者資焉，歷代方志中的許多纂修内容，很早已出現在先秦的地理書、國别史中。西漢時期司馬遷撰《史記》，給許多先秦、秦漢人物立傳，開創了以人物爲中心的紀傳體史書先例。受此影響，歷代方志的纂修内容，往往都從保存區域歷史文化的角度，將本地區重要人物事迹保存記録下來，人物志成爲方志的重要組成部分。

截至一九四九年，全國現存舊方志（包括通志、府志、廳志、縣志、鄉土志、里鎮志等，不含山、水、寺廟、名勝志等），共有八千二百餘種（《中國地方志綜録》）。這些舊志，是中華文明的瑰寶，是各地傳統文化的百科全書。但舊志使用文言文編纂，刻印數量少，竪排且没有標點符號，不僅讀起來較爲晦澀，也限制了舊志書的傳播和普及，大大影響了其藴藏的豐富内容爲當代經濟社會服務功能的發揮。

現代意義的『地方志』，是白話文運動之後的新名詞，出現在二十世紀二十年代之後。點校、整理舊志，就是運用白話文運動的成果，古爲今用。一九四九年後，百廢待舉，舊方志整理工作未及時展開。一段時期内，舊方志被當作『四舊』，受到批判。進入新時期，經濟社會快速發展，急需傳統文化爲當今社會服務，各地點校、整理出版舊方志蔚然成風，爲傳承中華民族優秀傳統文化作出了重要貢獻。

清代和民國時期，本土有識之士陸續纂修了安慶六邑縣志，内容十分豐富，涉及懷寧、桐城（含樅陽）、潛山（含岳西）、宿松、太湖、望江六邑的政治、經濟、文化、宗教、民俗、社會、地理、自然以及人物等等。如此豐富的舊志文化資源，洋洋大觀，不僅增添了後世民衆熱愛家鄉的親和力，也提升了本土民衆的文化自信，擴大了各縣的影響，直接推動了當地經濟和文化的發展。

點校舊志，具有保存文化遺産、傳承地方文脉、汲取先人智慧、弘揚優秀文化傳統和教育啓迪後人等多方面的文化意義。此外，整理舊志，也可爲廣大文史工作者、大中小學教師、地方管理部門研究本區域政治、經濟、文化、軍事、社會等問題提供必不可少的珍貴資料。總之，點校整理安慶六邑舊縣志，對於推動安慶經濟社會發展，貫徹落實文化强縣、文化强市戰略，具有重要的現實意義。

整理舊志是各地地方志部門的職責，可以爲編纂新方志創造良好的條件。整理校注舊志是一項浩瀚繁雜的工程，點校、整理出有較高閱讀和參考價值的舊志更是一件譽載史册的盛事。舊志内容豐富，語言近古，點校、整理需要大量人力、財力，缺少一樣，都會影響有較高質量舊志的及時點校和整理，從而影響舊志的當代價值功能發揮。因此，安慶師範大學一直不敢懈怠，多年來高度重視這項工作，也爲此作出了較爲突出的貢獻。

安慶師範大學是皖西南地區唯一的綜合性大學，肩負着傳承創新優秀傳統文化的職責和使命。皖江歷史文化研究中心是安徽省高校人文社科重點研究基地，中心專業實力雄厚，近年來在點校整理安慶方志方面積累了豐富的實踐經驗，成功點校康熙《安慶府志》并獲得國家古籍整理二等獎。幾年來，他們在完成本職工作的同時，抽調得力干將協同全校教師中有關專家全力以赴從事六邑縣志的點校工作，取得了豐碩成果。本次點校舊志，時間短，任務重，他們不僅按計劃完成了點校任務，還以老帶新，鍛煉和壯大了隊伍，爲學校在舊志點校整理、挖掘傳承地方歷史文化資源方面有更大作爲奠定了更好的基礎。

點校舊志，功在當代，利及千秋。謹以此爲序！

安慶師範大學原副校長　汪時珍

整理説明

《安慶舊影》是程濱遺撰述的一部富有特色和學術價值的城市志書。

程濱遺(一八七七—一九五三),譜名國京,字艮城,號小蘇、孟侯,安徽懷寧縣人。少孤,家道中落,朝出而耕,夕入而讀,學以日進。及長,辦學課徒於江南宣城、南陵等地。一八九四年,補弟子員,食廩餼。當時中國正經歷數千年未有之大變局,西學東漸,科舉漸廢。他東渡日本留學,畢業於東京法政學校。一九〇八年回國,在南陵等地辦中小學及法政、師範兩講習所。不久,應懷寧教育人士電請,回到安慶處理懷寧中學風潮。一九一〇年,與劉梧岡創辦私立高等農業學堂,與光明甫創辦私立專門法政學堂,兼任懷寧中學監督。一九一二年,募款籌辦江淮大學和乙種農業學校及工業補習學校,創辦《民岩報》,主編《實業雜志》《新教育》。一九一六年,袁世凱稱帝後,組織武裝參加護國運動,在北京與葛光庭創辦《中原日報》。次年,因所辦《中原日報》發表《馮國璋之總統夢》一文遭到馮國璋起訴,被判處有期徒刑三個月。一九一九年回到安慶,創辦私立第一女學,任皖省視學。一九二〇年,任安慶六邑中學校長。一九二一年,任安徽省教育廳義務教育事務所所長、省城義務教育籌辦員、勸學所所長,致力推廣普及小學教育,創辦小學二十多所。一九二七年,任安徽省教育經費管理處處長,參與省立安徽大學籌建。一九四六年任國立安徽大學教授,兼任懷寧中學校長。一九四九年後,擬聘爲安徽文史研究館館員。著有《田賦史》《安慶舊影》等。程濱遺詳細生平,見本書所附年譜與傳記資料。

程濱遺之子程勉説:『《安慶舊影》著於一九四九年以前,即安徽大學遷蕪湖之後。』(《安慶舊影》油印本《作者生平簡介》)《申報》一九四九年四月六日第二版《安徽大學學生一部已移蕪湖八百人留安慶待救濟》,明確記録安徽大學在一九四九年四月初開始部分遷往蕪湖,這是國民黨在解放戰爭中敗退所致。《安慶市志·大事記》(方志出版社一九九七年版)載:一九四九年四月二十三日,『人民解放軍參戰部隊及地方黨政軍機關入城,安慶解放。……在市軍管會領導下成立國立安徽大學校務委員會。六月，南京軍管會派首席代表薪樹鴻等四人接管安大』。一九四九年十二月四日，『安徽大學遷往蕪湖』。又《安慶舊影》中有五處記載民國三十七年（一九四八年）的事情，還有一處叙及抗戰勝利後作者自己恢復重建小學所遇到的困難，他不禁感慨説：『新社會以人民教育爲幟識，普及教育之大業，尋觀厥成，以彌以往之缺陷，私衷亦可以告慰矣。』這顯然是一九四九年安慶解放後的著述文字。在載録中等教育學校之後，明確交代了時限：『此皆一千九百四十九年以前之情形也。』綜上所述，可以斷定《安慶舊影》成書於一九四九年十二月底，這也是此書記事的時間下限。

安慶舊影是相對於解放後新社會的安慶而言。關於清代及清代以前的安慶歷史，明清兩代安慶府縣志有詳細記載。清末民初的安慶社會的變化，民國四年《懷寧縣志》和民國二十年開始編纂的《安徽通志稿》有所涉及，而對民國三十八年間的安慶歷史進行全程親歷記載的要數程濱遺的這部《安慶舊影》。此書的史料價值和學術價值是不言而喻的。

《安慶舊影》在體例上不泥於舊，頗具特色。全書不追求嚴整的類例，而以民國《懷寧縣志》爲藍本，參照民國《安徽通志凡例目録》，精心提煉出主旨鮮明的十一個專題。『城池之興廢』『公署之變革』『勝迹之流傳』『祠廟之興廢』等專題名稱關鍵詞直接承用民國《懷寧縣志》中的『城池』『官署』『名勝』『祠祭寺觀』等類目，其餘專題名稱皆是基於民國《懷寧縣志》豐富資料提煉出來的。《設府建省之緣起》《懷寧設縣之緣起》《古地名之溯源》等專題從《懷寧縣志》卷一中《沿革世表》《四境沿革考》《縣及桐城隸漢舒縣不隸龍舒譜》《縣境春秋隸桐皖二國漢晋隸舒皖二縣表》等豐富資料中梳理而出，簡明而集中地凸顯安慶悠久的歷史和由府縣治同城到省府縣治同城的重要地位，以及由緊靠古南岳天柱山到南宋末年濱臨皖江之演變躍遷。《社會之轉變》《私團（即民間組織）之組合》等專題，是綜合民國《懷寧縣志》中《風俗》《公局》《會館》等篇并予增補提煉而成的，《工商業》專題是借鑒民國《安徽通志凡例目録》中『工業考』『商務考』而形成的，呈現出民國時期西學東漸後新變的學術視野。各專題篇幅長短不一，内部結構層次繁簡有异。如《設府建省之緣起》《懷寧設縣之緣起》《城池之興廢》等專題篇幅較短，結構簡單，集中記叙個別事象，而《文教學制之推移》專題篇幅較大，占全書的四分之一，内部結構層級多達四個，載録了文教學制方面的系列事象。

《安慶舊影》在内容上多取材於民國《懷寧縣志》，但作了多方面的增補與更新。工商業在中國傳統社會中向來不受重視，民國《懷寧縣志》等舊志中没有設立專門類别；民國初年草草成書的《皖政輯要》雖設立『農工商科』一類，但有關安慶工商業的記載很少，且此書祇是抄成了清稿，没有公開出版發行；民國《安徽通志凡例目録》雖立『工業考』『商業考』之目，但没有付諸編纂。而《安慶舊影・工商業》專題載叙安慶工商業的發展情况，無疑是對民國《懷寧縣志》等舊志類别上的增補。《社會之轉變》《私團之組合》《文教學制之推移》等專題中的『生活的方式』『職業之組合』以及省立圖書館、通俗教育館、科學館、體育場、平民學校、新聞事業、戲劇等組成的『社會教育』等類目也是舊志中很少見到的，富有現代學術氣息。以民國《懷寧縣志》中『官署』『名勝』爲基礎寫成的《公署之變革》《勝迹之流傳》兩個專題，增加了民國官員公署和安慶名勝古迹各二十餘條，分别占這兩個專題總條目的一半。其中，公園條目較爲細緻地記載了菱湖公園、皖江公園及西門外園林勝境，是較早較全面的安慶公園小史。其他類似的專題，在其具體條目上也有一些增減。即使與民國《懷寧縣志》相同的許多條目，《安慶舊影》也盡量在内容上進行更新。如『大觀亭』條目，增加了大觀亭楹聯二十餘副，其中四副，甚至清末李國模《大觀亭志》也未記載。又如『安慶城池』條目，增加了民國時期拆城又修城、增闢城内三條通道和菱湖門等内容。大到新類目的增加，小到各條目的補充更新，都保存了安慶城市發展極爲珍貴的綫索與資料。

《安慶舊影》記載了作者親歷的大量事實。全書出現自我指代詞『予』一百三十三處，涉及政治、經濟、社會、文化教育等衆多領域，表明這些歷史事實皆與作者有關或爲作者親歷。其中，教育方面的事情最多。在第七專題《文教學制之推移》中，作者述説他自己『以革新教育爲職志』的奮鬥歷程：『光緒二十七年（一九〇一年），詔改書院爲學堂，自是教育乃有革新之機。予自幼孤寒，未嘗學問，惟生於運會推移之際，雖曾受學宫之廪餼、書院之膏火，深知窮經括帖，未足爲學，毅然。初則倡之於江南，自海外歸來，轉而托居於安慶，自大學以迄小學，皆稍盡其力，故學制推移之迹可得而溯焉。』同時還具體叙説了他創辦、經營大中小學的情况和爲安徽籌措教育經費的艱辛：『三十四年

（一九〇八年），予方辦理宣城、南陵中小學及法政師範兩講習所。』『清季，予假祠辦專門法政學堂。』『民國元年（一九一二年）春，予獨力募款籌辦江淮大學。』『八年（一九一九年），予就縣獄募款改建私立第一女學。』『九年（一九二〇年），予長安慶六邑中學。』『十年（一九二一年），予籌辦省會義務教育，先後成二十餘校。建築設備，亦係募集。』『十六年（一九二七年），改辦省立大學。……二十一年（一九三二年），不允續租。予仍兼法學院教授，又負省教育經費之責，乃就法政專門學校舊址，籌款建築。組織建築委員會，予與校長程演生爲正副主任委員。』『予之籌畫教育經費，先後幾三十年。』程演遺所叙這些自己在安慶從事教育工作的經歷和爲安徽教育事業所作的貢獻，是研究安慶教育史和安徽教育史極爲難得的第一手材料，可補相關文獻之不足。

在《安慶舊影》中，作者還發表了許多真知灼見，表現出科學進步的思想傾向和現代學術眼光。一是歌頌辛亥革命，反對封建帝制復辟。他叙説懷寧中學，『以監督易人，學生拒命，復令予兼任。……易白沙文學氣節，爲章太炎等所推重，自來鼓吹革命，聘爲教務主任。辛亥（一九一一年），編學生爲青年軍，而自任第二隊軍監。學生中有在武漢赴義而死者，百花亭東北隅，昔有韋烈士祠，其一也』。他論督練公所，『頗有養成軍國民之氣概。朱瑞、屈映光皆出身於公所中。辛亥革命，浙江首先響應，二人之力居多』。他談自己創辦《民岩》，『辛亥革命，政論紛起……予於辛亥革命時，首先創刊者，曰《民岩》』，或寓論斷於叙事，或直接表達對辛亥革命及其仁人志士的頌揚。他評晚清安徽最後一任巡撫朱家寶，『朱撫以袁世凱私誼而助袁稱帝，袁死又參與宣統之復辟，其爲人可知』，表現出對復辟帝制的輕蔑不齒。二是崇尚科學環保，反對虚妄迷信。在叙述安慶公園時説：『公園爲社會教育之一種，然游觀之地，多爲名勝所在。』『都市塵囂，人多目爲屠殺場。有此碩大之林園，以轉換空氣，未始非民衆衛生之一道也。』『城西商賈麇集，潮河至石牌以達潛山、太湖、望江，遵陸至三橋、高河埠、青草塥諸巨鎮以達桐城，舟車輻輳，人口尤多，必有公園以改造其環境。』這裏對公園衆多功能的評論充滿科學、環保、衛生的現代意識。叙説安慶古城康濟門：『乾隆二十九年（一七六四年），江潮入郭。巡撫托庸出康濟門，迎潮頭抛鐵索杖三十，潮立退數尺。事聞，錫「江國風清」四字額，懸之門樓。人比之武肅弩射。潮其爲威所屈耶？可哂已！』記御碑亭：『十三、十四兩碑，皆侈張窆蕨得米以爲天賜，録其詩以博一哂。』記佑聖觀、縣城隍廟：『佑聖觀惟一鐵鼎，失其所在，亦謂一無卒後，命黄冠者携去。虚妄之傳，未可信也。』『尤可笑者，他神無配偶，惟城隍及土地有之，此城隍以内治名閣之原因也，寢室枕帳俱備。民國初，某姓女死，夢其女將妻城隍，配以妝奩，鼓吹送縣廟，行合巹禮。其誕妄至此！』這些皆對迷信荒誕之舉和虚妄傳聞進行了批判。三是學術資政，經世致用。如記地政局：『自平均地權列諸政綱，地政之機關因之而建立。……既曰平均地權，自以改革爲必要。耕者有其田，其目的也。省局成立之後，初辦地政訓練班，繼辦陳報，復施以測量，又有地價之評議，依價徵税，非均賦而何？自漢以來，董仲舒、陸贄等爲佃户呼號，陸贄減租之論，元世祖減江南私租十分之二，成宗又減十分之二，其後凡民間私租普減十分之二爲定例。元猶能行之，乃欲平均地權者，二五減租行之浙江而見阻，以後遂成具文，無惑乎辦地政者猶囿於均賦之故智也。』此處指出民國地政局的設立本爲實施『平均地權』之政綱，進行土地改革，實現耕者有其田，實際上衹做了減租均賦的工作，沿襲了元代以來的舊例，且没有達到舊例的實際效果。論説充滿學術探討意味，非常具有現實針對性。記水利局，談論皖河：『此爲皖水故道，明季沙堵壅塞。清康熙時，自巡撫以下各捐巨款，開上下兩新河以泄之，……民國初曾有浚河之舉，衹浚石牌一小段，以款絀而中止。迄海口築堤成洲，水面愈狹激，而沿紗帽洲後反射西流，不獨有礙停舟，西城以外，後患將不堪設想。……黄梅、廣濟以下之内水至華陽入江，欲防江水之倒灌，於是有築堤建閘之議。但内水分流，繞望江縣城寶塔河以入皖河，河流愈急。護城圩之害易見，皖河之害難見，是則安慶所當注意之大端也。』此處論皖河之害十分全面、專業，富有學理，并提醒當政者『是則安慶所當注意之大端也』。叙安慶戲劇，認爲『欲改造社會，必使封建之遺迹消弭於無形，革新戲劇，此社會教育所當注意之大端也』。這些皆表現出較强的經世資政的思想意識。此外，對民國十一年（一九二二年）安徽省教育會選舉中知識分子『不爲全體之利益，而衹顧少數之私人』的不良習氣進行了批評，對抗戰烽火未及安慶之時安徽大學校長李順卿違背省令，擅自携款離職進行了鞭撻，『敵氛尚遠，「先去以爲民望」，以至校務中斷者九年』，富有現代知識分子的批判精神與使命情懷。

《安慶舊影》成書以後一直以抄本流傳。目前能見到的此書抄本有二：一是中共安慶市委黨史和地方志研究室藏本，一是安徽省圖書館藏本。前者是復印本，其原件很可能是程濱遺《安慶舊影》手稿。其中無明顯的塗抹删改，衹偶爾在一兩字上畫上小圓圈表示删除，在行間寫上一兩字表示增補，也有少數字迹改動。文字以毛筆書寫，筆迹與程氏題字很相似。可惜此複印本字迹正在褪落，若干頁地脚附近的文字已無法辨認。後者是根據手稿本精心抄寫的。凡手稿中畫圈表示删除的文字除個別外，基本上没有抄入；手稿行間增補的字幾乎都已抄入。亦用毛筆抄寫，字迹工整，每頁十行，行二十一字，并編制了目録。這是安徽省圖書館專爲收藏而抄寫的精善之本。一九八三年十月，安慶市交通局史志辦公室搜集到本書手稿副本，以簡化字油印出來，作爲内部參考資料向各界推薦。相對而言，此本文字差錯較多。本次整理以安徽省圖書館館藏抄本爲底本（以下簡稱此本爲『底本』），以中共安慶市委黨史和地方志研究室藏手稿複印本（以下簡稱『手稿複印本』）、安慶市交通局史志辦公室油印本（以下簡稱『油印本』）以及與此書相關的近現代報刊等各種資料進行參校。

底本的最大的問題是目録與正文標目形式不一致：目録中的一級標題前皆有『一』『二』等漢字數字序號，但正文中與之對應的一級標題皆無序號。對於標題層級最多（共有四級）的第七個專題《文教學制之推移》，目録中第二級標題序號爲『甲』『乙』等天干序號、第三級標題序號爲『（一）』『（二）』等加括號的漢字數字序號，第四級爲細目無序號；而正文中與之對應的第二、三兩級標題序號皆爲漢字數字序號，第四級細目增加了天干序號，極爲混亂。目録在第六專題一級標題下，在第八、第十一專題兩個二級標題下，第九專題前兩個二級標題下，第十專題第一個二級標題下，皆無下一級細目；而正文在與之相對應的一級或二級標題下皆列有細目。針對這些問題，在整理時作如下處理：凡正文中各級標題序號一律按目録中各級標題序號進行校改；凡目録中一、二級標題下無細目而與之對應的正文中列有細目的，在目録中按正文補列細目；凡正文中無序號細目下的再下一級細目前的序號一律删除。這些校改與校補，不再另出校記。底本與手稿複印本似皆依照同一手稿，但底本在抄寫的過程中難免出現一些差錯，而手稿複印本除字迹褪落不可辨認的部分基本等同於手稿本，故撰寫校記時，凡底本與手稿複印本文字相同的，就以底本爲代表，不提及手稿複印本；凡底本與手稿複印本文字相異的，兩個本子同時提及。

鑒於油印本是目前流傳較廣的版本，凡在整理中發現此本衍、脱、倒、誤和其他一些與底本不同之處，皆出校記。此本於歷代年號紀年或國號紀年後皆用圓括號加注公元紀年，便於閲讀，此次整理依舊保留。校記中出現年號紀年，不再括注公元紀年。此本《補遺》中收録了程濱遺四子程愓提供的兩則遺稿，可以與《勝迹之流傳》專題中『安園』與『菱湖公園』條目的相關記載互參。本次整理，擬將兩則遺稿録於《勝迹之流傳》專題最後，不另立『補遺』之目。此本開篇收録的程濱遺長子程勉撰寫的《作者生平簡介》是有關程濱遺和此書的重要材料，擬連同此本《附記》編入此次整理的附録之中。

隨著各種大型文獻叢書及相關電子文獻數據庫的不斷出版問世，文獻檢索與資料的全面獲取變得空前便利。此次整理充分運用了這些便利條件，不僅對書中文字進行校勘，還對書中所引用的詩文資料追本溯源，盡可能交代原始出處，對書中所沿襲的一些錯誤記載盡可能予以辨正。特别是在檢索近現代報刊時，發現了大量與此書作者程濱遺相關的報道，於是爲之作了一個近四萬字的年譜。以年譜的形式，將近現代報刊書籍中有關程濱遺零星資料有序歸整起來，可以進一步印證與補充程氏書中的記載，同時也可以糾正以往程濱遺生平傳記中的許多錯誤。這也許算是對程濱遺及其《安慶舊影》的另一種更有意義的箋注。

此書整理校箋工作得到社會各界的關心支持。安徽省圖書館和安慶市圖書館、中共安慶市委黨史和地方志研究室分别提供了底本和參校本，中國人民大學張全海教授和中共安慶市委黨史和地方志研究室汪忠民先生爲本書校勘和附録《程濱遺年譜》的編撰提供了程氏家譜資料和一些相關的研究成果，安慶師範大學皖江歷史文化研究中心葉當前主任、汪長林先生、王永環老師幫助查找資料和審核校箋整理稿的格式規範，并提出了許多寶貴意見，安徽大學出版社李加凱副編審爲本書的出版付出了辛勞，在此一并致謝！整理中的錯誤與缺失在所難免，敬請方家和廣大讀者批評指正！

汪祚民　二〇二三年六月識於安慶師範大學龍山校區雙龍湖畔

《皖江文獻叢書》校點體例

一、總則

（一）皖江文獻乃指以安慶爲中心的涵蓋長江之安徽段區域孕育、發展所産生并傳存於世之各種文獻。史稱皖江上控洞庭，下扼京滬，『分疆則鎖鑰南北，坐鎮則呼吸東西』，有『長江萬里此咽喉，吴楚分疆第一州』之美稱。皖江地區不僅地勢顯耀於東南，且歷史悠久、人杰地靈、文化薈萃，爲後人留下諸多文獻資源。

（二）本叢書以皖江文獻爲主體，與其有關之資料，可酌情選擇作爲附録。

（三）《皖江文獻叢書》校點包括以下幾項：

①整理説明；②皖江文獻原刻本序跋；③皖江文獻正文部分；④附録（包括皖江文獻編纂者傳記資料、墓志銘等）。

（四）叢書包括方志系列、《桐城派名家年譜》系列等。

二、校勘

（一）整理之前，應盡力搜集文獻之各種傳本，并確定底本與參校本。

（二）於同一事實之載記，凡底本不誤而他本誤者，一般不出校記。

（三）底本明顯刊誤，如因形致誤之『己』『已』『巳』之類，可以依據上下文予以辨識者，徑改而不出校記。

（四）底本之訛脱衍倒，可以斷定者，於訛倒處加圓括號『（　）』標示，改正之字置於括弧内；於脱漏處添補之字加方括號『［　］』標識；於衍處加尖括號『〈　〉』標明，以示删除。凡底本原缺字以空格表示者，以『□』表示；底本字迹不清無法辨識者，以『■』表示。重要校改應出校記，簡要説明理由。若疑爲訛脱衍倒，而難以確認者，則不加校勘符號，仍存原文，必要時可出校存疑。

（五）凡所載之事實，底本與他本文异，但義可兩通、難斷是非者，以校記説明。

（六）個别虚字有异而文義無殊者，仍存原文不改，可不出校。

（七）凡作者原文避本朝名諱及家諱者，一般可不改，缺筆者補足筆畫。引用古書而避當朝名諱者，應據古書及原書改回，并於首見處出校説明，餘皆徑改，不出校。

（八）對書中引用之文字，要進行覆核。若引用文字與原書小异但不失其本意者，則存原文不改，亦不出校；若節引文字與原書大异且失其原意者，應出校説明。

（九）校碼用漢字數碼加方括號置於所校字句之後，校記附於頁末。

（一〇）校記力求簡短，摘引正文僅舉所校詞語，不引全句。

（一一）本書采用繁體竪排。

（一二）文中通假字、异體字一般保留。

（一三）文中如有譯名與現行譯法不同者，仍存原譯。同一譯名在文集中前後互异者亦存其异。

三、標點

（一）標點符號使用依照二〇一一年國家頒布之《標點符號用法》，但具體使用時應注意古代漢語特點，如標點一般不用省略號、連接號與着重號等，冒號、感嘆號、問號儘量少用。

（二）韵文一般在押韵處用句號，若爲詞曲，還應考慮譜讀。

（三）凡名詞并列而易引起誤會者，用頓號分開。雖爲名詞并列但不引起誤讀處，可不加頓號，如『漢唐』『江淮』『巴蜀』等。

（四）引文不完整，末尾不宜用句號者，引文前不用冒號。凡引文祇用引號不加冒號者，引文末尾標點放在引號之外；引號、冒號俱全者，其末尾標點放在引號之内。

（五）作者與書名簡稱連用時，用引號標示，如『班書』（指班固《漢書》）。書名與篇名簡稱連用時則標書名號，如《漢表》（指《漢書》諸表）。

（六）書名號内又有書名或篇名時，裏面一層可不標明，如吴汝綸《辯程瑶田九穀考》之《九穀考》，可不標書名號。同一書中不同篇名連用，按如下方法處理：《漢書》：《賈誼傳》《司馬遷傳》《東方朔傳》。

四、其他

（一）整理時，應依據内容，適當劃分段落。段落劃分宜從大層次着眼，無須過細。

（二）整理説明應力求簡要，一般不超過一萬字。

（三）整理者撰寫整理説明、簡介、校記時，應注意下列各點：

①凡人物一般均稱名，不稱字、號或别署。如方苞，不稱方望溪等。

②凡地名一律用當時名稱，需要加注今名時用圓括號標示注文，但一般不加注。

《安慶舊影校箋》主要參校書目

一、經部

《周禮》，中華書局《十三經注疏》本
《孟子注疏》，漢・趙岐注，宋・孫奭疏，北京大學出版社二〇〇〇年版《十三經注疏》整理本
《蜀語》，明・李實撰，中華書局《叢書集成初編》本

二、史部

《史記》，漢・司馬遷撰，中華書局一九五九年版
《漢書》，漢・班固撰，中華書局一九六二年版
《後漢書》，南朝宋・范曄撰，中華書局一九六五年版
《兩漢刊誤補遺》，宋・吴仁杰撰，《知不足齋叢書》本
《三國志》，晋・陳壽撰，中華書局一九七一年版
《陳書》，唐・姚思廉撰，中華書局一九七二年版
《南史》，唐・李延壽撰，中華書局一九七五年版
《隋書》，唐・魏徵等撰，中華書局一九七三年版
《舊唐書》，後晋・劉昫等撰，中華書局一九七五年版
《新唐書》，宋・歐陽修、宋祁等撰，中華書局一九七五年版

《宋史》，元·脱脱等撰，中華書局一九七七年版
《元史》，明·宋濂等撰，中華書局一九七六年版
《明史》，清·張廷玉等撰，中華書局一九七四年版
《崇禎實録》，臺灣影印嘉業堂舊藏鈔本
《高宗純皇帝實録》，清·慶桂纂修，中華書局影印《清實録》本
《高士傳》，晋·皇甫謐撰，道光重編增刻《指海》本
《使琉球記》，清·張學禮撰，《四庫全書存目叢書》本
《宋本太平寰宇記》，宋·樂史撰，中華書局二〇〇〇年版
《元豐九域志》，宋·王存撰，中華書局一九八四年版
《大明一統志》，明·李賢撰，明弘治刻本
《大清一統志》，清·和珅等纂修，《四庫全書》本
《江南通志》，清·黄之雋等修，乾隆刻本
《安徽通志》，清·吴坤修等修，《續修四庫全書》本
《江西通志》，劉坤一等纂修，清光緒七年（一八八一年）刻本
《安徽通志稿》，安徽通志館纂修，民國二十三年（一九三四年）鉛印本
《建康志》，宋·馬光祖、周應合纂修，嘉慶六年（一八〇一年）刻本
《直隸安慶郡志》，明·周翔、張淍等纂修，黄山書社二〇一一年版
《安慶府志》，明·胡纘宗等纂修，《四庫全書存目叢書》本
《安慶府志》，明·李遜等纂修，黄山書社二〇一一年版
《安慶府志》，清·姚琅等纂修，劉樫等增修，康熙二十二年（一六八三年）刻本

《安慶府志》，清·張楷等纂修，中華書局二〇〇九年版
《潛山縣志》，清·鄭遹玄等纂修，順治十一年（一六五四年）刻本
《懷寧縣志》，清·段鼎臣等修，康熙二十五年（一六八六年）刻本
《潛山縣志》，清·李載陽等纂修，乾隆四十六年（一七八一年）刻本
《懷寧縣志》，清·王毓芳等修，清道光五年（一八二五年）刻本
《嘉應州志》，清·吴宗焯、李慶榮等纂修，光緒二十七年（一九〇一年）刻本
《懷寧縣志》，朱之英、舒景衡纂修，民國七年（一九一八年）鉛印本
《虞鄉縣新志·禮俗略》，徐貫之、周振聲纂修，民國九年（一九二〇年）石印本
《冀城縣志·禮俗》，馬繼楨、邢翽桐等纂修，民國十八年（一九二九年）鉛印本
《杏花村志》，清·郎遂撰，康熙刻本
《大觀亭志》，清·李國模撰，宣統刻本
《安慶舊影》，程濱遺撰，安徽省圖書館藏抄本
《安慶舊影》，程濱遺撰，中共安慶市委黨史和地方志研究室藏手稿複印本
《安慶舊影》，程濱遺撰，安慶市圖書館藏安慶市交通局史志辦公室油印本
《荆楚歲時記》，梁·宗懔撰，明刻《寶顔堂秘笈》本
《夢粱録》，宋·吴自牧撰，清刻《學津討原》本
《武林舊事》，宋·周密撰，清刻《知不足齋叢書》本
《通典》，唐·杜佑撰，中華書局一九八八年版
《皖政輯要》，清·馮煦、陳師禮纂修，黄山書社二〇〇五年版
《建國方略》，孫文撰，民智書局一九二六年版

《安慶六邑中學一覽》，安慶六邑中學編，一九三一年版
《中華民國工商税收史料選編第三輯》，南京大學出版社一九九六年版
《陳獨秀年譜》，唐寶林、林茂生著，上海人民出版社一九八八年版
《民國時期政區沿革》，鄭寶恒著，湖北教育出版社一九九九年版
《沈曾植年譜長編》，許全勝著，中華書局二〇〇七年版
《民國政制史》，錢端升著，上海人民出版社二〇〇八年版
《安慶記憶》，丁盛安撰，合肥工業大學出版社二〇一〇年版
《慎宜軒日記》，姚永概撰，黄山書社二〇一〇年版
《中國行政區劃通史》（中華民國卷）修訂版，傅林祥、鄭寶恒著，復旦大學出版社二〇一七年版

三、子部

《管子校注》，黎翔鳳撰，中華書局二〇〇四年版
《增訂盛世危言新編》，清·鄭觀應撰，《續修四庫全書》本
《藝舟雙楫》，清·包世臣撰，《續修四庫全書》本
《楹聯叢話》，清·梁章鉅撰，《續修四庫全書》本
《楹聯述録》，清·林慶銓撰，江西人民出版社二〇〇〇年版《聯話叢編》本
《平治樓聯話》，清·林宗澤撰，江西人民出版社二〇〇〇年版《聯話叢編》本
《對聯話》，吴恭亨撰，江西人民出版社二〇〇〇年版《聯話叢編》本
《師竹廬聯話》，竇鎮撰，江西人民出版社二〇〇〇年版《聯話叢編》本
《分類新撰楹聯大全》，王有珩撰，上海大東書局一九二一年版

《古今聯語彙選三集》，胡君復編，上海商務印書館一九二三年版
《安徽名勝楹聯輯注大全》，白啓寰主編，安慶市楹聯協會、無爲縣楹聯協會編，一九九七年排印本
《容齋隨筆》，宋·洪邁撰，明崇禎刻本
《疑耀》，明·張萱撰，清刻《嶺南遺書》本
《通雅》，清·方以智撰，清光緒刻本
《陔餘叢考》，清·趙翼撰，《續修四庫全書》本
《晁氏客語》，宋·晁説之撰，宋刻《百川學海》本
《吹劍録》，宋·俞文豹，古典文學出版社一九五八年版
《筠廊偶筆》《筠廊二筆》，清·宋犖撰，《四庫存目叢書》本
《韵石齋筆談》，清·姜紹書撰，《四庫全書》本
《紺珠集》，宋·朱勝非撰，明天順刻本
《續齊諧》，梁·吴均撰，明刻《增定古今逸史》本
《兩般秋雨盦隨筆》，清·梁紹壬撰，《續修四庫全書》本
《古今合璧事類備要》，宋·謝維新、虞載輯，明嘉靖刻本
《二十年目睹之怪現狀》，吴趼人撰，《續修四庫全書》本
《列仙傳》，漢·劉向撰，明正統道藏本
《五燈會元》，宋·釋普濟撰，中華書局一九八四年版
《林間録》，宋·釋惠洪撰，明萬曆刻本

四、集部

《歐陽行周文集》，唐・歐陽詹撰，《四部叢刊》本
《王司馬集》，唐・王建撰，清康熙刻本
《宛陵先生集》，宋・梅堯臣撰，《四部叢刊》本
《臨川先生文集》，宋・王安石撰，《四部叢刊》本
《勉齋集》，宋・黄榦撰，《中華再造善本》本
《菊礀集》，宋・高翥撰，《四庫全書》本
《文天祥詩集校箋》，宋・文天祥撰，劉文源校箋，中華書局二〇一七年版
《道園學古録》，元・虞集撰，《四部叢刊》本
《青陽先生文集》，元・余闕撰，明正統刻本
《居竹軒詩集》，元・成廷珪撰，明嘉靖刻本
《高青丘集》，明・高啓撰，上海古籍出版社一九八五年版
《金川玉屑集》明・練子寧撰，明弘治刻本
《一峰文集》，明・羅倫撰，《四庫全書》本
《鳥鼠山人小集》，明・胡纘宗撰，《四庫全書存目叢書》本
《張龍湖先生文集》，明・張治撰，《四庫全書存目叢書》本
《霧靈山人詩集》，明・阮自華撰，明崇禎刻本
《求是堂文集》，明・文德翼撰，《四庫禁毀書叢刊》本
《田間詩集》，清・錢澄之撰，《續修四庫全書》本

《東莊詩存・倀倀集》，清・呂留良撰，清宣統刻本
《帶經堂集》，清・王士禛撰，《續修四庫全書》本
《漁洋山人精華録》，清・王士禎撰，《四庫禁燬書叢刊》本
《聖祖仁皇帝御製文集》，清・玄燁撰，《四庫全書》本
《古歡堂集》，清・田雯撰，清康熙乾隆間刻《德州田氏叢書》本
《存誠堂詩集》，清・張英撰，《清代詩文集彙編》本
《白石山房集》，清・李振裕撰，《四庫全書存目叢書》本
《敬業堂詩集》，清・查慎行撰，《四部叢刊》本
《御製詩集》，清・弘曆撰，《四庫全書》本
《笥河詩集》，清・朱筠撰，《續修四庫全書》本
《知足齋詩集》，清・朱珪撰，《續修四庫全書》本
《惜抱軒詩集》，清・姚鼐撰，《續修四庫全書》本
《附鮚軒詩集》，清・洪亮吉撰，清乾隆刻本
《兩當軒集》，清・黃景仁撰，上海古籍出版社一九八三年版
《壹齋集》，清・黃鉞撰，《續修四庫全書》本
《石柏山房詩存》，清・趙文楷撰，《續修四庫全書》本
《船山詩草》《船山詩草補遺》，清・張問陶撰，嘉慶刻本
《昔希堂詩集》，清・潘瑛撰，嘉慶刻本
《靈芬館詩》四集，清・郭麐撰，《清代詩文集彙編》本
《泰雲堂集》，清・孫爾準撰，《續修四庫全書》本

《崇百藥齋三集》，清・陸繼輅撰，《續修四庫全書》本
《陶文毅公全集》，清・陶澍撰，《續修四庫全書》本
《求志居集》，清・陳世鎔撰，《清代詩文集彙編》本
《補讀室詩稿》，清・朱蘭撰，《清代詩文集彙編》本
《畫延年室詩稿》，清・袁起撰，同治刻本
《聽松山房詩》，清・陳榆蔭撰，光緒刻本
《徵息齋遺詩》，清・潘慎生撰，清宣統二年（一九一〇年）石印本
《周慤慎公全集》，周馥撰，《清代詩文集彙編》本
《網舊聞齋調刁集》，方守彝撰，民國排印本
《沈曾植集校注》，錢仲聯校注，中華書局二〇〇一年版
《嘯樓集》，李大防撰，民國排印本
《劉申叔遺書・左盦外集卷十九》，劉師培撰，江蘇古籍出版社一九九七年版
《澄園詩集》，何雯撰，民國排印本
《大雅集》，元・賴良撰，《四庫全書》本
《古今禪藻集》，明・釋正勉等撰輯，《四庫全書》本
《列朝詩集》，清・錢謙益輯，《續修四庫全書》本
《明詩綜》，清・朱彝尊輯，康熙四十四年（一七〇五年）刻本
《全唐詩》，清・曹寅、彭定求等編，中華書局一九六〇年版
《湖海詩傳》，清・王昶輯，《續修四庫全書》本
《皖江三家詩鈔・梅湖詩鈔》，清・陳世鎔編，民國四年（一九一五年）重刻本

《二老堂詩話》，宋·周必大撰，中華書局一九八一年版《歷代詩話》本

五、近現代報刊

《中報》數據庫，北京愛如生數字化技術研究中心
《大公報》數據庫，北京愛如生數字化技術研究中心
中國近代中文報紙全文數據庫，上海圖書館
晚清民國期刊全文數據庫，上海圖書館
晚清和民國中文報紙集全文數據庫，East View 公司

目録

安慶舊影校箋

程濱遺著〔一〕　汪祚民校箋

一、設府建省之緣起

宋紹興十七年（一一四七年），改德慶〔二〕軍爲安慶軍，此安慶命名之始。慶元元年（一一九五年），以寧宗潛邸升爲府，又爲設府之始。明初改寧江。洪武六年（一三七三年），仍稱安慶。當時有應天十府巡撫，安慶隸焉。崇禎十年（一六三七年），張國維請割安、池、太，別設巡撫，以史可法任之，安慶不隸應天巡撫自此始〔三〕。清順治二年（一六四五年），置江南省。康熙元年（一六六二年），始設安徽巡撫，駐安慶。三年〔四〕（一六六四年），江南二按察使，分其一駐安慶〔五〕。乾隆二十五年（一七六〇年），江南二布政使，曾於康熙六年定左布政使爲安徽布政使司，至此亦自江寧移駐安慶。初領安慶、徽州、寧國、池州、太平、廬州、鳳陽、淮安、揚州九府，徐、滁、和、廣德四州。康熙五年（一六六

〔一〕程濱遺著：『程』，底本誤作『陳』。『濱遺』，底本作『小蘇』，以號署名。『著』，底本作『輯』。今據油印本載程濱遺子程勉本書《作者生平簡介》校改。

〔二〕慶：底本與油印本誤作『安』，據《宋史・地理志》校改。

〔三〕崇禎十年……自此始：此據《明史・張國維傳》之説。《崇禎實録》卷十：十年秋七月己巳，『以史可法爲右僉都御史，協理剿寇軍務，巡撫安、廬、池、太，兼轄光、蘄、固始、廣濟、黄梅、德化、湖口等縣。』與《明史・張國維傳》記載稍异，録以備考。『應天巡撫』，《明史・張國維傳》作『江南巡撫』。

〔四〕三年：油印本二字上增『康熙』。

〔五〕一駐安慶：乾隆《江南通志》卷一百六《職官》：『舊制通省止設按察使一員，駐省城。康熙三年又添設一司，南駐省城，轄江蘇九府一州；北駐安慶府，轄安徽五府三州（原注：江北一員係添設。康熙三年駐泗州，五年駐安慶）。康熙五年，南改爲江蘇按察使，管七府一州；北改爲安徽按察使，管七府三州，不相統領。』據其原注，新設按察使駐安慶并改名爲安徽按察使，是在康熙五年。此處表述略有差誤。

六年），以淮安、揚州二府及徐州屬江蘇。雍正二年（一七二四年），改廬州府之六安州、鳳陽府之泗州爲直隸州。十三年（一七三五年），又改先屬鳳陽府之潁州爲潁州府，清代安徽疆域之建置始定。此又安徽建省及以安慶爲省會之源流也。咸豐三年（一八五三年），太平軍據安慶，僑治廬州。省志云：廬州之地，『平衍散漫，無重關大江之險，非建牙所宜』〔一〕。同治元年（一八六二年），事既平，仍還舊治〔二〕。民國二十六年（一九三七年），以蕪湖爲日寇所陷，移駐六安，繼移駐立煌。日寇投降後，藉口安慶殘破，暫假合肥辦公〔三〕。蓋十年以來，安徽軍民兩政，皆入於桂系之手，蚌埠爲桂系軍事與經濟之集團，求其聯繫而已。同治之初，安慶幾成廢墟，吴坤修重加創作，不及三年，得復舊觀。此時日寇所遺之建築資料，不可以數計，較之當年，更易爲力。追懷往事，不勝感慨係之。

〔一〕省志……非建牙所宜：省志即光緒《重修安徽通志》。引文見此書卷二十一。

〔二〕同治元年……仍還舊治：『同治元年』，底本作『十三年』，油印本作『十一年』，皆蒙上省『咸豐』年號。考《清史稿・穆宗本紀一》載：咸豐十一年八月『甲戌，曾國荃軍復安慶』。同治元年五月『甲辰，允曾國藩議，仍以安慶爲省治』。光緒《重修安徽通志》卷九十八載『同治元年克安慶，復建省會』。據此校改。

〔三〕暫假合肥辦公：此處所述爲一九四八年十二月之前的情形。《大公報》上海版一九四九年一月十二日第五版《夏威在安慶談 省府不還屯溪 下鄉人員將調回若干》：『本報安慶通信：夏威主席對記者説：省府遷到安慶辦公，如無特殊原因，決不輕易遷動。外傳省要遷往屯溪，并無此種打算。……省府從去年十二月廿一日正遷回本市，到今天不過短短的半月功夫，而一般物價便猛漲了兩倍，像米、柴、油、鹽、菜蔬等民生必需品等都在作着幾何級數的跳躍，使市民起初一股熱烈盼望歡迎還治的心情漸漸冲淡了。……各界歡迎省府還治安慶大會第一次籌備會，四日在懷寧縣參會召開，議決八日上午十時在本市舊省府廣場舉行歡迎省府還治大會。』《大公報》上海版一九四九年二月九日第一版《皖省府將遷屯溪》：『本報屯溪八日專電：一再闢謠否認再搬家的安徽省政府現已決定沿安屯公路遷到此地來了。皖南行署八日上午召各機關開會，籌備接待。』據此，自一九四八年十二月二十一日，省府開始還治安慶，至一九四九年二月八日決定遷往屯溪。此爲國民黨在解放戰爭中節節敗退所致。

二、懷寧設縣之緣起

皖縣經東晉永嘉之亂而廢，安帝置晉熙郡，改縣曰懷寧，此懷寧命名之始。然古之懷寧，今之潛山也，當時安慶府治亦在焉。南宋嘉定十年（一二一七年），府治移至宜城〔一〕，而懷寧則移治皖口〔二〕，今之山口鎮也。以宜城舊爲桐城境，懷寧境衹至皖口而止耳〔三〕。景定元年（一二六〇年），府治既定。《南畿志》：懷寧縣『隨府遷於宜城』，此又懷寧附郭之始〔四〕。懷寧之名立於晉，至南宋而東跨桐城，至元而西分潛山，今懷寧之境始定。晉懷寧之東境，爲今懷寧之西境矣。抗戰時以安慶爲日寇所陷，曾移治石牌。石牌古稱石牌口，爲潛、太、望之通衢。太平天國時，嘗立新城縣，其遺迹猶可索驥也。

〔一〕南宋嘉定……府治移至宜城：《宋史·地理志》：『端平三年，移治羅刹洲，又移楊槎洲。景定元年，改築宜城。』明代嘉靖《南畿志·安慶府》明確記載：『古郡城在皖山之陽。宋景定初遷於盛唐灣宜城渡之陰。』嘉靖《安慶府志》記載同。但清順治《潛山縣志·地理志·沿革》則説：『嘉定十年建城於盛唐宜城渡之陰，是爲府治，潛地仍稱舒州。』康熙二十二年《安慶府志》卷五《城池》也説：『宋嘉定十年丁丑夏四月，金人犯光州，寧宗以黄幹知安慶。幹至，則金人已破光州，乃請諸朝，建城於盛唐灣宜城渡之陰。安慶建城自此始。舊志云景定庚申始移治者，誤也。』此後安慶府縣志多承其説。其實，黄幹知安慶，鑒於安慶郡城爲土城，難以固守，加之金人破光州，請爲郡城加築城壁，非遷府治重新建城。詳見黄幹《勉齋集》相關篇章。作此辨正，原文仍舊。

〔二〕懷寧移治皖口：明嘉靖年間安慶府通判鄭禧《重建皖鎮橋碑記》：『距皖城西半舍許，有地曰山口鎮，懷寧舊治在焉。』其中，山口即皖口，可印證此説。然明天順六年《直隸安慶郡志》、嘉靖三十年《安慶府志》叙及宋季安慶府及下轄桐城、望江兩縣徙治情况，唯獨不載懷寧徙治皖口，宋元文獻亦無相關記載。

〔三〕以宜城……至皖口而止耳：此承民國《懷寧縣志》卷一《四境沿革考》『懷寧舊壤東迄於皖口而止』之説。按，北宋初年成書的《太平寰宇記》卷一百二十五載：『長風沙在懷寧縣東百九十里，置在江界以防寇盗。元和四年入圖經。』《元豐九域志》卷五載舒州懷寧縣有長風沙鎮。可見宋代懷寧東境至長風沙鎮，宜城在皖口與長風沙之間而近皖口，應爲懷寧縣地，非桐城縣境。作此辨正，原文仍舊。

〔四〕懷寧附郭之始：考《隋書·地理志》《通典·州郡典》《舊唐書·地理志》《太平寰宇記》，懷寧縣治皆與同安郡郡治或舒州州治同城附郭，懷寧附郭始於隋代甚至更早，并非宋末。

三、城池之興廢

古之皖城，今之潛山縣城也。《通典》：『楚靈王建。』東晋以懷寧名縣，南宋以安慶名府，其城猶潛山之故城耳。南宋嘉定十年（一二一七年）丁丑夏四月，黄幹知安慶府，乃建城於盛唐灣宜城渡之陰，此爲今安慶城建置之始〔一〕。《宋史》及《一統志》《南畿志》皆不載，然《修城題名碑》〔二〕，至今猶可考也。馬光祖《建康志》：景定元年（一二六〇年）三月，築宜城爲新安慶府。《宋史》：『城安慶。詔馬光祖進二秩。』人遂謂安慶築城始於馬光祖。自黄幹築城後，端平二年（一二三五年）曾移治羅刹洲，後又移治楊槎洲，至景定始還治。既經轉徙，久可成墟。馬光祖爲沿江制置大使，當有復興之責，謂安慶城始於黄幹、成於馬光祖可也。《建康志》：『城周十三里。』今之所傳者九里十三步而已。

厥後元至正時之余闕，明洪武時之常遇春、戈預，嘉靖時之吴麟，天啓時之陳鑣、歐騰霄，崇禎時之皮應舉、黄配玄〔三〕，清順治時之桑開第、李日芃、王庭賓、賈壯、宜永貴，康熙時之葉九思，乾隆時之高晋、托庸、書霖，嘉慶時之董教增，同治時之曾國藩，屢加修葺。其致力尤勤者：元至正十六年（一三五六年）守帥余闕，增高至二丈六尺；明天啓三年（一六二三年），知府陳鑣，通判歐騰霄，今城磚大半有『天啓二年』（一六二二年）字，皆其績也；清同治元年（一八六二年），江督曾國藩駐節於此，增築自集賢門迤南直抵正觀門江岸之外郭，南臨江，北濱湖，將以此爲西北城之屏

〔一〕黄幹知安慶……安慶城建置之始：此沿襲康熙《安慶府志》、康熙《懷寧縣志》、順治《潛山縣志》等府縣志之誤。詳見上頁校箋〔一〕。

〔二〕修城題名碑：此碑不存，其碑文題爲《安慶修城題名碑》，見載於明正德胡纘宗《安慶府志》卷十六、嘉靖李遜《安慶府志》卷十六。據碑文難以考證黄幹『建城於盛唐灣宜城渡之陰』。

〔三〕黄配玄：『玄』字，底本或依乾隆《江南通志》作『元』。康熙六十年《安慶府志》作『黄配玄』，其中『玄』字以缺最後一點避諱。今據以校改。下文重復出現徑直校改，不出校記。

障耳。

池則起於余闕：浚重濠三，引江水環之。明洪武二十三年（一三九〇年），指揮戈預浚池深一丈。崇禎八年（一六三五年），知縣黃配玄欲復余闕三濠之故道，身荷畚鍤，江水卒不可引。然咸豐末年（一八六一年），曾國藩圍城時，四郊多壘，包以長濠三道，水與江通，抑又何也？清初，知縣賈壯於黃配玄所開鑿者反爲培補，以地藏庵一帶爲府之來脉。江水之不可引，三濠故道殆未能全復之所致也。

城門五〔一〕：東曰樅陽。其内門上『樅陽門』三字，徑二尺許，包世臣謂：『雍容揖讓，是山陰家法〔二〕。』南曰盛唐，後改鎮海。余闕有《九日宴盛唐門》〔三〕詩，中云：『采薇夜歸戍，操築朝治垣。』想亦修城時之作。西曰正觀，亦曰八卦。查慎行詩〔四〕『八卦依然列女墻，一城斗大劃荆揚』是也。北曰集賢，以對集賢嶺、集賢關而言。高啓題安慶城樓詩〔五〕『山隨粉堞連雲起』，此樓此景也。東南曰康濟。乾隆二十九年（一七六四年），江潮入郭。巡撫托庸出康濟門，迎潮頭抛鐵索杖三十，潮立退數尺。事聞，錫『江國風清』四字額，懸之門樓。人比之武肅弩射。潮其爲〔六〕威所屈耶？可哂已！曾國藩築外郭，闢門二：左曰金保，右曰玉虹。光緒二十年（一八九四年），巡撫聶緝椝於金保門之南，增闢一門，曰同安。

〔一〕城門五：此就明清大部分時間而言。景定《建康志》卷三十八《武衛志》載宋季馬光祖所築安慶府新城『城門凡七，上皆爲樓』，未載七門之名。康熙六十年《安慶府志》卷三《地理志·城池》載：『舊西北有門曰萬觀，元末城潰，遂築閉。』明清安慶府郡志皆載安慶城門五及其名稱變化。晚清又增設三門。詳見本條。油印本誤以『城門五』作另一條目名稱。

〔二〕包世臣謂……山陰家法：見包世臣《藝舟雙楫》卷五《論書》。

〔三〕《九日宴盛唐門》詩：此詩見余闕《青陽先生文集》卷一。

〔四〕查慎行詩：此詩題爲《皖口》，見查慎行《敬業堂詩集》卷一。其詩全文：『八卦依然列女墻，一城斗大劃荆揚。雨濃隔浦吴山盡，風澹空江楚水長。官渡無人還繫艇，客程有樹但垂楊。曾經百戰東南定，鼓角殘兵又夕陽。』

〔五〕高啓題安慶城樓詩：此詩題爲《寄題安慶城樓》，見高啓《高青丘集》卷十四。其詩全文：『層構初成百戰終，憑高應喜楚氛空。山隨粉堞連雲起，江引清淮與海通。遠客帆檣秋水外，殘兵鼓角夕陽中。時清莫問英雄事，回首長烟滅去鴻。』

〔六〕其爲：油印本作『爲其』。

迄入民國，廢城之議倡〔一〕，己巳（一九二九年）遂有撤城之舉〔二〕。數年之間，毁者大半。欲將市區向東郊拓展，於是增闢三道。東城北偏出小東門至菱湖爲一道。小東門之闢，在未撤城以前，爲通菱湖公園，曰菱湖門，至是改門曰建設門，門外之橋亦曰建設橋。中自石家塘至五里廟爲一道，以其時在五里廟舉行華中運動會，因名華中路。南偏自省政府沿新市路以抵江干爲一道，以輪船碼頭、汽車總站均在於此，行者便之。未幾，日寇日深，軍事家楊杰復以城堡之研究一文〔三〕昭示國人，昔竭移山之力，今又爲覆水之收〔四〕，非剜肉補瘡，即掣襟見肘，然而民力癉矣。日寇既至，又委而去之。文天祥過安慶詩〔五〕：『長江還有險，中國詎〔六〕無人。』不知撤城者何爲，修城者又何爲也。

〔一〕廢城之議倡：《申報》一九〇六年二月三日第十版《稟道核示拆城事宜》：『前者滬上有某紳等提議拆毁上海城垣開闢馬路之説，玆悉日來經各紳董一再集議，意見各有不同。是以此事恐難成就，業經各董事具稟道憲核示矣。』可見廢城之議起於民國之前。

〔二〕遂有撤城之舉：《民國日報》一九二九年一月十二日第二張第三版《安慶拆城破土典禮》：『安慶通信：舊事重提之安慶拆城業已舉行，昨日（六日）爲拆城破土典禮之期。』

〔三〕城堡之研究一文：《黄埔月刊》一九三一年第一卷第八期、《軍事周刊》一九三一年第六期皆載寧鎮澄淞四路要塞司令楊杰呈民國政府主席《保留城垣意見書》，《鳳曦雜刊》一九三一年創刊號亦載此文，題爲《保存城垣建議》。

〔四〕又爲覆水之收：《申報》一九三四年十二月十四日第八版《皖垣修城建碉　組城防工事委員會　抽收商捐房租兩項》：『安慶通信：年前金猷澍爲安慶市政籌備處長時，爲繁榮皖垣市面而計，曾將東北兩門一帶城垣拆卸，開闢馬路。近年匪警頻告，當局多於已拆之處，臨時加以防禦工事。近懷寧縣縣長孫霈方……邀同省會紳商各界，組設安慶城防工事委員會，擬即修復殘缺城垣。』

〔五〕文天祥過安慶詩：此詩題爲《安慶府》，見《文天祥詩集校箋》卷十一。其詩全文：『風雨宜城路，重來白髮新。長江還有險，中國詎無人。梟獍蕃遺育，鱣鯨蟄怒鱗。泊船休上岸，不忍見遺民。』

〔六〕詎：底本與油印本作『自』，據《文天祥詩集校箋》卷十一所録此詩文本校改。

四、古地名之溯源

地之名必有所由起。一街一巷不暇計也，兹惟就顯著者言之。若安慶與懷寧已敘於建省設縣之緣起中，不復贅。

皖

《前漢書》作『睆』。《唐書》以後則作『皖』。皖爲古國，在今之潛山，故潛山一曰皖公山，以其爲伯爵，故潛山有皖伯祠及皖伯臺。皖國滅於楚，漢因之爲皖縣。東晋改縣曰懷寧，而皖遂廢。溯其地包括今潛山、太湖、望江及宿松之東境，今懷寧之西至皖口而止〔一〕，東北則爲古桐國地，安慶亦桐國地也。皖不足以表安慶，何有於安徽，然地名時有异同，未足异也。

舒

張紳詩：『舒州城在大江邊。』〔二〕唐之舒州，其城在今之潛山，實非安慶。或謂懷寧東北地爲舒國，且有以爲龍舒者，不知其地於古爲桐國，漢晋始爲舒縣，若龍舒則今之舒城矣。安慶在漢晋舒縣、唐宋舒州之領域，謂之爲舒或舒州，亦無不可。

〔一〕懷寧之西至皖口而止：此説有問題，詳見本書第三頁校箋〔三〕。

〔二〕張紳詩……江邊：『紳』，底本作『伸』，據《明詩綜》卷十三所録張紳《送人赴安慶幕僚》校改。其詩全文：『舒州城在大江邊，我昔過之曾繫船。年豐米穀上街賤，日落魚蝦入市鮮。山起正當官舍北，潮來直到驛樓前。知君此去紅蓮幕，民訟無多但晝眠。』

同安

城内有同安嶺，城外有同安門，又有同安橋。予清季客南陵，創安慶會館，曰同安公所，學校亦以同安名之。隋大業三年（六〇七年），置同安郡，并置同安縣。唐開元中，移治於山城，今之桐城也。安慶在隋大業、唐天寶及南宋初，受同安郡之統治，故名。

宜城

古有宜城渡，即南門外舊調元閣下，爲南北渡江之要津。東門外又有宜城鎮，名曰城，實未嘗有城也。馬光祖《建康志》：宜城，雁汊[一]對岸要害處。吴魏相争時，嘗設疑城於此，其後訛『疑』爲『宜』。一云，晋郭璞登盛唐山，曰此地宜城，故名。

羅刹洲

《宋志》[二]：安慶府『端平三年（一二三六年），移治羅刹洲』。《太平寰宇記》：池州貴池縣『有大孤石生於江中，俗謂羅刹洲』。或以爲即太子磯，然磯則拳石而外，江流環繞，魯琢詩[三]：『烏紗九里十三磯，白石齒齒水瀰瀰。』磯皆如是，何以設治？《元豐九域志》：懷寧八鄉六鎮，長風沙一鎮屬焉，一曰長風城。齊吴子陽侵魏，與豫州刺史戰長風城是也。宋周湛謂長風沙最險者石牌灣，鑿河十里以避之，舟楫利焉。『風』亦作『楓』，一曰長楓夾。渡江至池州，亦

〔一〕汊：底本作『漢』，據馬光祖景定《建康志》校改。
〔二〕《宋志》：即《宋史·地理志》。
〔三〕魯琢詩：道光《懷寧縣志》卷五、民國《懷寧縣志》卷二載録此詩，題爲《江行》。

曰長楓渡。李白以來，嘗見諸題咏。《寰宇記》所指之羅刹洲，或與此相近。陸放翁《入蜀記》『過長風沙、羅刹石』，以至皖口。梅聖俞詩〔一〕：『長風沙浪屋許大，羅刹石齒水下排。』是長風沙上卜，以羅刹名者不一，洲名亦因之而起。後又移治楊槎洲〔二〕，今更不知其所在。高河埠下高家湖左右汊，有楊槎、牛角等名，未知是否〔三〕。

皖口

懷寧縣，宋嘉定間自潛山移治皖口〔四〕。景定間始移安慶，爲附郭之縣。皖口今之山口鎮。唐李涉遇盜索句，涉云：『春雨瀟瀟江上村，緑林豪客夜知聞。』〔五〕曰江上村，似非城鎮。考唐武德五年（六二二年），析懷寧縣置皖陽縣，

〔一〕梅聖俞詩：此詩見梅堯臣《宛陵先生集》卷三十六，題爲〈送方進士游廬山〉。

〔二〕楊槎洲：底本作『楊槎汊洲』，衍『汊』字。《宋史・地理志》：『端平三年，移治羅刹洲，又移楊槎洲。』今據此校改。楊槎洲，一作楊柴洲。宋俞文豹《吹劍録》載：『嘉熙元年（一二三七年），韃人破舒州。朝廷遣楊將軍義移治宜城，板築未畢，韃騎奄至，義僅以身免（「義」原作「我」，依明鈔本改），由是寄治舟中。明年，督府辟差閤門陳舍人正夫於江之中楊柴洲爲治所，文豹偕其行，以六月上澣到。四望萑葦中，有六七百家廬聚沙渚，行五里，泊寓池州天寧寺莊。旋披荆棘，營創衙宇，起寨屋，招兵民，不兩月，歸者已萬餘家。所謂楊柴洲者，介於舒池之間，延袤八十里。紹興間，李成叛，移治於此。今又再移治焉。』據此，楊柴洲爲安慶與池州之間的長江中之沙渚。又景定《建康志》卷五《沿江大閫所部圖上》明確標出『楊柴洲』與『安慶府寓治』位置，正處於『宜城』西『張家港』正對面的江中。嘉靖《安慶府志》卷五載有『張家港楊柴洲』河泊所，康熙六十年《安慶府志》卷十三作『張葭港楊槎洲河泊所』，此處楊槎洲與張家港鄰近。乾隆《大清一統志》卷七十六安慶府宜城條下注曰：『楊槎洲在縣西南。』這些皆可印證宋末關於楊槎洲地理方位的記載。

〔三〕高家湖……未知是否：此據道光、民國《懷寧縣志》爲説，不可信。詳見上條校箋。

〔四〕懷寧縣……移治皖口：詳見本書第三頁校箋〔　〕、〔一二〕。

〔五〕涉云……知聞：『春』，底本與油印本作『風』，此據宋計有功《唐詩紀事》卷四六、卷五六所録李涉此詩文本校改。《全唐詩》卷四七七亦收録此詩，題爲《井欄砂宿遇夜客》，并注出此詩多處异文，如此引兩詩句中，『春』一作『暮』；『知聞』一作『敲門』。

即今之山口鎮〔一〕。自諸葛恪以來，爲屯戍重地，陳徐度及臨川王蒨先後築城，懷寧初立縣於此〔二〕。雖其後附郭，皖口舊城隍廟，五月常祀，縣令猶親詣焉。同治以後〔三〕，城址猶存。

海口

新河口過渡曰海口。秦始皇浮江渡海渚，《括地志》謂在舒州同安東〔四〕。按同安監，《元豐九域志》〔五〕謂在舒州『東八十里』。相傳西門外同安橋，即宋置監處。隋廢樅陽郡爲同安縣，安慶亦其轄境，故以此海口實秦始皇故事，鎮海門因以爲名。或謂海口係皖口之誤，似以此不足以言海。元題小孤爲『海門第一關』〔六〕，『海門夕照』遂爲懷寧風景之一，其迹不必泥〔七〕也。

〔一〕考唐武德五年……山口鎮：此承康熙二十二年和康熙六十年《安慶府志·古迹》『皖陽故縣』條之説。按，《太平寰宇記》卷一百二十五舒州懷寧縣條載：『廢皖陽城，在縣北二十二里。唐武德五年，大使王弘讓析置。以城在水北，故曰皖陽。至七年使人蕭儼廢入懷寧縣。』北宋懷寧縣城在今潛山市，廢皖陽城在當時懷寧縣北二十二里，不可能爲縣南長江邊的山口鎮。此説有誤，故作辨正，原文仍舊。

〔二〕懷寧初立縣於此：《陳書》卷二《高帝紀下》載陳武帝永定三年『遣鎮北將軍徐度率衆城南皖口』，『征臨川王蒨往皖口置城柵』，這衹能説明皖口爲軍事重地，但不能以此説明懷寧初縣於皖口。《舊唐書·地理志》：『懷寧，漢皖縣地。晉於皖縣置懷寧縣，晉置晉熙郡。隋改爲熙州，又爲同安郡。武德四年，改爲舒州，以懷寧爲州治。』《後漢書·馬援傳》：『李廣等宣言汜神化不死以誑惑百姓。十七年，遂共聚會徒黨攻没皖城。』唐章懷太子李賢注皖城曰：『皖縣名，屬廬江郡，今舒州懷寧縣。』可見懷寧縣是晉代由漢皖縣改名而來，縣治爲東漢皖城，唐代舒州州治，今潛山市城區。

〔三〕同治以後：底本此四字後有『廟毁』二字，手稿複印本原抄亦有此二字，但字上畫圈表示刪除。今據手稿複印本與油印本校改。

〔四〕秦始皇……同安東：底本與油印脱『東』字。《史記·秦始皇本紀》：『浮江下，觀籍柯，渡海渚。』海渚，張守節《史記正義》引唐初《括地志》云在『舒州同安縣東』。《舊唐書·地理志·舒州》：『同安，漢樅陽縣，屬廬江郡。梁置樅陽郡。隋罷郡爲同安縣，取界内古城名。』《新唐書·地理志·舒州同安郡》載桐城：『本同安，至德二載更名。』可見海渚在樅陽附近的江上，與宋末安慶府新城以西的海口方位出入很大。此處承道光、民國《懷寧縣志》引用《括地志》脱誤，故作辨正與校改。

〔五〕元豐九域志：底本此書名前衍『在』字，據手稿複印本與油印本校訂。

〔六〕元題：元賴良《大雅集》有《小孤山》詩，詩中原注曰：『宋高宗大書顔其崖，曰「海門第一關」。』據此，題『海門第一關』爲宋高宗，而非始於元。

〔七〕泥：油印本誤作『泯』。

盛唐山

漢武帝元封五年（前一〇六年），南巡狩，自潯陽浮江，射蛟江中，獲之。舳艫千里，薄樅陽而出。至於盛唐，登禮潛之天柱山〔一〕，作《盛唐樅陽之歌》。唐開元二十七年（七三九年），改霍山縣爲盛唐縣。縣西有武陟、指封諸山，遂以其禮岳在霍而不在潛，且謂盛唐山在霍而不在安慶。《江南通志》云：『潯陽、樅陽，乃潛山之上下境。』又云：『山之北流曰沘水，亦名淠水，由霍入淮；山之南流曰皖水，曰潛水，由潛入江。今但云泛江而不云泛淮，則燔柴昭事，必在今潛山境内，可知矣。』又云：『皖潛乃安慶境地』，『盛唐在今安慶府治内』〔二〕。王士禎《皖城懷古》〔三〕詩：『憶昨經過射蛟浦，今朝還望盛唐山。大江日夜流如昔，武帝雄風去不還。天馬蒲桃〔四〕空塞外，飛〔五〕廉桂館自人間。茂陵抔土秋風裏，玉女何曾解駐顔。』昔人以一指岩爲盛唐山，遂疑一指岩但據高阜，未足當山名。一指岩，一僧舍耳，在南門内，後爲多寶倉，今歸登雲坡小學。安慶爲山城。王世貞舟過，驚爲『海上小蓬萊』〔六〕。城内外皆山，霧靈〔七〕、廣照、萬松之名，皆其後起，初皆可目爲盛唐也。郭璞登盛唐山而有『宜城』之讖，其所登者豈必一指岩一席之地？一指岩未可賅山之全貌。或又謂築城於盛唐灣宜城渡之陰，因灣而冒〔八〕山名。有大小龍山則有大小龍灣，無山則灣名無所

〔一〕至於……天柱山：《史記·封禪書》曰：『上巡南郡，至江陵而東。登禮潛之天柱山，號曰南岳。』《漢書·武帝紀》曰：『至於盛唐，望祀虞舜於九嶷。登潛天柱山。』此處刪去《漢書》原文『望祀虞舜於九嶷』一句，盛唐地理方位大變。顔師古《漢書注》引韋昭曰盛唐『在南郡』。

〔二〕江南通志……安慶府治内：引文見乾隆《江南通志》卷十五《輿地·山川》潛山條下。

〔三〕王士禎《皖城懷古》：底本與油印本作『王士禎《皖江懷古》』，據王士禎《帶經堂集》卷五十七所録此詩文本及此集各卷署名校改。

〔四〕桃：底本與油印本沿襲《安慶府志》與《懷寧縣志》作『梢』，據《帶經堂集》卷五十七所載此詩文本校改。

〔五〕飛：底本與油印本作『蜚』，據《漢書·郊祀志第五下》『飛廉、桂館』，《帶經堂集》卷五十七、《漁洋山人精華録》卷十所載此詩文本校改。

〔六〕王世貞……蓬萊：『貞』，底本與油印本誤作『禎』；『海上小蓬萊』，底本與油印本作『海上蓬萊』。康熙六十年《安慶府志》卷四『蓬萊城』條載：『自海門望皖，龍山與城郭，俱在水中。明王世貞舟過，嘆曰：蓬蓬勃勃，烟火萬家，此海上小蓬萊也，青冥中有人焉。』據此校改。

〔七〕霧靈：底本與油印本皆誤作『靈霧』，據康熙六十一年《安慶府志》卷二與道光《懷寧縣志》卷五校改。

〔八〕冒：油印本作『曰』。

附麗。盛唐灣，人多指在登雲坡之下，即盛唐山之下也。且盛唐山與樅陽江，自昔顯著，漢武帝作歌後，以之名郡。今人昧其實而遽没其名，殊不可解。

五、勝迹之流傳

勝迹，分言之，曰名勝，曰古迹。數十年來，滄桑迭變，今日之古迹，亦有爲當年之名勝者。連類及之，以覘盛衰興廢之故而已。

甲、名勝

大觀亭

西門外舊忠節坊，余忠宣公之墓在焉。明嘉靖時，知府陸釴於其西築臺而建亭，命名曰大觀。因山之高下，甃以曲道，繞以短垣。推官李欽昊有記〔一〕，謂爲一郡游觀之所而已。清康熙甲子（一六八四年）巡撫徐國相重建，亦有記〔二〕，多述忠宣公戰功之壯、死事之烈，又以此爲憑吊先哲之所在。康熙庚寅（一七一〇年）張懋誠、道光辛巳（一八二一年）陶沄，大加增飾。咸豐間兵毁。同治丙寅（一八六六年），彭玉麟、吴坤修又從而更新之。其右爲停雲舫，左則上達樓也。自來騷人墨客，攬勝登臨，罔不涉筆，詩與聯鐫刻甚多，今已殘毁。就吾所能記憶者，摘録之以存其概。其中，有僅流連光景者。聯如：『莽乾坤，能得幾人閑，且安排鐵板銅琶，唱大江東去；好風月，不用一錢買，休孤負

〔一〕李欽昊有記：嘉靖三十三年《安慶府志》卷十六、康熙二十五年《懷寧縣志》卷三十一、康熙六十年《安慶府志》卷二十六載此記原文，題爲《大觀亭碑記》；《大觀亭志》卷二節録此記約三分之一，題爲《四明陸太守新建大觀亭記》。

〔二〕亦有記：徐國相記見載於康熙二十二年《安慶府志》卷十六、康熙六十年《安慶府志》卷二十七，題爲《重建大觀亭記》。

青山紅樹，送爽氣西來。』〔一〕『地隔中原勞北望；天生江水向東流。』〔二〕『倚檻蒼茫千古事；過江多少六朝山。』〔三〕『大江東去，看駭浪驚濤，千古英雄淘不盡；匹馬南來，問豪情壯志，一亭風月拓奇觀。』〔四〕『鳳水龍山，江左人文相望；吴頭楚尾，中流形勝在兹。』〔五〕『兩皖生才，臺閣猶含雄杰氣；四郊多壘，江山莫作等閑看。』〔六〕『石聳亭高，看天邊雲樹蒼茫，無非樂土；潮平岸闊，問江上風帆來往，那是閑人。』〔七〕有兼吊忠宣者。『是晴川閣，是岳陽樓，一覽江天，斯亭爲伍；有唐睢陽，有宋信國，千秋俎豆，得公而三。』〔八〕『杰構四窗開，地扼中原控吴楚；忠魂一抔在，天留正氣壯山河。』〔九〕『片土寄忠魂，聽檻前萬馬江聲，滚滚驚疑征鼓動；孤城銷戰氣，指窗外二龍山影，蒼蒼飛入酒樽來。』〔一〇〕『天開圖畫，美盡東南，落日咽孤忠，戰血腥餘千載後；魯酒不温，高邱反顧，歌風思猛士，江流倒捲萬山來。』〔一一〕『城郭如故人民非，曾否靈歸華表；風景不殊河山异，緊誰泪灑新亭。』〔一二〕『登天柱，薄樅陽，峰拱江迎，惜漢武車塵不再；唐

〔一〕莽乾坤……送爽氣西來：李國模《大觀亭志》卷六載録此聯，聯作者爲晚清『壽州王珊森壽屏』。『用』『休』，底本與油印本作『消』『莫』，據李國模《大觀亭志》校改。

〔二〕地隔……東流：李國模《大觀亭志》卷六載録此聯，爲晚清『新建吴坤修竹莊』集句聯。

〔三〕倚檻……六朝山：梁章鉅《楹聯叢話》卷六、吴恭亨《對聯話》卷一載録此聯，聯作者皆署爲陶沄。

〔四〕大江東去……拓奇觀：吴恭亨《對聯話》卷三載録此聯，聯作者爲阮仲明。『一亭』，《對聯話》作『一樓』。

〔五〕鳳水龍山……形勝在兹：吴恭亨《對聯話》卷一載録此聯，聯作者爲『黄岩吴寶楨』。

〔六〕兩皖生才……等閑看：吴恭亨《對聯話》卷四載録此聯，聯作者爲望江徐旭。『含』，底本與油印本皆作『餘』，據吴恭亨《對聯話》校改。

〔七〕石聳亭高……那是閑人：李國模《大觀亭志》卷六、《師竹廬聯話》卷一載録此聯，聯作者佚名。

〔八〕是晴川閣……得公而三：《古今聯語彙選三集・名勝》收録此聯，聯作者爲『上虞鍾伯芬毓蘭』。

〔九〕傑構……山河：李國模《大觀亭志》卷六、吴恭亨《對聯話》卷四載録此聯，作者爲『丹徒李丙榮樹人』。『構』，底本與油印本作『閣』，據李國模《大觀亭志》、吴恭亨《對聯話》校改。『抔』，李國模《大觀亭志》作『坏』。按，二字通。

〔一〇〕片土……酒樽來：李國模《大觀亭志》卷六載録此聯，聯作者爲『阜陽程文炳從周』。『驚疑征』，底本與油印本分別作『如聞鉦』『如聞鎮』，據李國模《大觀亭志》校改。

〔一一〕天開圖畫……萬山來：李國模《大觀亭志》卷六載録此聯，聯作者爲『句容王履康月莊』。聯後有跋，作於宣統三年五月二十一日。

〔一二〕城郭……新亭：李國模《大觀亭志》卷六載録此聯，聯作者爲『合肥周行原頌膴』。『靈』『緊』，底本與油印本作『鶴』『有』，據李國模《大觀亭志》校改。

常山，宋信國，身殲志決，與先生鼎足而三。』〔一〕『渺渺兮予懷，忠宣而後五百年，幾輩丹心照青史；浩浩乎白水，岷江西來三千里，一條衣帶鎖孤城。』〔二〕有思鄉或懷舊者。『五千年皖公何在，地接東南，消除浩劫，選勝快登臨，僅教鶴唳丹霄，鷗盟黄浦，拓此一亭佳景，蕩滌胸襟，寄語墨客騷人，莫孤負新秋風月；卅六載賤子重來，天開圖畫，俯仰狂吟，憑欄休感慨，試看龍巒叠翠，鵝嶼浮青，騁我百戰壯懷，放寬眼界，收攬練湖潛岳，依然是舊日山河。』〔三〕彭玉麟之父曾任懷寧三橋巡檢，多〔四〕居安慶，其外舅王維則墓在地藏庵後山。同治初，雖辭安徽巡撫，而巡閲水師，常駐安慶。大觀亭亦其修復。『秋色滿東南，笑赤壁以來，與客泛舟無此樂；大江流日夜，問青蓮而後，舉杯邀月更何人。』〔五〕『忠宣本往代藎臣，試看芸史留芳，古木寒泉，猶是當年祠墓；逸少乃吾宗才俊，爲問蘭亭雅集，茂林修竹，何如此地〔六〕江山。』前者殿撰李振鈞，後者巡撫王之春，隱寓其姓而作。『高閣媲滕王，遥看秋水長天，猶指點雲中鄉樹；荒臺鄰皖伯，試問銅駝鐵〔七〕馬，經幾多眼底滄桑。』『跨太白樓之上，鴛瓦排雲，倚畫檻一味鄉愁，已漸近鍾阜晴嵐，六朝城郭；横彭蠡江而西，鷺濤堆雪，唤

〔一〕登天柱……鼎足而三：李國模《大觀亭志》卷六載録此聯，聯作者爲『江寧顧賜書緝箴』。『薄』，底本與油印本作『下』，據李國模《大觀亭志》校改。

〔二〕渺渺兮……鎖孤城：李國模《大觀亭志》卷六載録此聯，聯作者爲『桐城方履中玉山』。『來』，底本與油印本作『行』，據李國模《大觀亭志》校改。

〔三〕五千年皖公何在……舊日山河：李國模《大觀亭志》卷六載録此聯，聯作者爲『衡陽彭玉麟雪晴』。聯後有跋云：『予外氏道光初僑居皖，此亭爲予兒時竹馬地。别三十餘載，毁於兵。予督師江上，曾奉命撫是邦，不禁有令威鶴歸之感。克復金陵後二年軍暇，偕李少荃宫保、吴竹莊方伯，鳩工庀材，除瓦礫重新之，存皖伯故實也，爰撰斯聯以志慨。時同治五年，歲次丙寅秋九月，衡陽彭玉麟雪琴撰書并跋。』『教』『試』，底本與油印本脱。『唳』，底本與油印本作『淚』，據李國模《大觀亭志》卷六所載此聯文本校補校改。『孤』『鵝』，油印本分别作『辜』『峨』。

〔四〕多：油印本誤作『少』。

〔五〕秋色滿東南……更何人：李國模《大觀亭志》卷六録此聯，聯作者爲『太湖李振鈞海初』。聯後有跋云：『此聯爲太湖李海初殿撰所題，膾炙人口久矣，兵燹後并亭亦不存。同治五年，吴竹莊廉訪莅皖。越一年丁卯，百廢具舉。時攝方伯篆，而不佞承乏臬事。工成，屬補書之。代州馮志沂跋。』『笑』，底本與油印本皆作『自』，據清人林慶銓《楹聯述録》卷四、李國模《大觀亭志》卷六校改。『大江』，李國模《大觀亭志》卷六作『江聲』。

〔六〕地：李國模《大觀亭志》卷六録此聯作『日』。

〔七〕鐵：底本與油印本作『石』，據《大觀亭志》卷六所録此聯文本校改。

沙鷗共談宦迹，最難忘峨眉春水，萬里風帆。』〔一〕前者彭廣鐘鄉思〔二〕之作，後者并言及宦迹。『是亦大觀』〔三〕雲南昆明池有〔四〕大觀樓，朱家寶題此四字，亦寓鄉思意。——『憑高吊爾國英靈，任千古江潮，淘不盡孤忠魂魄；攬勝憶滇池杰閣，對八公烟景，問何如故里湖山。』〔五〕詩如：郡守何鼎和巡撫葉九思詩〔六〕：『追隨〔七〕名勝地，極目楚天高。宿雨留春漲，晴雲鎖石濠。風恬江岸闊，波静海門牢。灑翰成珠玉，超然壓俊髦。』又李荃和詩〔八〕：『極目雲霄上，嵐光入檻高。野田青近郭，江水白通濠。地控三吴重，山撑半壁牢。中丞吟咏好，賡和遍時髦。』姚鼐詩〔九〕：『中丞祠倚石崖青，杖策秋風更一經。舉目衰林如脱髮，幾人采菊制頽齡。清江三面舒州郭，南岳千峰皖口亭。落照横天鴻雁起，獨憑長嘯對冥冥。』朱筠《大觀亭柬巡撫裴公并柬布政楊公按察塘公》〔一〇〕詩：『大小龍北來，山走長江負。䃴䃴舌飲江，兹亭壓其首。安慶城口銜，扼吭吞江九。匡廬挾小姑〔一一〕，驟擊此應肘。近代寇屢禦，救急艾急灸。峨峨新建伯，覆舟寧庶

〔一〕跨太白樓……萬里風帆：梁章鉅《楹聯叢話》卷六、林宗澤《平治樓聯話》第三條、李國模《大觀亭志》卷六皆録此聯，聯作者爲『江寧汪恩芝亭』。『跨』『倚』『味』『横彭蠡江』『鷺濤堆雪』『峨眉』，李國模《大觀亭志》卷六分别作『駕』『憑』『慰』『溯彭蠡湖』『怒濤飛雪』『峨嵋』。

〔二〕鄉思：底本作『思鄉思』，衍『思』字，據上下文意與油印本校改。

〔三〕是亦大觀：李國模《大觀亭志》卷六録此四字，注曰『匾額』，相當於楹聯横批。

〔四〕有：油印本誤作『是』。

〔五〕憑高……故里湖山：底本與油印本皆略去朱家寶此聯語，衹録横批，易致誤會，據李國模《大觀亭志》卷六校補。

〔六〕和巡撫葉九思詩：李國模《大觀亭志》卷四録此詩，詩題爲《和葉中丞九思登大觀亭原韵》。

〔七〕隨：底本誤作『遂』，據手稿複印本，道光、民國《懷寧縣志》，李國模《大觀亭志》校改。

〔八〕李荃和詩：李國模《大觀亭志》卷四録此詩，題爲《和葉中丞九思登大觀亭原韵》。

〔九〕姚鼐詩：姚鼐《惜抱軒詩集》卷八收録此詩，題爲《大觀亭》。

〔一〇〕大觀亭……塘公：底本與油印本詩題作《大觀亭柬裴中丞楊方伯瑭廉訪》，據朱筠《笥河詩集》卷十所録此詩文本校改。據《清高宗實録》，乾隆三十五年，裴宗錫任安徽巡撫；乾隆三十六年，朱筠任安徽學政；乾隆三十七年楊魁、瑭琦分别任安徽布政使和按察使，則此詩作於乾隆三十七年。『塘』亦作『瑭』。

〔一一〕姑：底本作『孤』，據朱筠《笥河詩集》卷十、李國模《大觀亭志》卷四所録此詩文本校改。

杻〔一〕。雲雷經綸以，國初殲海醜。南邦一都會，緊郡封疆守。大觀亭壯哉，舉杯江在手。群公此高宴，招我樂侑酒。魚龍下仰聽，簫鼓澈〔二〕沈留〔三〕。天風送飛揚，隔岸曳秋柳。海門去千里，一瀉金焦瀏。昔有元末造，余公藏孤阜。忠貞歲秩祀，有司薦〔四〕亭右。踱踱老太樸〔五〕，看廟一何壽。江山實鑒之，彼此孰是否。裴公緑野哲，楊塘協僚友。鄙人獲陪游，清時亨敉帚。懷古各勖勉，選勝及旨有。臨水箴繼火，出辰歡極酉。善賦大夫志，題亭以永久。』黃景仁詩〔六〕：『山色殊春秋，江聲無晝夜。佳哉皖公城，山水莽雄跨。障擁淮淝高，勢與荆襄亞。崇臺得壯觀，迎睫足吁〔七〕訝。沿堤十萬户，蜃〔八〕氣相激射。飛浪過檐頭，轟雷聞枕罅。回首皖公色〔九〕，潑翠滿楹榭。炊烟自成雲，不與江流瀉。龍爲徹夜吟，鶴或〔一〇〕横江化。水寒沙净間，茫茫感代謝。得婿懷伯符，升城緬〔一一〕興霸。人雄及地勝，憑陵不相下。驚猋〔一二〕卷旌旗，寒雲收叱咤。徒令懷古心，淹此趨途駕。』余鵬年、鵬翀聯句〔一三〕：『樓高俯城闕（年），登眺出人

〔一〕杻：底本作『扭』，據朱筠《笥河詩集》卷十、李國楧《大觀亭志》卷四所録此詩文本校改。

〔二〕澈：底本作『徹』，據朱筠《笥河詩集》卷十、李國楧《大觀亭志》卷四所録此詩文本校改。

〔三〕留：油印本誤作『留』。

〔四〕薦：油印本誤作『焉』。

〔五〕樸：底本與油印本作『僕』，據朱筠《笥河詩集》卷十、李國楧《大觀亭志》卷四所録此詩文本校改。

〔六〕黃景仁詩：黃景仁《兩當軒集》卷六收録此詩，題爲《登大觀亭》。

〔七〕吁：油印本誤作『於』。

〔八〕蜃：底本與油印本作『盛』，今據黃景仁《兩當軒集》卷六校改。

〔九〕色：底本與油印本作『宅』，今據黃景仁《兩當軒集》卷六校改。

〔一〇〕或：底本與油印本作『夢』，今據黃景仁《兩當軒集》卷六校改。

〔一一〕緬：底本與油印本作『面』，今據黃景仁《兩當軒集》卷六校改。

〔一二〕猋：底本與油印本作『焱』，今據黃景仁《兩當軒集》卷六校改。

〔一三〕余鵬年、鵬翀聯句：道光《懷寧縣志》卷五、民國《懷寧縣志》卷四載録此聯句，題爲《大觀亭聯句》。『余鵬年』，道光《懷寧縣志》卷五作『余鵬飛』。道光《懷寧縣志》卷十四《選舉》、民國《懷寧縣志》卷十五《選舉表》皆載：『余鵬飛，侖孫。北榜。改名鵬年。』

烟（翀）。岳〔一〕色三春漲（年），江聲九派懸（翀）。人歸吴楚外（年），僧老薜〔二〕蘿前（翀）。林鳥翻飛起（年），鐘聲散遠天（翀）。』魯琢詩〔三〕：『江鄉易作雨，延眺恰新晴。五月寒猶在，孤亭水漸生。林巒藏夏氣，吴楚接潮聲。不盡蒼茫感，憑高發古情。』『赫赫忠宣墓，堂堂文肅祠。斯人不可作，來者復爲誰。氣象江天領，心情魚鳥知。熙州落眼底，步屧細尋詩。』『路折千盤磴，人依四面窗。樹頭還著樹，江外更通江。遠席迎風落，疏鐘帶日撞。忘機羨鷗鳥，來去一雙雙。』趙文楷《大觀亭待月》〔四〕詩：『待月倚江樓，月明江水流。江流去不息，今古空悠悠。美人隔南浦，余亦滯西州。相思不可見，腸斷木蘭舟。』查鉌《夏日登大觀》詩：『荒祠最深處，一徑上幽岑。老樹結夏緑，空庭生午陰。到來忘薄暑，久坐〔五〕動微吟。下有安禪室，時聞清磬音。』金永詩〔六〕：『清游夙夕欣，徜徉家山路。緣壑復近溪，即景多所悟。城西亭新成，尋幽振杖屨。飛甍〔七〕結層霄，光彩映朝暮。直北數高峰，峭崒雲深處。面〔八〕南環大江，天水相回互。檣影動晴虹，夕陽孤雁度。廣陵濤有無，潯陽潮可溯。聳身白雲巔，庶息塵中慮。梵宇既崇嵬，幡幢復高據。疏木間寒鐘，翛然有奇趣。片雨沐江光，明滅江村樹。抱琴入長松，幽人托情愫。淡月吐遥岑，嘯傲漁舟去。』潘慎生詩〔九〕：『孤亭振策漫重游，萬里風帆繞岸收。水白江淮連暮雨，天青蓬島落新秋。空聞遼〔一〇〕鶴歸華表，誰識元龍在

〔一〕岳：底本與油印本作『兵』，今據道光《懷寧縣志》卷五及民國《懷寧縣志·校勘記》校改。
〔二〕薜：油印本誤作『薛』。
〔三〕魯琢詩：道光《懷寧縣志》卷五、民國《懷寧縣志》卷四載録此詩，題爲《大觀亭》。
〔四〕《大觀亭待月》：此詩見趙文楷《石柏山房詩存》卷一。
〔五〕坐：油印本誤作『座』。
〔六〕金永詩：道光《懷寧縣志》載此詩，題爲《重建大觀亭》。
〔七〕甍：底本與油印本皆訛作『囊』，據道光《懷寧縣志》卷四所載此詩文本校改。
〔八〕面：底本與油印本訛作『而』，據道光《懷寧縣志》卷四所載此詩文本校改。
〔九〕潘慎生詩：潘慎生《徵息齋遺詩》卷下、李國模《大觀亭志》卷五載此詩，題爲《秋日重登大觀亭》。
〔一〇〕遼：底本作『遠』，據潘慎生《徵息齋遺詩》卷下、李國模《大觀亭志》卷五所載此詩文本與手稿複印本、油印本校改。

上頭。回首東南紅樹落，斷鴻聲裏見神州。』方守彝《和撫部重修大觀亭感懷〔一〕韵》：『孤忠墓碣照亭欄，小隊元戎動宴觀。風雨頽墻苔已老，雲霞曉日氣猶丹。抗懷一起前人廢，此意能温天下寒。垂老編民欣有托，高吟句大壓顛瀾。』何雯《登大觀亭》：『携濁酒，上高樓。噓吸清風，憑睇江流。江流不絶，憂思〔二〕如結。懷想霸圖，式此風烈。擊柱高歌，風起江沱。盛年忽忽，老將奈何？人生婚宦，憂樂相煎。去將安適，來何暮焉。仰瞻天路，河漢可渡。鴻雁飛鳴，飄然仙露。衣不如新，人不如故。契闊恩情，自傷遲暮。浮雲西來，明月初生。凉秋夜迴，角聲錚錚。』

停雲舫

在大觀亭之右側，昔祇有榭一楹而已。道光辛巳（一八二一年），邑令陶沄大加增飾，足以攬江山之勝。魯琢《停雲舫和宛林》〔三〕詩：『子亭何日構，疑是泛虛舟。雲影半空住，江聲在下流。秋風吹渺渺，夜月照悠悠。李白驚人句，高歌最上頭。』

望華樓

在大觀亭之左，最初名『更上樓』。乾隆壬子（一七九二）巡撫朱珪重建，更名『上達樓』。朱珪詩〔四〕『大觀善無量，上達階有基』是也。咸豐間兵毁，巡撫馮煦又擴而新之，初擬名『正氣樓』。『正氣』爲余忠宣公祠前之舊樓名，方守彝有《過正氣樓遺址有作〔五〕》詩。朱珪夙尊文昌，上達樓專爲祀文昌而作。馮氏更『上達』之名固宜，卒不名『正氣』而名

〔一〕感懷：底本與油印本脱，據方守彝《網舊聞齋調刁集》卷九所録此詩文本校補。
〔二〕思：底本與油印本作『心』，據何雯《澄園詩集・江上吟》所録此詩文本校改。
〔三〕《停雲舫和宛林》：道光《懷寧縣志》卷五、民國《懷寧縣志》卷四載録魯琢此詩。
〔四〕朱珪詩：朱珪《知足齋詩集》卷十四收録此詩，題爲《初二日偕静崖游大觀亭作》。
〔五〕有作：底本與油印本皆脱此二字，據方守彝《網舊聞齋調刁集》卷二所録此詩文本校補。

曰『望華樓』者，或譯其義。一曰華指九華，與青陽縣城中之望華同。一曰華指京華。杜詩〔一〕『每依南斗望京華』，蓋即此意。按是樓建於光緒戊申（一九〇八年），適值徐錫麟刺殺恩銘之後，馮氏繼恩銘而爲巡撫。樓成，將徐錫麟之遺物陳列數室，又於中廳自撰一聯云：『來日大難，對此茫茫百感〔二〕集；英靈不昧〔三〕，鑒〔四〕茲蹇蹇匪躬愚。』既傷逝者，行自念也。望京華而感嘆也可，望中華之復興也亦可。徐錫麟有知，當亦同情矣。

鎮皖樓

提學李振裕《鎮皖樓記》〔五〕云：『皖城東門外，向有樓名「中江」，屋廢而址存，非一日矣。』又云：長江東下，皖爲門户，不有巍峨雄杰之觀以補形勢之不及，則門户無管束，其氣不聚。此薛中丞柱斗復建，易『中江』而爲『鎮皖』之意也。咸豐時兵毁。光緒十九年（一八九三年），知府聯元又復之。樓高三層，兀然江滸。民國三年（一九一四年），省長韓國鈞令邑令朱之英更加修飾，亦有記〔六〕。李振裕又有《和壁間張敦復前輩韵〔七〕》：『百尺朱樓俯碧川，擁旄來鎮憶當年。夕陽斜對千帆影，曉霧平分萬井烟。畫棟詩憑《滕閣賦》，《銅鞮歌》與習池〔一〕傳。政成消〔二〕夏宜高卧，九派

〔一〕杜詩：杜甫《秋興》八首之二。

〔二〕感：吴恭亨《對聯話》卷三、李國模《大觀亭志》卷六録此聯皆作『端』。

〔三〕昧：李國模《大觀亭志》卷六録此聯作『沫』。

〔四〕鑒：吴恭亨《對聯話》卷三録此聯作『覽』。

〔五〕李振裕《鎮皖樓記》：康熙六十年《安慶府志》卷二十七，道光、民國《懷寧縣志》卷五、卷四皆載此記。

〔六〕亦有記：民國《懷寧縣志》卷四載録朱之英此記，但無具體篇題。

〔七〕和壁間……韵：康熙《懷寧縣志》卷三十五、康熙六十年《安慶府志》卷三十載録此詩，分别題爲《丙寅夏日，梁翁薛老先生招飲鎮皖樓壁間和張敦復前輩韵二首書呈教正》《丙寅夏日，薛中丞招飲鎮皖樓和壁間張敦復前輩韵二首》。

〔一〕池：底本與油印本訛作『時』，據康熙《懷寧縣志》、康熙六十年《安慶府志》所載此詩文本校改。

〔二〕消：油印本誤作『滿』，康熙《懷寧縣志》、康熙六十年《安慶府志》所載此詩文本作『銷』。

江聲到枕邊。』魯琢詩〔一〕：『高樓拄〔二〕頰曉光開，一片閑雲墮〔三〕酒杯。積翠浮蒼吟不了，萬峰飛影渡〔四〕江來。』潘慎生詩〔五〕：『玉笛滿滄洲，天風鎮海樓。蕭蕭荆楚雨，紅樹一江秋。千里沙棠檝，凌雲好卧游。高陽尋素侣，散髮待浮邱。』《通志》載：『中江樓，在府鎮海門外江滸〔六〕。』明阮自華建，結海門大社於此。鎮海門，南門也。鎮海樓〔七〕非鎮皖樓，鎮皖既爲中江舊址，何以地之兩歧也？例〔八〕鎮海於鎮皖，風景不殊耳。

〔一〕魯琢詩：道光《懷寧縣志》卷五、民國《懷寧縣志》卷四録此詩，題爲《鎮皖樓眺江南諸山》。

〔二〕拄：油印本誤作『柱』。

〔三〕墮：底本與油印本作『墜』，據道光《懷寧縣志》卷五、民國《懷寧縣志·校勘記》校改。

〔四〕渡：底本與油印本訛作『大』，據道光《懷寧縣志》卷五、民國《懷寧縣志·校勘記》校改。

〔五〕潘慎生詩：潘慎生《徵息齋遺詩》卷上録此詩，題爲《雨中郡城南門鎮海樓望遠》。

〔六〕《通志》……江滸：底本與油印本脱『府』『江滸』三字，據乾隆《江南通志》卷三十四、道光《安徽通志》卷三十一、光緒《重修安徽通志》卷四十四校補。《通志》即爲乾隆《江南通志》或《安徽通志》。康熙二十三年成書的《安慶府志》卷八《名勝》載：『中江樓，東城外。鎮皖樓，即中江樓舊址。康熙甲子冬，巡撫都御史薛捐資重建。樓凡兩層，規模壯麗，視昔有加焉。』同卷《古迹》又載：『中江樓，鎮海門外江滸，磻磯之巔。明邑紳阮自華建，結海門大社。』按此記載，則安慶曾有兩處名勝同名『中江樓』，不合常理。康熙六十年《安慶府志》卷四對此進行了更正：『中江樓，鎮海門外江滸，磻磯之巔。明邑紳阮自華建，結海門大社。』『鎮皖樓，在東門外迎江寺塔左，久圮。康熙甲子，巡撫薛柱斗重建。』考明邑紳阮自華募修振風塔，建鎮皖樓、中江樓、盛唐樓等，結社賦詩其中。他的《霧靈山人詩集》卷六之四有一詩《贈吴憲副游春飲鎮皖樓浮圖》，從詩題可推知鎮皖樓在東門外振風塔附近；卷六之八有詩《大雨社集中江樓》，此詩序曰：『樓本踞磯上。』且《霧靈山人詩集》中詩題出現『鎮皖樓』『中江樓』的詩作多篇，并有同時所作的篇章。這些正好印證了上述康熙六十年《安慶府志》所作的更正。由此也説明，李振裕《鎮皖樓記》與康熙二十三年《安慶府志》所載巡撫薛柱斗於城東門外中江樓舊址重建新樓并更名爲鎮皖樓，是不明鎮皖樓和中江樓的歷史源流與方位的。

〔七〕鎮海樓：此處由道光舉人潘慎生《雨中郡城南門鎮海樓望遠》詩引出的鎮海樓應爲當時安慶城鎮海門城樓，非指與晚明阮自華於鎮海門外江磯所建中江樓相關的另一樓。

〔八〕例：油印本作『倒』，誤。

調元閣

中書舍人陳焯記〔一〕云：『大中丞薛公莅皖之初年冬十月，既建鎮皖樓於東郊。越三旬，康濟門外復營杰閣告成。上啓重檐，下達四衢，朱拱丹梯，峥嶸爣閬〔二〕，綺疏洞闢，各用一字眉之，曰霽、曰熏、曰爽、曰肅。』閣介大觀亭與鎮皖樓之中，薛柱斗同時修建。其下即宜城古渡也。道光二年（一八二二年），邑令朱士達重修。咸豐三年（一八五三年），兵毁。

魁星閣

閣在樅陽門文昌宫之後，清康熙時臬司多宏安建。曰文昌閣，其時未有宫也。嘉慶九年（一八〇四年），始建宫於西偏。閣初建時四層，高五丈許，劉宏謨有記〔三〕。建宫後易爲魁星閣，咸豐間毁。同治初，吴坤修重建。初三層，後亦增爲四層。環閣植柏，遥接迎江寺塔，與俱雄峙，故游觀者聚焉。袁起和吴坤修詩〔四〕：『高閣同躋最上層，夕陽紅處畫欄憑。江山縱覽東南勝，奎壁〔五〕重占學校興。感慨碑文經劫運，平章邱壑〔六〕見才能。豈惟退食供觴咏，爲察民風每一登。』『徙倚秋光付短哦，故園翹首思如何。雲開一塔撑天出，浪静千帆繞堞過。近水先教迎皓〔七〕月，捲簾直擬泛銀河。皖城幸賴藩宣力，百廢重新善政多。』自注：『黄蓉臺直刺督工，掘得乾隆間王方伯建閣碑。』閣建於乾隆

〔一〕記：康熙六十年《安慶府志》卷二十七、康熙《懷寧縣志》卷三十四載録此記，題爲《調元閣記》。

〔二〕閬：底本訛作『闌』，據康熙六十年《安慶府志》卷二十七、康熙《懷寧縣志》卷三十四載録此記文本校改。

〔三〕劉宏謨有記：康熙《安慶府志》、康熙《懷寧縣志》收録此記，前者題爲《觀察多公建文昌閣記》，後者題爲《安徽臬憲多弘安鼎建文昌閣記》。

〔四〕和吴坤修詩：袁起《畫延年室詩稿》卷二收録此詩，題爲《丙寅中秋前三日登奎星閣賦呈竹莊方伯》。

〔五〕壁：底本與油印本作『璧』，舊謂二十八宿中的奎宿與壁宿主文運，據此文意及袁起《畫延年室詩稿》所載此詩文本校改。

〔六〕邱壑：底本與油印本作『秋月』，據袁起《畫延年室詩稿》卷二所録此詩文本校改。

〔七〕皓：底本作『曉』，據袁起《畫延年室詩稿》卷二所録此詩文本校改。

以前，王方伯顯緒殆重修耳。然碑曰奎星，易名又不自建宮始。方守彝詩〔一〕末云：『雲霄星斗今無色，高閣詩書裹舊氈。』古以文昌魁星，同屬斗宿，科舉既廢，因罷〔二〕其祀，故云。

天柱閣

天柱閣昔在西門外大江滸，明郡守胡纘宗建。登閣西望，天柱巋然。下有可泉，與江判清濁。纘宗詩〔三〕：『與客上江樓，横江山欲浮。雲當天柱出，月傍小孤流。帆外收吴楚，樽前落斗牛。瀰漫忽千里，倚檻思悠悠。』張治詩〔四〕：『何人建閣俯江水？千尺飛甍〔五〕出皖州。上〔六〕下乾坤自清濁，東西日月共沉浮。兩孤劍柱〔七〕尊前落，九水絲縈〔八〕天際流。閣上主人能愛客，南風長日繫孤〔九〕舟。』又《天柱閣夜聽可泉詩話〔一〇〕》：『李白獨吟秋浦上，杜陵多在錦城隈。夜深長嘯倚高閣，明月墮〔一一〕江潮乍〔一二〕來。』清時閣廢。宣統元年（一九〇九年），藩司沈曾植建於藩署後之成

〔一〕方守彝詩：方守彝《網舊聞齋調刁集》卷十六收録此詩，題爲《戊午正月十三日敬庵徵君至皖，明日陪登舊文昌宮之魁星閣。又明日徵君歸黟，歸後寄句咏登閣事。感觸興懷，賦二律奉答。一次本韵，一追次前年寄懷『秋』字韵》。

〔二〕罷：油印本作『撰』，誤。

〔三〕纘宗詩：胡纘宗《鳥鼠山人小集》卷三收録此詩，題爲《登天柱閣三首吴在其南，楚在其西，斗牛分野》。『纘宗』之『纘』，底本與油印本作『瓚』，據《鳥鼠山人小集》作者署名校改。後文出現同樣情況，徑直校改，不出校記。

〔四〕張治詩：張治《張龍湖先生文集》卷十三收録此詩，題爲《天柱閣》。

〔五〕甍：底本與油印本作『騰』，據張治《張龍湖先生文集》卷十三所録此詩文本校改。

〔六〕上：底本與油印本作『高』，據張治《張龍湖先生文集》卷十三所録此詩文本校改。

〔七〕孤劍柱：底本與油印本作『峰倚劍』，據張治《張龍湖先生文集》卷十三所録此詩文本校改。

〔八〕絲縈：底本與油印本作『如絲』，據張治《張龍湖先生文集》卷十三所録此詩文本校改。

〔九〕繫孤舟：『繫』，油印本誤作『擊』。『孤』，底本作『扁』，油印本作『偏』，據張治《張龍湖先生文集》卷十三所録此詩文本校改。

〔一〇〕天柱閣夜聽可泉詩話：底本、油印本皆脱『夜』『話』二字，據張治《張龍湖先生文集》卷十五所録此詩文本校補。

〔一一〕墮：油印本作『墜』，誤。

〔一二〕乍：底本與油印本皆作『欲』，據張治《張龍湖先生文集》卷十五所録此詩文本校改。

園。閣曰『天柱』，并榜其樓曰『禮岳』〔一〕。徐鐵華有記。方守彝詩〔二〕：『起樓築閣山之巔，雲裏一山迎欄前。』以此爲一城最高處也。辛亥潯軍變，藩署堂廨焚，後將閣重修，成園亦加整理。沈曾植曾有《成園留影〔三〕》之作，守彝次韵〔四〕云：『霧雨冥冥迷望〔五〕眼，起攀天柱倚雲看。入山老鶴自高隱，鼓浪長蛟不肯蟠。苔砌餘香曾瀝酒，露林清響警飛丸。莊嚴樓閣扶花樹，岳氣終多澈〔六〕骨寒。壬子冬，皖城大亂，藩署以庫藏所在，深入槍林，延燒前後堂廨，此露響之所以有餘警也〔七〕。』

雙檜軒

軒在舊藩署之西偏。有古檜二，不知長自何年。檜之前有軒，亦不知築自誰氏，當未改藩署以前。康熙時，郡守

〔一〕宣統元年……禮岳：『宣統元年』，底本與油印本作『光緒三十二年』。方守彝《網舊聞齋調刁集》卷七《天柱閣落成，應方伯沈公教》一詩并序曰：『皖城崇雉環山，浩波抱郭。青林粉壁，參差疏密於朝曦夕照之間。昔有人采蘭江南，望而指之曰：「此蓬萊仙境也。」情景所會，偶然有一言，人間流傳之，遂目爲「小蓬萊」。布政司署據其巔，得勢最高，乙盦方伯起閣園內。其西，雲表一峰，遠在百里外者爲潛岳。漢武東巡，曾封祀焉。以其拔地騰起，孤撑矗立，又有天柱之號。公開閣面岳，抗樓以承之，榜閣曰「天柱」，榜樓曰「禮岳」，而天柱閣實本方志舊名。既成，命守彝宜有述也。自維無遐尚之思，不足追步作者，枉榮命而點新營，殊滋愧焉！雖然，守彝部下草野人也，敢以野人之歌進。』序雖未署年月，但方氏此集按作詩年月排列，集中此詩前一首《張孝烈婦詩》并序署作詩年月爲『宣統元年己酉六月』，此詩後第五首爲《八月八日江上夜望即事》，知此詩作於宣統元年六月之後，八月之前。許全勝《沈曾植年譜長編》依此定天柱閣落成於宣統元年七月。據此校改。

〔二〕方守彝詩：方守彝《網舊聞齋調刁集》卷七收録此詩，題爲《天柱閣落成，應方伯沈公教并序》。

〔三〕成園留影：錢仲聯《沈曾植集校注·沈曾植詩注卷三》作『六十歲成園留影自題』。

〔四〕守彝次韵：方守彝《網舊聞齋調刁集》卷十二收録此詩，題爲《幽居寂寥，興懷乙盦先生，因邀同季野、慎登入成園，上禮岳樓天柱閣。時閣新修，園亦并理，追思宴游，蒿目桑海，仍次題寄攝景韵》。

〔五〕望：油印本誤作『聖』。

〔六〕澈：底本與油印本作『徹』，據方守彝《網舊聞齋調刁集》卷十二校改。

〔七〕壬子冬……有餘警也：底本脱作者自注，有妨詩句理解，據方守彝《網舊聞齋調刁集》卷十二校補。

張楷題其軒曰『雙檜』。吴朝鼎有賦〔一〕，自注：雙檜爲周公瑾所植。其末云：『傳是周郎種〔二〕，青葱色不凋。可憐遺迹在，相與認前朝。』軒址横亘若脊，階前卉木竹石雜具，雙檜挺焉，亦幽境也。

安園

舊撫署之安園，與藩署之成園并勝。抱甕園又爲安園之一部，菜根香亭、後樂軒，均叙入撫院中。又有鶴冢、龍湫，皆園中景。李範之詩『瘞鶴無銘空有冢，潛龍不見尚名湫』是也。前歲，有人於西城外掘得渡鶴橋碑，不知者以爲完白山人之故迹〔三〕。友人云：昔有撫署幕客，嘗携鶴游西城外。此或爲鶴冢之由來也。

海棠巢

巢之所以名於時者，以其先爲霄漢樓也。地在鳳〔四〕鳴書院後之任家坡。任塾建屺園，以爲『將母』之意。中樹樓曰『霄漢』，縹緲欲飛，江山滿目。塾自題〔五〕云：『振衣一長嘯，此地恰宜樓。山以全〔六〕身獻，江從半壁收。未晨先見日，當暑忽成秋。夙有滄洲約，憑窗可坐游。』『危栖〔七〕百尺頂，似與鶴争巢。霧幔晴猶濕，風窗夜自號。江光歸匹練，

〔一〕賦：康熙六十年《安慶府志》卷三十一載此賦全文，題爲《雙檜軒賦》。
〔二〕種：康熙六十年《安慶府志》卷三十一所載此賦文本作『植』。
〔三〕完白山人之故迹：參見本書第四三頁『鶴冢』條目。
〔四〕鳳：油印本作『風』，誤。
〔五〕塾自題：康熙六十年《安慶府志》卷三十、康熙《懷寧縣志》卷三十六載録此詩，題爲《霄漢樓》。
〔六〕全：底本與油印本訛作『前』，今據康熙六十年《安慶府志》卷三十、康熙《懷寧縣志》卷三十六校改。
〔七〕栖：康熙六十年《安慶府志》卷三十作『棲』。

嶺色入〔一〕秋毫〔二〕。一握誰同測，孤雲兩角高。』錢澄之詩〔三〕録其一首：『半帶江流半枕湖，此中少得此樓無。春雲欲起龍山暗，夕照將沉雁汉孤。燈火每隨賓客散，板輿長共弟兄扶。臨風忽有吹簫興，黄鶴天邊似可呼。』姚鼐詩〔四〕：『三十年前登此樓，招携緑鬢賦滄洲。四山雜樹排檐入，萬里清江抱郡流。過眼雲烟窺物外，憑欄花鳥又枝頭。層軒尚有斜陽白，更就明霞望逝鷗。』任塾又建三江第一樓，經兵燹俱廢。後人結屋其上，植海棠。數十年來，枝幹扶疏，花時敷盛，名其書閣曰『海棠巢』。葉仙蓂居之，曰『巢海棠巢』。李範之、方倫叔均有題咏，各録其一。李云〔五〕：『勝地争傳霄漢樓，羨君小住幾生修〔六〕。海棠巢裏堪娱老，歲歲題詩在上頭。』方云〔七〕：『霄漢樓頹人去也，風流迹掃夢縈兮。悵懷崔灝雲中鶴，來載陶潛桑上雞。結屋何人檐宇大，種花成幹樹陰低。愛兹名貴非凡艷，日日詩囊共客提。』

範黄亭

亭建於黄甲山之最高處，相傳黄山谷曾讀書於此。山谷於徽宗時知舒州，游三祖寺，寺後石牛洞，有山谷流泉，

〔一〕入：康熙六十年《安慶府志》卷三十、康熙《懷寧縣志》卷三十六作『設』。
〔二〕毫：道光《懷寧縣志》作『豪』。
〔三〕錢澄之詩：《田間詩集》卷十五録此詩，題爲《任克家霄漢樓成索詩》。原共三首，此爲其中一首。
〔四〕姚鼐詩：姚鼐《惜抱軒詩集》卷八收録此詩，詩題爲《霄漢樓》。
〔五〕李云：李大防《嘯樓集》收録《葉君仙蓂寓齋海棠盛開觴客賦詩，余得四絶句》，此處所引爲其中第三首。
〔六〕修：底本與油印本作『休』，據李大防《嘯樓集》校改。
〔七〕方云：方守彝《綱舊聞齋調刁集》卷十九有《次韵葉仙蓂〈海棠〉八首有叙》，此處所引爲其中一首。

故一名山谷寺，因自號山谷道人〔一〕。安慶舊有山谷書院，原在藩署之東，後改府學，郡守胡纘宗移建於黄甲山下，中有山谷祠。清初祠存，書院廢。舒邠儒建宅於黄甲山，初名城西小築，後改名南樓北樓。樓後山麓，建爲園。於花木竹石之間築亭，顔曰『範黄』。危壓城闉，吴楚山川極目在望，休沐日咸集於此焉。方倫叔詩〔二〕：『涪翁千歲無消息，洞口青牛識舊顔。潛之三祖山有石牛洞，洞口大石如青牛，涪翁當日游息之地也。李公麟爲畫山谷騎石牛圖。涪翁有句云：『山谷青石牛，自負萬鈞重。八風吹得行，處處是日用。又將十六口，去作宣州夢。』三祖山去皖不及百里，登茲亭者約略可想望之焉〔三〕。地接風流情望古，神來雲檻坐聯班。蒼藤雉堞朝烟上，紅綺鷗波夕照間。最好清尊明月夜，齊呼坡谷咏江山。黄州與皖同一衣帶之間，高亭依檻，烟帆如接。蘇黄神契，故并及之〔四〕。』李範之詩：『絶羨抱冰〔五〕老居士，滄桑歷盡尚朱顔。心依佛祖香蓮界，夢醒春婆玉笋班。尚友古人千載上，高吟大句五雲間。亭前風景渾如畫，坐看江城兩岸山。』

長嘯閣

皖城崇雉環山，浩波抱郭，昔人目爲『小蓬萊』〔六〕。懷寧縣署花廳，左輔題曰『小蓬萊吏館』。南門内有小蓬萊酒家，據盛唐山巔，即登雲坡上，當街建閣，名曰『長嘯』。樓欄迥然，軒城輊江。江外群峰，螺鬟秀列。前有聯云：『華構依

〔一〕山谷於徽宗時知舒州……號山谷道人：《宋史·黄庭堅傳》：『徽宗即位，起監鄂州税，簽書寧國軍判官，知舒州，以吏部員外郎召，皆辭不行。丐郡，得知太平州。至之九日罷，主管玉隆觀。』黄罃《山谷年譜》民國《適園叢書》本卷十一：『《張翔夫哀詞》序云「張庖民翔夫往在皖溪口，開泉長安嶺下。元豐庚申十月，余舟次泉下」云云。山谷寺，在皖山三祖山，屬舒州，有石牛洞等林泉之勝。先生游而樂之，因此號山谷道人。』由此可知，黄庭堅未就知舒州任，其樂游舒州山谷寺，自號山谷道人，是在宋神宗元豐三年庚申。作此辨正，原文仍舊。

〔二〕方倫叔詩：方守彝《網舊聞齋調刁集》卷十九收録此詩，題爲《次韵邠儒範黄亭之作。亭新築於黄甲山最高處，相傳山谷曾讀書山麓，舊有山谷祠。茲亭危壓城闉，吴楚山川極目在望》。

〔三〕潛之三祖山……想望之焉：底本與油印本脱，據方守彝《網舊聞齋調刁集》卷十九所録此詩文本校補。

〔四〕黄州……及之：底本與油印本脱，據方守彝《網舊聞齋調刁集》卷十九所録此詩文本校補。

〔五〕冰：油印本誤作『水』。

岩出，清江抱郡流。』題咏甚多。録《網舊聞齋調刁〔一〕集》中二首：『閣上江山風月觴，髯絲莽莽碧天長。眼横李白輕狂酒，心恨麻姑狡獪方。遥識九華在雲外，縱將一嘯落峰旁。鄉村城市都無賴，羨煞閑鷗心最凉〔二〕。葛、鄧鄉居，姚、陳、江及僕皆居城，「閑鷗」專美總持〔三〕。』『未易淋灕共舉觴，聯翩嵇〔四〕阮興何長。一欄白水青山影，千里蒼龍朱雀方。即此桃源來世外，笑渠漁父老溪旁。不知更有塵寰在，別處松風竹月凉。』（《反前詩之意重贈程總持，兼簡長嘯閣同座諸子〔五〕》）

馨園

園在城北平安嶺，舊爲張剛勇公祠。清季，予假祠辦專門法政學堂。今祠廢而園益拓，環池塘建亭榭樓閣，蒼翠芬芳，其幽雅宜人，城中之第一佳境也。何宇塵曾讀書於此，有詩〔六〕云：『勞役二十載，重過讀書堂。翠柏已成把，雜花生异香。星光凉入水，竹影暗窺墻。祠宇識興廢，江城接大荒。平生幾知己，歌哭九迴腸。書史空驅策，人天共抑揚。樽前浮滄海，笛裏動伊凉。避世居宜酒，尋山詩欲狂。天涯驚睡夢，池館静秋霜。寄語馨園主，懷憂孰短長。』

〔一〕調刁：底本與油印本脱，據方守彝詩集名校補。

〔二〕閣上……最凉：此詩題爲《次韵總持〈蓬萊〉四韵》，詩題下作者自注：『是日，鄧叔存招集姚叔節、陳慎登、葛温仲、江樹庭、程總持及僕兄弟小蓬萊之長嘯閣。』『嘯』，底本與油印本皆訛作『笑』，據方守彝《網舊聞齋調刁集》卷十二所録此詩文本校改。

〔三〕葛、鄧……專美總持：此原詩作者自注文字，底本與油印本脱，據方守彝《網舊聞齋調刁集》卷十二所録此詩文本校補。

〔四〕嵇：底本與油印本皆訛作『稽』，據方守彝《網舊聞齋調刁集》卷十二所録此詩文本校改。

〔五〕反前詩……諸子：底本作『次程總詩韵并簡同座諸子』。油印本同底本，其中『詩』作『持』。據方守彝《網舊聞齋調刁集》卷十二所録此詩文本校改。

這些文字爲上文所引方守彝後一首詩的標題。

〔六〕有詩：何雯《澄園詩集·江上吟》收録此詩，題爲《馨園夜飲》，并序曰：『皖城北馨園，舊爲張剛勇祠堂，雯少時讀書於此。今祠廢而池館無恙，花樹争榮，慨然久之。』

寂園

寂園在百花亭，或謂即百花亭之舊址。黄花亭，少時觀武場較射，猶及見之。百花亭，已迷其所在。葉子謙有《登百花亭》詩，是當時尚有亭也。寂園臨塘，城東北一角。不异〔一〕蓬萊深處，寂園實當之，百花亭風景固未殊也。張易吾曾居之。李範之詩〔二〕：『一泓春水門前緑，半畝蔬園雨後青。鎮日香風薰欲醉，詩人合住百花亭。』範之初居鷺鷥橋嘯樓，故名其詩曰『嘯樓集』。易吾調官山左，範之建屋於寂園之後，名曰『寒翠廬』，移居焉。以嘯樓讓劉伯遠，戲贈二絶〔三〕：『争墩往事已成塵，逆旅乾坤迭主賓。分付樓頭舊風月，平章今又屬詩人。』『曾倚危欄〔四〕望九州，翻雲覆雨不勝愁。元龍豪氣銷磨盡，讓子高眠百尺樓。』

公園

公園爲社會教育之一種，然游觀之地，多爲名勝所在，况菱湖夜月，爲風景之一，故列入名勝門，使人知所珍重焉。公園有二。

森林公園

清光緒二十七年（一九〇一年），廣濟圩潰，巡撫王之春急派兵加築護城圩，使公園等處未受淹没，志艶稱之。是當時已有公園，特名未立耳。三十三年（一九〇七年），巡撫朱家寶四周浚濠，中横溪澗，與菱湖通。溪濠兩岸皆植

〔一〕异：油印本作『易』。
〔二〕李範之詩：李大防《嘯樓集》收録此詩，題爲《易吾僑寓百花亭，余居鷺鷥橋，相距不數武，過從日密，賦贈二絶句》。
〔三〕戲贈二絶：李大防《嘯樓集》收録此二絶句，題爲《伯遠新居即余昔之嘯樓，戲贈二絶》。
〔四〕欄：底本與油印本作『樓』，據李大防《嘯樓集》校改。

樹，花畦苗圃，錯雜其間。前抵演武廳，闢爲農事試驗場。溪澗間建有石橋及板橋，其西建平房三座、大樓一座，東與北雜建亭榭。有紀念碑鉗大樓之壁，姚叔節撰文〔一〕。其頌揚朱撫，與大觀亭下之紀功碑相似。鄧繩侯〔二〕有聯云：『澄清一江流，裘帶雍容，把酒話湘鄉而後；參差萬雲木，烟郛〔三〕隱現，憑欄誦召伯之詩。』亦對朱撫而作。朱撫以袁世凱私誼而助袁稱帝，袁死又參與宣統之復辟，其爲人可知。撫皖時能下士。自古文人多重情感，揚子雲、蔡伯喈皆坐此弊。民國元年（一九一二年），青年軍軍監兼主《血報》韓蓍伯爲白某刺殺〔四〕，葬於大樓之陰，又相率頌韓，而頌朱之碑仆矣。園初名皖江公園，後以大樹撑天，濃陰蔽地，人遂以森林公園呼之。劉鎮華建亭名曰『豳風』，亦以園在農郊故耳。城東闢小東門以通菱湖路，後又於石家塘闢門以通華中路。路旁梧桐，緑已成陰，春夏之交，游人益盛。都市塵囂，人多目爲屠殺場。有此碩大之林園，以轉换空氣，未始非民衆衛生之一道也。

菱湖公園

長風港發源茅嶺，經南莊嶺之南，瀦爲菱湖。湖以多菱而名。菱盛開時，花光水氣，清暉娱人，自昔引爲勝境。

〔一〕有紀念碑……姚叔節撰文：二〇二一年九月，安慶市東門華中路北一巷文教花園工地發現一塊石碑，入藏安慶市博物館。其碑文開頭曰：『宣統辛亥，安徽士民感寧州朱公戊申十月定敵之功，既立亭於余忠宣公左偏，刻像其中，又於城東門外公園築棠蔭亭，群屬永概爲文以記功績。』碑文結尾署名曰：『宣統三年四月，桐城姚永概記，懷寧鄧繩孫書。』考姚永概《慎宜軒日記》辛亥（一九一一年）四月二十一日載：『作《棠蔭亭記》成。』此處『紀念碑』應爲棠蔭亭碑。

〔二〕鄧繩侯：侯，油印本訛作『候』。劉師培《劉申叔遺書·左盦外集卷十九》有《鄧繩侯先生闕銘》一篇。

〔三〕郛：底本與手稿複印本作『郜』，疑爲『郛』字不規範的手抄體。油印本與《安徽名勝楹聯輯注大全》第八八二頁載録此聯作『村』。

〔四〕青年軍軍監……刺殺：《時事新報》一九一二年四月二十二日第二版《紀韓衍被刺詳情》：『皖省青年軍軍監兼都督府秘書長，《安徽船》《共和》《急進》等報編輯，蘇人韓衍，亦名韓重，字蓍伯，於月之十七日二更時……行至同安嶺地方（是處與韓寓所最近）。忽有身着黑色便服一人，尾隨其後，突舉手槍，向韓轟發，擊中其背，透至脅部。』《申報》一九一二年四月二十日第二版《安慶孫都督電》：『本月十七號夜七句鐘，青年軍總軍監韓衍在城内同安嶺被刺客狙擊，槍傷甚重，本日五句鐘歿於同仁醫院。現正懸賞緝拿凶手。』《申報》一九一二年四月二十九日第二版《安徽都督電》：『皖省青年軍總軍監韓衍被槍殞命，當經嚴緝正凶，并通電布告在案。頃有白汝灝者由滬來電自首，亟應提案訊辦。』

許蕡詩〔一〕：『紅蕖含宿雨，香艷正離披。何處采菱女，相將歌《竹枝》。花深看易失，風亂聽還疑。響徹〔二〕碧雲散，空波月上時。』魯琢《菱湖詞》：『采菱采菱湖裏，菱花古鏡涵〔三〕秋水。白雲散作明鏡光，青天倒作明鏡底。』『上湖蓮花紅似拳，下湖蓮〔四〕葉緑如錢。争道蓮花勝蓮葉，花開易落葉長〔五〕圓。』汪梅湖亦有詩〔六〕。梅湖生於明之末葉，當時知有湖知有菱而已。至清光緒時，移建敬敷書院於菱湖之側，書院又改爲學堂，人迹漸聚，於是有茅亭之作。方倫叔詩〔七〕『誰結茅亭依老樹，我來荷芰有餘花』是也。有亭矣，未嘗以園名之也。丁述明、何樹瑶於菱湖橋頭合建可園，予笑謂：『丁氏多口，何氏無人。』然爲兩人之私園，非公園也。公園之建，創自舒邠儒氏。小東門初名菱湖門，門之闢亦舒氏之創議。出門横城濠建橋，曰『建設橋』，過橋沿汽車路北行，至安徽大學操場。折而向東，在此建坊，題『菱湖公園』。左有小河，上通城濠，下過操場，復折而南流入於湖。此又有橋，越橋左即可園。後重建高崗上。右則游船停泊處，再前爲故建設廳長紀念塔。自出城所經大道之左右，樹皆成陰，至此左近山，右側荷田萬頃，河汊縱横。臨湖建大草場。場面南，東西北三面建樓房，下有深廊，爲游人憑欄而坐、任意休憩之地。大門西向，入門右於草場側築墩建亭，左沿走廊而進，壁間皆完白山人等真草隸篆帖。臨草場，横建大廳，屋基高於場基七八尺，廳左右屋兩〔八〕

〔一〕許蕡詩：道光、民國《懷寧縣志》分别於卷五、卷二載録此詩，題爲《菱湖》。

〔二〕徹：底本與油印本作『澈』。據道光《懷寧縣志》卷五所録此詩文本校改。

〔三〕涵：底本與油印本作『含』。據道光、民國《懷寧縣志》分别於卷五、卷二所録此詩文本校改。

〔四〕蓮：油印本作『荷』，誤。道光、民國《懷寧縣志》所録此詩文本皆作『蓮』。

〔五〕長：道光《懷寧縣志》卷五所録此詩文本作『常』。

〔六〕汪梅湖亦有詩：道光、民國《懷寧縣志》載録其詩《送魯啓我歸菱湖》：『烟樹迷茫黯落曛，詩人歸思正紛紛。城頭霽色消殘雪，江上寒烟（道光志作「潮」）濕暮雲。且喜布衣成聚首，不將杯酒悵離群。扁舟曉向菱湖發，折得梅花欲贈君。』姚鼐《惜抱軒文後集卷一・梅湖詩集序》：『汪梅湖先生，名之順，字禹行。』

〔七〕方倫叔詩：方守彝《網舊聞齋調刁集》卷七收録此詩，題爲《江樹庭茂才載酒招客，爲菱湖茅亭之游，長林延風，披襟散坐，意甚爽也。明日鐵華投二律，方有他構未及和。今日淵如過予齋，見鐵華詩，欣賞不已，因之興至》。

〔八〕兩：底本作『而』，據手稿複印本、油印本和上下文意校改。

進。樓下之西邊，二十一二〔一〕年曾置通俗教育館於此，後則爲分館。東邊爲圖書館流通處。東首前進，樓上下皆大敞廳，有餐座。樓上敞廳東邊，建平臺。憑欄遠眺，長江如帶，天柱、大龍皆在襟抱。平臺後有弈〔二〕社、詩社、書畫社。通俗教育館後，西首有籃球、網球場。其東即大廳後，百數十畝，雜植花木，中有塘。臨塘建榭，壘石成山。春秋佳日，皆露天茶座也。方倫叔氏詩〔三〕云：『菱湖風景向來好，年年付與湖村老。村前白髮照紅蕖，飽看花開花事了。』又云：『邇來故人舒大夫，儒雅風流冠此都。點〔四〕綴雲霞結構起，晴樓雨檻收畫圖。』末又云：『我來憑欄忽有思，曾繞西泠〔五〕兩岸寺。紅墻緑樹隱疏鐘，能引禪心入詩意。請君於此補闕遺，更著精藍倚山翠。』舒氏好道，一號賓呂，乃依方氏之意，建純陽閣。閣三層，矗立於荷田中，望之如蓮花臺。河流繞閣，有沿流垂釣者。葉元吉《望菱湖夕照》詩『濠梁散釣絲』是也。有乘舟泛月者，葉氏又云『荷花消息晚，艇子在滄浪』是也。陳知白詩：『城居久苦天如瓮，放眼名園得勝游。風動碧荷看打槳，一湖明月恰新秋〔六〕。』足見月夜泛舟者之多。然此皆清游，與秦淮畫舫，妓歌嘈雜者迥別。李範之詩〔七〕『不似秦淮歌舞地，紛紛簫管沸樓臺』即此意。李氏嘗與張易吾繪《菱湖泛月圖》，題咏滿册。方倫叔氏書册後有云〔八〕：『園林新拓集華軒，星月良宵快輕艤〔九〕。』集華軒者，園中大廳之題額也。舒氏於園之西北，自

〔一〕二十一二：油印本作『二十三』。

〔二〕弈：底本與油印本皆作『奕』。『奕』通『弈』。今從現代漢語規範校改。

〔三〕方倫叔氏詩：方守彝《網舊聞齋調刁集》卷十八收録此詩，題爲《菱湖公園詩一首，題冰如見示長篇後》。

〔四〕點：油印本作『頭』，誤。

〔五〕泠：底本與油印本皆作『冷』，據方守彝《網舊聞齋調刁集》卷十八所録此詩文本校改。

〔六〕陳知白……恰新秋：陳榆蔭（知白）《聽松山房詩》卷上録此詩，題爲《晚游菱湖公園》。『槳』，底本、油印本與《聽松山房詩》卷上皆作『漿』，疑誤。此詩爲七言絶句，作爲此詩第三句韵脚字，應爲仄聲，作『漿』不合格律，作『槳』既合格律，又不背上下文意，蓋兩字形近而誤。據此校改。

〔七〕李範之詩：李大防《嘯樓集》收録此詩，題爲《六月泛舟菱湖》。

〔八〕書册後有云：方守彝《網舊聞齋調刁集》卷十八收録此詩，題爲《範之易吾兩使君曾於月夜泛艇菱湖，賦詩酬唱，寫入丹青。張使君垂示詩篇，李使君囑題圖册。賦此奉答》。

〔九〕艤：底本與油印本作『艇』，據方守彝《網舊聞齋調刁集》卷十八所録此詩文本校改。

建樓房一座，設菱湖小學。左建平房，設平民工廠，以紡織爲大宗。後有園，供工人學生種花種菜。東西築兩路，路前各立一門。青柳蒼梧，與藤蘿相掩映，又公園中別一部落也。其西有横崗，又構一亭，樹史可法『宜城天塹』碑。崗上遍植梅花，以象徵揚州史公葬衣冠處之梅花嶺。葉元吉詩：『孤忠賸芳澤，瞻撫再移時。』亦指此碑而言。而舒氏闡幽之意，爲尤深矣。園之東，姜高琦之墓在焉，旁有血衣亭。墓柱題：『無多麟鳳〔二〕供庖俎；如此江山待祓除。』後其家屬移葬於本籍，此地成虛冢矣。

森林、菱湖兩公園，一接近農場農校，一接近安徽大學。人稱安慶爲文化區，此又爲文化中心地也，然皆偏於東郊。城西商賈麇集，溯河至石牌以達潛山、太湖、望江，遵陸至三橋、高河埠、青草堝諸巨鎮以達桐城，舟車輻輳，人口尤多，必有公園以改造其環境。且西北郊倚山臨江，中有鴨兒塘，將軍冲、鷓兒嶺之水皆匯焉。四時澄瑩，方平如鏡，是亦小菱湖也，而水之清潔且過之。環塘有清凈庵、於家庵、祇園庵、善雲庵，最著者地藏庵、太平寺，自古爲勝迹，大觀亭更不必論。近年周慤慎公祠，建於鴨兒塘之前。於水中砌成曲折石徑，徑寬，兩旁均有圍欄，間之以亭。祠中廳室皆軒敞，平時已爲游人所聚。三月十二日植樹節，歲在塘之西北山崗植樹。森林局移至吴樾墓後之烈士祠，隨時栽培，大者干霄，勝於森林公園奚啻十倍？出北門循馬山而下，祇須修平道路，標明路綫，點綴以有關社會文化之景物。若浚濠使清水塘得通小艇以至菱湖，則東西郊聯爲一氣。王世貞〔三〕目安慶爲海上蓬萊，庶乎近之。

〔二〕鳳：油印本誤作『風』。

〔三〕王世貞：底本與油印本皆作『王伯厚』，疑誤。王伯厚即宋人王應麟，未見其贊安慶爲海上蓬萊之記載。本書『盛唐山』條曰：『安慶爲山城。王世貞舟過，驚爲海上小蓬萊。』康熙六十年《安慶府志》卷四『蓬萊城』條載：『自海門望皖，龍山與城郭俱在水中。明王世貞舟過，嘆曰：蓬蓬勃勃，烟火萬家，此海上小蓬萊也，青冥中有人焉。』據此校改。

乙、古迹

四宜亭

四宜亭在樅陽門外大士閣前，邑令馬剛建。劉餘謨記〔一〕謂：江山『千里，悉羅而致之廊廡』間。馬剛詩〔二〕云：『亭砌連香閣，江烟接寺〔三〕樓。一番雲水意，幾處夕陽舟。清宴〔四〕芙蓉晚，高談竹葉秋。同人争攬勝，未覺此淹留。』今閣存而亭久廢。

萬松山房

西門外太平寺後山曰『萬松山』。昔有萬松山房，宋馮京讀書處。

陟　園

在萬松山。錢選少喪父，奉母游觀。西望愚公峰，父墓在焉，因名曰『陟園』，取《陟岵》之義〔五〕。孟安世記〔六〕云：『園内清池一掬，映以朱欄。前後有堂。』『堂左忽闢雙扉，細路短垣。人行墻外，花迎拂面，進憩小亭』。又云：

〔一〕劉餘謨記：康熙《懷寧縣志》卷三十四載録此記，題爲《邑侯馬公鼎建大士閣碑記》。
〔二〕馬剛詩：康熙《懷寧縣志》卷三十五載録馬剛《構四宜亭落成賦三首》，此爲第三首。
〔三〕寺：底本與油印本作『自』，今據康熙六十年《安慶府志》卷三十、康熙《懷寧縣志》卷三十五所録此詩文本校改。
〔四〕清宴：油印本誤作『請宴』。
〔五〕義：油印本作『意』。
〔六〕孟安世記：康熙《懷寧縣志》卷三十五載録此記，題爲《陟園記》。

『小却有堂盈尺。』又云：『左右斗室，陳列書史』。又云：『及度層梯，登高樓，凡四山之窈邈，大江之瀠洄，近收几席。』楊汝穀詩〔一〕録其一：『陟園高處望松楸，黯淡寒雲繞一邱。莫咏《蓼莪》明月夜，恐驚烏鳥叫枝頭。』

天開圖畫亭

在西門外。枕山面江，踞一郡之勝。余闕《郡庠後宴盧僉事〔二〕》詩：『斯亭信顯敞，翠嶺帶澄川。』自注〔三〕『亭名天開圖畫』是也。元時府學在西門外，至明移建城内山谷書院。清郡守張茁重建尊經閣，議復天開圖畫亭，而不知其非故處也。

涌月亭

在西門外山巔，顔素之别業也。

舫　亭

在西門外鴨兒塘，爲吴應鍾之别業。應鍾《舫亭晚霽懷朗師》詩：『秋水才深五尺强，雨餘小艇帶斜陽。呼兒〔四〕促棹前村去，貪共山僧納晚涼。』

〔一〕楊汝穀詩：道光《懷寧縣志》卷五、民國《懷寧縣志》卷四録楊汝穀《和錢鶴亭先生陟園》三首，此爲其中一首。
〔二〕郡庠後宴盧僉事：余闕《青陽先生文集》卷一録此詩，題爲《三月廿九日，郡庠後亭宴盧啓先僉事》。
〔三〕自注：非余闕此詩自注，而是余闕另一詩《安慶郡庠後亭宴董僉事》的自注。見《青陽先生文集》卷一。
〔四〕兒：康熙二十二年《安慶府志》卷十七、康熙六十年《安慶府志》卷三十録此詩皆作『童』。

得月樓

在西門外，巡撫薛柱斗建，同時又建照江樓。

養　園

任塾築霄漢樓於城内，又築三江第一樓於城外。養園爲魯琢所築，在三江第一樓前。琢詩『養園我築大江頭，恰擁三江第一樓』是也。

寄　園

任國禎别業。其孫壎改名『逸園』，在城内東北。顔素《題任大參寄園〔一〕》詩：『今朝風日好，乘興入林園〔二〕。繞徑分花嶼，通池接水源。神仙留秘籙，鷗鳥足清言。自得幽栖意，爲廬不避喧。……客至頻呼酒，時和但捲簾。暗香浮綺席，清韵〔三〕上瑶編〔四〕。草際雲英度，花邊空翠懸。抱琴孤月去，扶醉欲仙仙。』

超然亭

在雙蓮寺後。元虞集《安慶路雙蓮寺得上人超然亭〔五〕》詩：『超然之亭何所超，雙蓮古塔共岧嶢。城頭疏雨散花

〔一〕題任大參寄園：康熙《懷寧縣志》卷三十五載録此詩，題爲《題任大參寄園十咏之四》。
〔二〕林園：底本與油印本誤作『園林』，據康熙《懷寧縣志》卷三十五所録此詩文本校改。
〔三〕韵：康熙《懷寧縣志》卷三十五録此詩文本作『潤』。
〔四〕編：底本作『篇』，據康熙《懷寧縣志》卷三十五所録此詩文本校改。
〔五〕安慶路雙蓮寺得上人超然亭：底本與油印本作『雙蓮寺超然亭』，據虞集《道園學古録》卷三所録此詩文本校改。

至，江外斷雲將樹朝。晨飯舊從香積化，晚鐘長送海門潮。尋源〔一〕悵望空歸去，此地安禪試往招。』

清水塘

一曰『盡忠池』，余忠宣公盡節處。池有渠與大江通，有橋爲前後通道。明嘉靖時知府吴麟爲之立碑，禁坌垢下積，渠壅不流。萬曆時知府胡纘宗又廓清舊址，容若玉爲之記〔二〕。又地藏庵前有塘，或謂忠宣盡節在彼。康熙四十三年（一七〇四年），知縣張懋誠築亭其上。五十四年（一七一五年）復於舊址立碑爲記〔三〕，以辨其非。清洪亮吉清水塘詩〔四〕：『野人告我清水塘，曰莫〔五〕塘邊屢回步。雉堞丹樓不見人，坊祠碧瓦同寒戍。殘碑無文首函鐵，傳有中書舊時血。報導潮聲入小孤，靈風夜火紅旗掣〔六〕。嗚乎〔七〕！江潮翻黄海潮紫，海上琴隨伯牙死。泰不華，姓伯牙吾臺氏，家僮抱琴從死。愛子同歸北闕魂，老臣尚曳東華履。當日承明踵後塵，和州遷謫感羈臣〔八〕。崇碑欲紀先朝烈，簪筆誰歸後死人？』潘瑛《清水塘》詩〔九〕：『泥濁水不渾，海枯塘不涸。塘上野風秋，水花白開落。』方倫叔《游清水塘登地藏庵小閣》〔一〇〕詩：『昔賢完節去，一水尚依城。地近紺宮古，人來白髮清。碑亭侵草色，廟樹帶秋聲。高咏臨僧閣，知多懷往情。』

〔一〕源：虞集《道園學古録》卷三所録此詩文本作『原』。

〔二〕容若玉爲之記：康熙六十年《安慶府志》卷二十六載録容若玉此記，題爲《修盡忠池渠橋記》。

〔三〕立碑爲記：康熙六十年《安慶府志》卷二十七載録張楷此碑記，題爲《盡忠池碑記》。

〔四〕洪亮吉清水塘詩：洪亮吉《附鮚軒詩集》卷三收録此詩，題爲《安慶清水塘吊余忠宣》。

〔五〕曰莫：底本與油印本作『日暮』，據洪亮吉《附鮚軒詩集》卷三收録此詩文本校改。

〔六〕掣：油印本誤作『擎』。

〔七〕嗚乎：洪亮吉《附鮚軒詩集》卷三收録此詩作『烏虖』。

〔八〕臣：油印本誤作『目』。

〔九〕《清水塘》詩：潘瑛《晋希堂詩集》卷六收録此詩，原詩題下作者自注『余忠宣公靖難處』。

〔一〇〕《游清水塘登地藏庵小閣》：方守彝《網舊聞齋調刁集》卷二載録此詩，題爲《陪奉姚寒皋六丈游清水塘，登地藏庵小閣，歸示以詩和韵》。

風節井

舊在按察使署後，前高等法院對面。余忠宣公夫人率女安安死於此，骸骨分瘞井旁爲二冢。馬守愚《風節遺骸考》〔一〕，辨明夫人爲蔣氏，耶律耶卜氏爲側室，實一人；子德臣，女安安，蔣氏生；福童非女，乃其甥也。康熙中按察使朱作鼎作亭於井上，題額曰『一家仁』。民國八年（一九一九年），高等法院張易吾重修之，題聯云：『男女共成仁，古井無波清足鑒；門墻宣正氣，庭花滿地訟常閑。』十五年（一九二六年）舊按察使署火，改建吴樾街，圈井與亭於高等法院墻内。今之專署，高等法院之舊址也。

讓　泉

在西郭〔二〕外。《圖經》云：『是泉争則涸，讓則涌，汲者依序而進，各得充盈。』〔三〕康熙中，巡撫徐國相建亭其上，曰『澄碧亭』，自爲之記〔四〕云：『讓泉之水，實與惠山埒，而陸羽、張又新品泉，皆不之及。』

白蓮池

在舊藩署後，昝茹穎别業在焉。白蓮最盛，當世艷稱之。

〔一〕《風節遺骸考》：民國《懷寧縣志》卷十『烈夫人祠』條下載録馬守愚此篇原文。
〔二〕郭：底本作『郊』，據民國《懷寧縣志》、手稿複印本、油印本校改。
〔三〕是泉……各得充盈：此爲徐國相《讓泉澄碧亭記》引《圖經》語，見康熙六十年《安慶府志》卷二十八。
〔四〕自爲之記：康熙六十年《安慶府志》卷二十八載録徐國相此記，題爲《讓泉澄碧亭記》。

狀元坊

在縣文廟前，爲明崇禎戊辰（一六二八年）狀元劉若宰、辛未（一六三一年）狀元王來聘〔一〕立。

四牌樓

樓四面題扁，東曰『福壽』，西曰『布德』，南曰『承恩〔二〕』，北曰『中和』。後改東『延曦』，西『喜雨』，南『迎薰』，北『拱極』。

三牌樓

樓亦四面題扁：東『二政〔三〕』，西『阜民』，南『輯睦』，北『景定』。

錢家牌樓

當街石坊。一『大司徒』，爲明南京户部尚書錢純、錢鸞立；二『古柱史』，亦爲錢鸞立，以其曾任監察御史；又有明兵部尚書汪道亨〔四〕『大司馬』坊。

〔一〕聘：底本作『騁』，據康熙《安慶府志》卷八《學校志·選舉·武舉》、民國《懷寧縣志》卷三及手稿複印本、油印本校改。
〔二〕恩：底本與油印本作『德』，據康熙六十年《安慶府志》卷三校改。
〔三〕二政：底本與油印本作『治政』，據道光、民國《懷寧縣志》卷三校改。
〔四〕明兵部尚書汪道亨：道光、民國《懷寧縣志》卷三作『明巡撫宣府贈兵部尚書汪道亨』。

倒扒獅子

四牌樓東，舊有坊，題『黄門司諫』『青瑣納言』，爲明刑科給事中劉尚志立。咸豐兵燹，祇兩旁石柱倒扒獅子尚存，故名其街。其西有『金殿傳臚』坊。

黄家獅子

明左軍都督黄應甲故里，舊有兩石獅子，故名。東門内『大都督』坊，亦爲其建立。

探花第

大〔一〕小南門之間。雍正丁未（一七二七年）探花馬大用故居，遂名其街。大南門内『海疆柱石』坊，亦爲其建立，以其曾督福建、臺灣水師也。

西門内舊有當街石坊三。一『鳳池三杰』，爲明顔素、任可容、吴岳秀立；二『黄甲同登』，爲明吴肇東、張淳立；三『青雲雙鳳』，爲明容若玉、顔素立。

孝子坊

在北門内，爲濮閎中立。其街遂以爲名。

〔一〕大：油印本誤作『在』。

天台里

在小南門内。明劉尚志、阮自華居此，故名。劉若宰又曾居登龍巷，登龍亦以若宰而名。天台里舊有御書樓，清楊汝穀建，即其舊第也。

藤　墩

在東門内。舊有大樹覆墩，垂藤如傘，劉静遠别墅在焉。

八里斷碑

在東郊外。明劉若宰爲知府游雲鴻修路而作。頌中有『吏弊火觀，民奸霆斷，威肅千軍，塵清六皖』云云〔一〕。

將軍冲

在北門外。元余闕引江水通五濠三塹，屯兵於此，故名。

吕蒙城

在東門外二里，臨江。

〔一〕頌中……云云：此處删節前志過當，導致語意不明。道光《懷寧縣志》卷三載：『八里斷碑，明邑紳劉若宰爲郡侯游公修路作也。其略言：君侯諱雲鴻，號羽儀，閩莆中文獻家也。以進士歷宰中州，晋尚書刑部郎，遷皖守。念東郊外爲畿省孔道，修砌三十餘里，用石萬丈，甚盛德也。爰采道途謳歌而爲之頌。頌中有「吏弊火觀，民奸霆斷，威肅千軍，塵清六皖」云云，餘多殘闕不可讀。』

飛來鐘

在雙蓮寺。有大鐘浮江而下，寺僧迎之，遂止。

鐵　牛

《寰宇記》云：『皖有鐵官〔一〕。鑄鐵作牛，埋於城北十步，以鎮此地〔二〕。』漢時皖在潛山，與安慶無涉。舊『《府志》：江滸多水怪。初建城，冶鐵鎮之。』鐵牛五：『一集賢門内，一盛唐門内，一山川壇東，一天柱閣右，一萬億倉。俱藏土中，微露牛脊』，『稱爲鐵牛大將軍』。〔三〕予過蒲州、宣城等處，大河之濱，皆有鐵牛。此五鐵牛，或鑄於宋，非鑄於漢也。

鐵　像〔四〕

小南門江岸。光緒初〔五〕，發見一鐵鑄跪像，土人謂爲宋秦檜，多侮辱之。黄漱蘭通政，爲敬敷書院掌教。一日，醉鞭之，至手赤腫。但安慶無岳祠，恐非檜像。地去韓建墓甚近，或爲害韓者範歟？

〔一〕皖有鐵官：《宋本太平寰宇記》卷一百二十五作『《漢書·地理志》云：皖有鐵官』。
〔二〕此地：底本與油印本作『之』，據《宋本太平寰宇記》卷一百二十五校改。
〔三〕《府志》……大將軍：引文爲光緒《重修安徽通志》卷四十四『鐵牛』條原文，康熙六十年《安慶府志》卷四亦有記載，文字稍异。
〔四〕像：油印本誤作『象』。
〔五〕光緒初：民國《懷寧縣志》卷三十四作『同治、光緒間』。

宜城天塹〔一〕

古之治軍者，言及形勝，動曰長江天塹豈能飛渡！安慶介長江之中。史可法督師時，以『宜城天塹』鎸於城壁〔二〕。舒觀察鴻貽，創建菱湖公園，移其石於公園之中，并於園北高阜植梅數十株，名曰『梅花嶺』，與揚州之遺迹并傳。自公園收歸省有之後，梅既不修，嶺亦傾圮。北門外之閣部樓，予辦義務教育曾撥款修復，以爲小學游憩之地。今皆頹廢，所存者祇『宜城天塹』四字而已矣。

鶴冢〔三〕

鄧石如，字頑伯，號完白山人。完白者，皖也。包安吴尊其書法爲神品，并云：『無端天遣懷寧老，上蔡中郎合繼〔四〕聲。』蓋魏晋以後一人而已。安慶西城外之痘神庵鎸『完白山人舊館〔五〕』，即山人之讀書處所，距城五十里。其地有龍山、鳳水，又有山名『龜山』，坂名『白麟』，故其圖章所謂『家在四靈山水間』者，此也。豢一鶴，出必肩以隨之。某撫求其書不得，使人攖其鶴。不得已，上書求鶴〔六〕。鶴死，瘗之於集賢關，題曰『鶴冢』。

〔一〕宜城天塹：底本無此條目，據油印本《補遺》補録於此。可與本書第三〇頁『菱湖公園』條目相關記載互參。

〔二〕『宜城天塹』鎸於城壁：本條『宜城天塹』，油印本皆誤作『長江天塹』。康熙六十年《安慶府志》卷十三『前樓』條載：『前樓，在集賢門外。明崇禎九年，兵備道史可法、知府皮應舉因防流寇特建。如城門制，上爲高樓，下爲圜門。懸石額：向北曰「宜城天塹」，向南曰「磐石萬年」。』《申報》一九一一年五月十五日第十二版《皖紳重建天塹樓》：『皖省北門外清定局旁舊爲天塹樓故址。該樓爲明史忠正公可法所建，有「宜城天塹」及「盤石萬年」二石額亦係史公遺翰。後被髪逆毁壞，僅存基址。「盤石萬年」一額，遂失所在。「宜城天塹」一額，則移置北城黄花亭女嫱（應爲「墻」）之上。至今見其額者，猶有摩挲不置之意。今由紳士馬臨甫、何鳳梧等發起重修，以規舊制，現已開工。惟工程浩大，尚須籌募捐款云。』可見史可法『宜城天塹』原本鎸於北門外前樓樓門向北的石額。前樓遭毁後，其題字石額被移置北城黄花亭女墻城壁。

〔三〕鶴冢：底本無此條目，據油印本《補遺》補録於此。可與本書第一五頁『安園』條目相關記載互參。

〔四〕合繼：油印本誤作『各有』。據包世臣《藝舟雙楫》卷五《論書十二絶句》校改。

〔五〕完白山人舊館：油印本誤作『仙人舊館』。據本書底本『痘神庵』條校改。

〔六〕上書求鶴：油印本作『上求書鶴』，費解。據前後文意校改。

六、公署之變革

公署者，官司治事之地。《詩》曰『夙夜在公』，又曰『退食自公』是也。一曰『府』，俗曰『衙門』。安慶自昔爲一省之都會，設官分職，代有變更。迄入民國，初猶統系相承。經日寇之難，城郭如故，門巷已非，公署更不待論。不有以紀之，《黍離》《麥秀》，他年之憑吊，將失其所在。惟變革既多，姑以清季爲標準，前則溯其源，後則明其遷流而已。

巡撫部院

署舊爲巡江察院。程芳朝《安撫部院公署記〔一〕》，所謂『舊爲巡江使者行臺，撫治因之』是也。明季設皖撫。清順治五年（一六四八年），移駐池州。六年（一六四九年），巡撫歸并操江。操江先駐江寧，至是移駐安慶，曰操撫。署在城中。操撫李日芃擴而新之，先周以垣，外設屏，以樹塞門。屏内建坊，左右爲東西轅門。門内鳴樓二，坊内爲儀門。自儀門歷階而至大堂，『堂下爲書吏房。階下爲東西班房，後爲二堂。再進爲三堂，爲内宅。有樓。樓東爲匠作房，樓西爲退思堂，堂西北五楹爲射圃〔二〕。』王庭賓記云：『所役皆兵弁，計工授廪，如雇夫例；又撤池陽、江寧舊駐間房之材，以充工料〔三〕。』程芳朝記云：『凡此皆不取民財，不支公費，經營浹旬，遂告成功。』此可爲後事之師也。康熙二

〔一〕安撫部院公署記：光緒《重修安徽通志》卷三十七載程芳朝此記。康熙《懷寧縣志》卷三十四載録程芳朝此記，題爲《新建操撫部院記》。

〔二〕堂下……射圃：道光《懷寧縣志》卷十、民國《懷寧縣志》卷四載録此段文字，并注曰：『見郡守王廷賓記』。

〔三〕所役……工料：此亦道光《懷寧縣志》卷十、民國《懷寧縣志》卷四所録『見郡守王廷賓記』的文字。

十四年（一六八五年），巡撫薛柱斗於東西轅門外各建牌坊一座，西題『保障江淮』〔一〕，東題『控制吴楚』〔二〕。嗣後添造者，『大堂東有司、道、府、州、縣文武官廳；西有蕪湖關務房、王命房。二堂東有御書樓、馬王廟、火神廟。三堂東有爽襟樓，巡撫閔鶚元題額曰「望雲志喜」』〔三〕。西有大小花廳。内宅後有園，鄂樂舜所闢，曰『集慶園』，托庸改名『抱瓮園』。園有亭，名曰『菜根香』。西爲土地祠，相傳神爲巡撫高晉。其子書麟總督兩江時，每過皖必拜祠下。園之東則演武廳也。咸豐初兵毁，吴坤修重建，仍復前規〔四〕。民國元年（一九一二年），設皖軍都督府。三年（一九一四年），袁世凱置將軍，在内曰威，在外曰武。倪嗣冲授安武將軍而都督廢，於是改爲安武將軍行署。八年（一九一九年），爲省長公署。十一年（一九二二年），省長許世英於後園建後樂軒。軒前有小溪。溪有石橋，曲徑通幽，頗饒佳趣。李範之詩〔五〕『萬刼留兹乾净土，温公獨樂共争輝』者，此也。十五年（一九二六年），省采委員制，改爲省政府。十七年（一九二八年），擴展市路，大門以外，衹留屏墻及傳達、守衛等室外，一律撤除。迄日寇陷境，毁者大半。三十五年（一九四六年），予自渝歸，圍墻大門、後樂軒，尚無恙也。大堂東偏之房屋，存數十間，不加修葺，亦不爲保護，軍民侵蝕，久遂成墟。昔托庸建抱瓮園及菜根香亭時，閔鶚元記云：『園地不十畝，蔬圃瓜畦，有漢陰丈〔六〕人之風。』竟爲今日之讖言矣。

〔一〕西題『保障江淮』：康熙六十年《安慶府志》卷十三載巡撫察院：『西轅門外牌坊一座，曰「紀綱十都」，向内曰「經文緯武」。』道光《懷寧縣志》卷十載巡撫署轅門外牌坊：『西内曰「經文緯武」，外曰「紀綱十郡」（今曰「保障江淮」）。』據此，『西題「保障江淮」』，爲康熙後改，非薛柱斗建坊時所題。

〔二〕東題『控制吴楚』：康熙六十年《安慶府志》卷十三載巡撫察院：『東轅門外牌坊一座，曰「鎖鑰三吴」，向内曰「貞度肅寮」。』道光《懷寧縣志》卷十載巡撫署轅門外牌坊：『東内曰「貞度肅寮」，外曰「鎖鑰三吴」（今曰「控制吴楚」）。』據此，『東題「控制吴楚」』，爲康熙後改，非薛柱斗建坊時所題。

〔三〕『大堂……「望雲志喜」』：此引道光《懷寧縣志》卷十原文。底本與油印本脱『馬王廟』『火神廟』和『三堂東』之『東』等字，據道光《懷寧縣志》卷十原文校補。

〔四〕規：油印本誤作『觀』。

〔五〕李範之詩：李大防《嘯樓集》收録此詩，題爲《奉和省長許公後樂軒落成詩原韵》。

〔六〕丈：底本與油印本皆作『文』，據皇甫謐《高士傳·漢陰丈人》、道光《懷寧縣志》卷十、民國《懷寧縣志》卷四所録閔鶚元記文本校改。

布政使司

署在縣署之東，司下坡以此而名。其先則安慶府署也。大堂即元郡守韓建〔一〕之大節堂，余闕有記〔二〕。御馬亭，清順治丁酉（一六五七年）郡守張茁以賜馬而建。其詩〔三〕所謂『既膺五馬寵，常凛〔四〕萬石懷』是也。雙檜軒，康熙時郡守張楷所建。大門之譙樓，明洪武戊申（一三六八年）郡守趙好德建，清初郡守王延賓加以修葺者也。自順治二年（一六四五年），設江南布政使司，十八年（一六六一年）分爲左右，康熙六年（一六六七年），定名左布政爲安徽布政使司，其時猶在江寧也。乾隆二十五年（一七六〇年），移治安慶，始以安慶府署爲署而加擴焉。譙門外有坊三楹。屏壁西偏題曰『薇垣』，左曰『承流』，右曰『宣化』〔五〕。譙門内東有華陽閣；西有憲書局。儀門内之大節堂，許松佶題爲『紫微堂』。堂東爲府、州、縣官廳；西爲班房。二堂東西爲書吏房，東有長盈庫。三堂東有五間廳，西有花廳，内宅後有樓。咸豐年〔六〕毁。同治六年（一八六七年），吴坤修重建，於譙樓外題『白日青天』四字。雍正五年（一七二七年），徐士林守郡，其時猶爲郡署也。曾題聯云：『供長生位，刊德政碑，莫非世俗虚文，試問那件事，烈烈轟轟，堪配龍山皖水；貼盟誓聯，挂回避榜，都是官場假相，衹要這點心，乾乾净净，無慚白日青天。』此或爲四字之來源歟〔七〕？光緒三十三年（一九〇七年），藩司沈曾植於後園建天柱閣，以州縣佐貳官廳，改設藩署兩等小學堂。庫大使署在署

〔一〕韓建：底本誤作『韓達』，據余闕《青陽先生文集》卷三《大節堂記》校改。

〔二〕余闕有記：余闕《青陽先生文集》卷三收録此記，題爲《大節堂記》。

〔三〕其詩：康熙《懷寧縣志》卷二十五、康熙六十年《安慶府志》卷三十、道光《懷寧縣志》卷十載録張茁此詩，題爲《御馬亭》。

〔四〕凛：底本與油印本作『懍』，據康熙六十年《安慶府志》，康熙、道光《懷寧縣志》所録此詩文本校改。

〔五〕譙門外……『宣化』：此處所述或爲同治六年吴坤修重建後的情形，與道光《懷寧縣志》有异。道光《懷寧縣志》卷十曰：『譙樓外有坊三楹，中曰「上游屏翰」，左曰「察吏」，右曰「安民」。』作此考异，原文仍舊。

〔六〕年：油印本作『兵』。

〔七〕歟：油印本誤作『欤』。

東，經歷署在署西，此清季規制之大概也。辛亥潯軍嘩變，大堂毀於火。民國元年（一九一二年），爲財政司署。易司爲廳，遂爲廳署。西〔一〕部則爲教育司署。九年（一九二〇年），省長呂調元以省署軍民相雜，就遺址重建樓房，將以爲省長公署。落成後呂已去任，遂不果遷。自民元以來，三年（一九一四年）教育司歸并爲科，其後財政廳亦遷出，先後占用者，如官紙印刷局、警察保安隊以及工會、礦會等，大都皆在前進，其餘則爲教育機關。前藩署兩等小學，民元（一九一二年）改爲開明兩等小學校。三年（一九一四年），又改爲公立第二兩等小學校。十年（一九二一年），以新建樓房爲圖書館，後進則爲通俗教育館。其西初爲職工學校，繼爲東南中學。是時，以譙樓歸迎江寺佛教會，陳列佛經，省長許世英題額爲『閱經樓』。十七年（一九二八年）通俗教育館遷移，於其東增建教室，爲天柱閣小學。嗣後高琦小學，其原址也。但學校均別闢校門，又在圖書館之後。其居於前進者，皆陸續他徙。驟視之，昔爲藩署，今則圖書館而已。復於譙樓内外拓以亭池，綴以花木，又足助長讀書之興趣。古之藏書，多爲書院。安慶敬敷書院所藏者，咸豐初毀於兵燹。光緒元年（一八七五年），藩司孫衣言捐經史子集數百種以爲之倡。科舉既廢，就敬敷書院建藏書樓。民元（一九一二年），并取高等學堂之藏書，始建圖書館，雖乏宋刻，元明之善本甚多。以清初而論，《圖書集成》即有兩部，其中一部且爲内務府之原刻，加以中外科學圖書之搜集，都〔二〕十八萬册以上。二十三年（一九三四年）大事徵求，陳館長東原力懇將予數十年搜藏清季之官報雜志以及名人稿本 千四百餘册，悉歸鄴架。壽縣之楚器三百餘件，亦由館珍儲，未始非文物之大觀也。淪陷時，前進西偏之房屋多遭撤毁，惟圖書館大部尚存。昔人捐贈之財産甚富，教育當局任意流用，而舊有之館舍不加以修葺，所積之圖書不知所在。楚器於抗戰時運渝，予曾檢點簽字，交古物保存所，勝利後運回南京。文獻委員會以安慶館舍爲東南中學所利用，將於蕪湖建館以儲之。此又圖書館變遷之大概也。

〔一〕西：油印本誤作『兩』。
〔二〕都：油印本誤作『者』，屬上句。

按察使司

署在御碑亭東北，今之吴樾〔一〕街也。明守備署遺址，後爲防皖副將署。副將移鎮潛山，改察院行臺。清順治三年（一六四六年），設江南按察使。康熙三年（一六六四年）分爲二，以其一駐安慶〔二〕，即其署爲之。其制：大門外有東西轅門，東題『安民』，西題『察吏』〔三〕。外障屏壁，周環以垣，如撫、藩制。大門内爲儀門，大堂左右有驛庫二科，宅門西有九科科房。二堂東有花廳，西有箭廳。照磨署又在其西焉。大門前木牌大小各二。大者，一『捉拿貪官污吏』，一『剗除土豪勢豪』；小者，一『誣告加三等』，一『越訴笞五十』。儼然風憲地也。宣統二年（一九一〇年），按察司〔四〕改爲提法司，仍爲司署。高等地方審檢兩廳初成立時，附於西偏。法學研究會，亦係署内督審局之舊址。民國元年（一九一二年），初設民政部，繼易部爲司，又易〔五〕民政司爲内務司，皆以此爲公署。三年（一九一四年）設巡按使，即爲巡按使公署。七年（一九一八年）以後，爲財政廳。其西，水利局附焉。胡思義從吕省長調元兩長財政，於西院建兩到亭。十五年（一九二六年）因儲藏之軍火爆發，全部俱灾。按察使署曾毁於咸豐初年，同治六年（一八六七年）吴坤修重建。此時爲發展市政計，乃建吴樾街以成新市。吴樾，桐城人，字孟俠。桐城孟俠學校，表其烈也。安慶爲省會，故以其名名之。後園闢爲菜市。舊有二壘，老吏呼爲大忠骨堆、小忠骨堆。大在園之西北隅，小在廳之西，風節井之遺骨也。嘉慶九年（一八〇四年），臬司鄂雲布爲樹石碣，護以朱欄，别立小垣以繞之。今之阡祇表其一

〔一〕樾：油印本作『越』。
〔二〕其一駐安慶：《江南通志》卷一百六《職官》：『康熙三年駐泗州，五年駐安慶。』
〔三〕大門外……『察吏』：此處所述題字與道光《懷寧縣志》記載有异。道光《懷寧縣志》卷十曰：『大門外有東西轅門、東西牌坊。東曰「激濁」，西曰「揚清」。』
〔四〕司：底本誤作『員』，據上下文與手稿複印本、油印本校改。
〔五〕易：底本此字後衍『爲』字，據上下文與油印本校訂。

而已，爲大爲小莫辨也。其西接〔一〕照磨署，與舊萬壽宫爲鄰。舊舍未焚，而屢經變易，其前亦成市肆矣。

安廬滁和道

署在城東北之衛山頭。同治初，省會自合肥還治，乃增設安廬滁和道，與鳳潁〔二〕、徽寧兩道鼎足而三。署於此時新建者。大門前障以屏壁，左右東西轅門與圍垣相接，大堂、二堂、三堂、東西花廳，與各署之規制相類似。其東偏則有園林之勝：一沼清漣，萬象澄碧，佳境也。昔人名曰『惺園』。中有水榭三間，憑欄四顧，宛在舟中。民國十年（一九二一年）李範之攝安慶道篆時，題爲『畫舫齋』，竊歐公之齋名以爲名。嘗有詩〔三〕云：『試從前哲借嘉名，故作雷同笑後生。老去半山狂態在，謝公墩與古人争。』園中花木葱蘢〔四〕，玉蘭尤勝。《嘯樓集》中所謂『庭前爛漫春如海，一夜花開萬玉盤〔五〕』者，此也。光緒末，改勸業道。民國三年（一九一四年），仍采前清三道制，又爲安慶道尹公署。十五年（一九二六年）道制廢，適舊按察司署毁於火，遂爲財政廳署。淪陷時，日寇以東北城内外爲防區，破壞爲甚。殘存之周垣，其磚石又爲居民竊取殆盡。銅駝荆棘，曷勝慨然！

〔一〕接：底本和油印本皆作『按』，據上下文意校改。

〔二〕潁：底本與油印本作『穎』，據光緒《重修安徽通志》卷二十一相關記載校改。

〔三〕有詩：李大防《嘯樓集》收録此詩，題爲《自題畫舫齋姚江學會圖册尾》，并序曰：『民國紀元之十年七月，余奉命調補安慶道尹。署之東偏小有園林之勝：一沼清漣，萬象澄碧，斜陽古樹，儼如畫圖。中有屋三間，三面環水，憑闌四顧，宛在舟中。余顔之曰「畫舫齋」。蓋攘歐公之齋名而不諱也。退食餘閑，輒與幕中諸友及猶子世閥，兒子世乾、世豐於齋中共讀姚江之書，研究致良知及知行合一之旨，并浼韓君伯韋爲之圖以紀其事，期共相勗勵云。』共四首，此處所引爲其中第二首。

〔四〕蘢：底本作『蕯』，油印本作『蘢』。『蕯』爲『薩』的訛字，於文意不合，依據上下文意校改。

〔五〕庭前……玉盤：李大防《嘯樓集》收録此詩，題爲《安慶道廨有玉蘭三株，花開甚盛，寵之以詩》。『漫』，《嘯樓集》作『熳』。

安慶府

府署今之高級工業學校也。署前府前街，以是而名。易府前爲福泉，失其義矣。其先爲將軍府。康熙十三年（一六七四年），吴三桂之變，使河南提督王永譽率官兵三千鎮安慶，乃因舊衛基建爲府。乾隆二十六年（一七六一年），以舊府署爲藩署，移建於此。咸豐初毁。同治九年（一八七〇年），知府劉傳祺重建。其制：大門外有東西二坊，東曰『表帥』，西曰『保厘』；有亭二，一曰『旌善』，一曰『申明』；大門有譙樓，儀門内爲東西科房；大堂東爲庫房，西爲差房；二堂東西各有花廳；三堂東有文昌閣，其西則府經歷署也。光緒三十一年（一九〇五年），經歷廢，知府裕咸改設兩等小學堂。迄民國，府制亦廢。元年（一九一二年），設安慶六邑工藝廠。三年（一九一四年），改設甲種工業學校。名稱屢易，而工業如故。

懷寧縣

縣署在舊藩署西。前横街曰『縣埂街』，直街曰『縣下坡』，皆以縣署而得名。其先爲元淮西分司之故址。明洪武初建，清因之。其制：頭門前牌坊一座，題曰『皖江首邑』。坊内爲旌善亭、申明亭。頭門内，東爲土地祠。儀門内有戒石坊，上書：『爾俸爾禄，民膏民脂。下民易虐，上天難欺。』即摘録蜀王孟昶之訓語也。大堂舊名『平易堂』。堂東爲庫房，階下兩翼爲科房。堂後川堂，舊名『四知堂』，清初賈壯改『無倦堂』。宅門内爲『平政堂』，沈方大〔一〕題。堂東爲『新齋』，沈南春題。西爲『小蓬萊吏館』，左輔題。輔并於署前建鳴鳳〔二〕樓，咸豐初兵燹。同治十年（一八七一年），彭廣鍾重建。彭聯云：『十八年輪奂重新，聽衙鼓鼕鼕，莫忘却蔀屋星霜，茅檐風雨；二百里提封無恙，望城樓隱隱，

〔一〕沈方大：底本作『沈大仿』，油印本作『沈大坊』，據道光《懷寧縣志》卷十相關記載校改。

〔二〕鳳：油印本誤作『風』。

依舊是萬家烟火、六代江山。』不啻重修之小紀也。儀門内，東向爲典史署，俗稱『四衙』。門首有塘，圍以石欄。左立平典史殉難處碑。咸豐三年，太平軍東下，舟泊江南岸。官吏望風全逃，從容殉節者，衹典史平源一人，清不亡於此時者幸也。塘前爲縣獄。儀門内西向爲福德祠，舊縣丞署也。縣丞俗稱『二衙』。署兵毁後未建。或曰此爲縣主簿署。主簿俗稱『三衙』，主簿裁歸縣丞，大部傾圮。嘉慶十四年（一八〇九年）左輔改建福德祠，縣丞遂假余忠宣公祠治事。縣署後爲縣驛，驛東有馬王廟。郵政興，驛廢。宣統二年（一九一〇年）於典史署後，就驛址建爲安徽財政公所。民國元年（一九一二年），典史署爲懷寧縣議會。三年（一九一四年）爲縣地方財政局。四年（一九一五年），朱之英將縣署重修，於後園建樂豐樓，以俯瞰長江，後挹潛岳及大小二龍之勝。儀門西偏多荒廢，東偏縣獄亦傾圮。八年（一九一九年），予就縣獄募款改建私立第一女學。十年（一九二一年），予籌辦省會義務教育，先後成二十餘校。建築設備，亦係募集。乃於西偏，建爲第一小學。十七年（一九二八年），以縣署改稱『縣政府』，復合并女學改稱『縣府前小學』。第一小學之前，建爲教育館及縣教育會。淪陷時全部被毁，所存者大堂及女學之教室耳。予三十五年（一九四六年）歸，見大堂之磚瓦逐漸遺失，逾年無一存者，遂欲將女學修建恢復，以款過鉅而未果。

巡警道

署在今孝肅路舊純陽道院之東。其先爲游擊府，光緒二十四年（一八九八年）改建。其東則有警鐘樓。民國元年（一九一二年）爲省會警察廳。六年（一九一七年）爲警務處，而警察廳附焉。十五年（一九二六年）處廢，初爲市公安局，旋復爲省會警察局。三十六年（一九四七年），局移合肥。懷寧縣政府以舊署毁，初假日寇大南門内新建之俱樂部，又以其過狹，乃移駐於此。

提學使司

安徽學政署，向設當塗。光緒三十二年（一九〇六年），改學政爲提學使司。司教育行政，與學政專主考試不同，是以移駐省城，而設署於今吴樾街之北〔一〕。其先爲協鎮府，即安慶營副將府也。三十年（一九〇四年）曾設學務處，以藩、臬兩司爲總辦，至是改爲學務公所。民國元年（一九一二年），署東改設高等審判檢察廳，分其西之一部，爲懷寧地方審判檢察廳。十六年（一九二七年）裁檢察廳，易審判廳爲法院。原設之檢察〔二〕長及監督檢察官，改爲首席檢察官，自是東爲安徽高等法院，西爲懷寧地方法院。今以高等法院爲安慶區專員公署，地方法院爲公安局。

試院

申瑶《龍門記》云：『皖省獨以龍門名試院〔三〕。』考棚者，試院中之號舍也。安慶試院呼爲『考棚』，又呼爲『龍門』。今之科學街，昔皆稱之爲『龍門口』，在舊藩署東，府學之西，今之高級中學也。其先爲察院，即督學之行臺，舊無號舍。順治七年（一六五〇年），操撫李日芃檄建東西文場各六楹，大堂捲廳，規制畢備。儀門外設屏門曰『龍門』，人故以龍門呼之。督學御史李嵩陽有《新建試院棚廠記》〔四〕。其後試者日增，懷、桐兩縣各三千數百人，恐不足以容也。康熙四十八年（一七〇九年），懷寧增生江岱等倡捐拓地，徙儀門前數十武以增號舍。雍正十年（一七三二年），知府徐士林、同知李國相增建東西四十二間，又於東增建監視廳三間。嘉慶二十五年（一八二〇年），知府申瑶大加葺治，於東中場之北，又增建五楹，三場之地皆鋪以石，自爲記以紀之。咸豐間毁。同治二年（一八六三年），總督曾國藩檄建。屏墻左右，爲東西轅門。大門内外有石坊，外題『龍門』，内題『天開文運』。門外東西皆兩〔五〕舍。大堂前號舍共六場。暖閣以内，二堂三堂之東西，廳宇比櫛。有『慈暉堂』，提學殷兆鏞題。舊制父不得從行，能奉養者惟母而已。

〔一〕北：底本作『地』，據手稿複印本與油印本校改。
〔二〕察：底本作『審』，據《安徽通志稿·司法考》卷一及手稿複印本、油印本校改。
〔三〕申瑶……試院：此處兩次出現的『龍門』二字，底本與油印本依民國《懷寧縣志》卷八作『考棚』，今據道光《懷寧縣志》卷十所録此記文本校改。
〔四〕李嵩陽有《新建試院棚廠記》：康熙二十三年《安慶府志》卷十五、康熙六十年《安慶府志》卷二十七，康熙、道光、民國《懷寧縣志》皆載録此記。
〔五〕兩：油印本作『雨』。

兩江總督轄江南、江西，江南又分上下兩江。安徽在南京之試院，曰『上江考棚』，今改安徽中學。上下兩江，順治二年（一六四五年）分差督學御史，九年（一六五二年）合爲一。十二年（一六五五年）復分，康熙元年（一六六二年）又合，名『提學道』。雍正三年（一七二五年），江蘇、安徽各設學政一人。四年（一七二六年）改稱『學院』。李端遇聯云：『秀鍾〔一〕皖水雄山，人杰地靈，八府五州專領袖；省判豫章吴會，此疆彼界，一官三載各輶軒。』隱括史實而言之也。試院每臨試時，必加以修葺。光緒辛卯（一八九一年）春三月，縣試入場後，忽降大雪。大門内外皆封鎖，非至放牌（即考生試畢出場），鳴炮啓門，不得出入，薪炭亦無從取辦，毁棹凳取火，致損失過半，於是易以石脚。此亦試院中之特色也。三十二年（一九〇六年），以科舉既廢，改設安徽全省師範學堂。宣統元年（一九〇九年），改名『優級師範學堂』。民國初，又易名爲『省立第一師範學校』。十六年（一九二七年），合并爲第一中學，後復分立爲安慶高級中學校。當清季以此爲龍門舊址，故優級師範人多以龍門師範呼之。

督糧通判

通判署原在舊府署之西。府改爲藩，遂移建於錢牌樓。民國元年（一九一二年），通判廢，改爲水上警察廳，後爲公路局。

江防同知

同知署原在舊府署之東，府改爲藩，遂移建於司下坡。宣統二年（一九一〇年），改設諮議局〔二〕。民國二年（一九一三年），爲第四初等高等小學校。九年（一九二〇年），曾爲江淮中學。有時爲省議員寄宿舍。淪陷時全部撤毁，祇

〔一〕鍾：底本作『鐘』，據手稿複印本校改。
〔二〕諮議局：底本作『諮議局』。《清實録·宣統政紀》卷二十八載宣統元年在各省成立諮議局。據此與手稿複印本、油印本校改。

餘平臺一座而已。

安慶衛

明制安慶營設守備，以都指揮體統行事，轄安慶、九江二衛。安慶衛有指揮使、千户、百户。清順治初裁革，改設衛守備，專司蘆課、屯糧、徵解〔一〕、濟運之事。其署之設久矣。署在雙溝，衛山頭即以此而名。嘉慶二十一年（一八一六年），守備吴鎮遠修建之而規制始備。大門外有東西二坊，東曰『漕肅』，西曰『屯清』。大堂左有豐盈庫，二堂有東西花廳，三堂有東西書房。阮忠節、孝烈二公祠，在署之東，咸豐間同毁。同治間建營房，阮公祠於民國三年（一九一四年）重建，而衛署不明其故迹〔二〕矣。

都司

都司設於雍正九年（一七三一年），署在姚家口之北，今孝肅路也。光緒三十二年（一九〇六年），改建法政學堂。民國元年（一九一二年）爲江淮大學。三年（一九一四年）復爲法政學校，故名其地爲『法校街』。十七年（一九二八年）易名『孝肅路』。包孝肅，合肥人。若以安慶爲省會，安徽古今人物勝於孝肅者，不知幾何人，孝肅不足以名路也。孝肅路之都司署有二：此在純陽道院之西，爲左營兼中軍都司；其在純陽道院之東者，民國八年（一九一九年）募建安徽省教育會。

〔一〕徵解：底本此二字下有『起』字。手稿複印本原亦有『起』字，但後畫圈表示删除。據此與油印本校改。

〔二〕衛署不明其故迹：民國《懷寧縣志》卷四《官署》曰：『今其址在阮忠節、孝烈二公祠及湖北會館之間。』

守備

守備府二[一]。一在撫圍墻之西。民國元年（一九一二年）後，爲軍事附屬機關。一在純陽道院東。民國九年（一九二〇年），潘素清改建貧民女子學校。

督練公所

設撫署之東，其先即撫署之演武廳也。清光緒二十五年（一八九九年），巡撫鄧華熙改爲武備學堂。二十八年（一九〇二年）仍爲演武廳，旋改建安徽督練公所。巡撫爲督辦，藩、臬兩司爲總參議，設參議官及兵備參謀教練三處，總辦提調各員。當時初練新[二]兵，入伍者多知識青年。門聯云：『世界人豪軍第一，大江天塹皖居中。』頗有養成軍國民之氣概。朱瑞、屈映光皆出身於公所中。辛亥革命，浙江首先響應，二人之力居多。民國元年（一九一二年）以後，多住駐軍，後設保安總司令部。淪陷時，與省政府同遭殘破。三十六年（一九四七年），以安慶醫院無院址，乃組織委員會，加以修葺，遂爲安慶醫院。予亦與有力焉。

參將

一名撫標中鎮府，人呼爲中軍府，在撫署之東。民國二年（一九一三年），駐武衛軍。十七年（一九二八年），設保安處。淪陷時撤毀，祇餘後廳一座，東偏花園中殘存者而已。三十五年（一九四六年），略事修葺，設民衆食堂及閲報

〔一〕守備府二：民國《懷寧縣志》卷四《官署》曰：『左營守備府，在拐角頭。右營守備府，在撫署圍墻西。』民國十三年商務印書館出版的《安徽省城廂圖・懷寧縣城》稱爲『左營守署』『右營守署』，分別標在純陽道院東和舊撫署圍墻之西，與此處所説的方位一致，則民國《懷寧縣志》説左營守備府在拐角頭疑有誤。

〔二〕新：底本作『所』，據手稿複印本與油印本校改。

處，今改建第一商場。

萬壽宮

宋初曾建於潛山山谷寺左，徐閎中有記〔一〕。嘉定時，安慶築城移治〔二〕，乃仿其式建於景定坊。明成化丁酉（一四七七年）重修。清康熙時巡撫張朝珍、李猶龍，乾隆時縣令王鳴，先後更爲修葺，已久廢。此宮在舊臬署之西，其先演武場也。康熙十六年（一六七七年），巡撫徐國相改建，供奉龍亭朝會或習儀拜賀。儀門内東西朝房各五楹，儀門外朝房，東五楹，西八楹。後有大殿，有後堂。二十四年（一六八五年）巡撫薛柱斗於大門内建御碑亭，先後共勒御碑十四座〔三〕：一、康熙二十三年（一六八四年），諭督臣王新命、撫臣湯斌、薛柱斗『潔己愛民』『務令家給人足』碑；二、康熙四十二年（一七〇三年），御筆賜安徽撫臣喻成龍《督撫箴》碑；三、御筆賜喻成龍詩碑；四、御筆賜喻成龍《中泠〔四〕泉》詩碑；五、賜喻成龍《四十一年除夕書懷》詩碑；六、賜喻成龍『慶餘堂』三字；七、賜喻成龍『督司百僚』四字；八、乾隆二十二年（一七五七年），御筆《賜安徽巡撫高晋》詩〔五〕；九、乾隆二十七年（一七六二年）御筆《賜安徽巡

〔一〕徐閎中有記：康熙六十年《安慶府志》卷二十六載録此記全文，題爲《真源萬壽宮碑記》。

〔二〕嘉定時……移治：此説不能成立。詳見本書第三頁校箋〔一〕。

〔三〕御碑十四座：『四』，底本與油印本因襲民國《懷寧縣志》脱第八碑而訛作『三』，據民國《懷寧縣志校勘記》校改。道光《懷寧縣志》載録十四座御碑碑文。

〔四〕泠：底本與油印本襲民國《懷寧縣志》訛作『冷』，今據《聖祖仁皇帝御製文集》第二集卷五十及道光《懷寧縣志》校改。

〔五〕八……高晋詩：底本與油印本襲民國《懷寧縣志》脱此條，據道光《懷寧縣志》卷十校補。底本此下『八』『九』『十』『十一』『十二』『十三』等條目序號分別改爲『九』『十』『十一』『十二』『十三』『十四』，不另出校。『巡撫』，道光《懷寧縣志》卷十作『撫臣』，今據乾隆《御製詩二集》卷七十一校改。

撫〔一〕托庸》詩；十、三十年（一七六五年）賜托庸詩〔二〕；十一、四十五年（一七八〇年）賜撫臣閔鶚元詩〔三〕；十二、四十九年（一七八四年）賜撫臣富躬詩〔四〕。十三、五十一年（一七八六年）諭太湖縣唐家山鄉民因灾荒乞蕨得米勿令攘奪；十四、乞蕨得米賜撫臣書麟詩〔五〕。觀其碑文，大都康熙、乾隆兩帝南巡時之作，何足以昭示來兹？十三、十四兩碑，皆侈張乞蕨得米以爲天賜，録其詩以博一哂。詩云：『草根與樹皮，窮民禦灾計。敢信賑恤周，遂乃無其事。兹接安撫奏，灾黎荷天賜。乞蕨聊糊口，得米出不意。磨粉〔六〕攙以粟，煮食充飢致。得千餘石多，而非村居地。縣令分給民，不無少接濟。并呈其米樣，煮食親嘗試。嗟我民食兹，我食先墮淚。乾坤德好生，既感且滋愧。感愧之不勝，遑〔七〕忍稱爲瑞。郵寄諸皇子，令皆知此味。孫曾元共識，愛民悉予志。』御碑亭於民國元年（一九一二年），省會警察廳改建菜市，僅存者第一碑而已。萬壽宮改爲烈士祠。予當時撰一聯云：『宮殿依然，不敬生王拜死士；匹夫有責，莫教地下笑人間。』二年（一九一三年），烈士祠移設東門外英公祠，於大門内外建勸業場。其東與按照磨相連之處，曾設工藝場與官紙印刷局。十五年（一九二六年），將勸業場改設安慶市政府。十六年（一九二七年），改市工務處。又將菜市移東北偏，改建兒童游樂園。内建船廳，圍以花墻，樹以花木。其循北而東，與通俗教育館之園林相通。斗大宜城，足以起人之興趣者，祇此而已。教育館設於十七年（一九二八年），具北有礦質檢驗所。二十年（一九三一

〔一〕巡撫：底本與油印本襲民國《懷寧縣志》作『撫臣』，今據乾隆《御製詩三集》卷四十九校改。

〔二〕賜托庸詩：乾隆《御製詩三集》卷四十九載録此詩，題爲《賜安徽巡撫托庸》。

〔三〕四十五……閔鶚元詩：『五』，底本與油印本作『一』，今據乾隆《御製詩四集》卷六十八編年『庚子』校改。乾隆《御製詩四集》卷六十八載録此詩，題爲《安徽巡撫閔鶚元來覲即命回任詩以示志》。

〔四〕四十九……富躬詩：『九』，底本與油印本作『七』，今據乾隆《御製詩五集》卷三編年『甲辰』校改。乾隆《御製詩五集》卷三載録此詩，題爲《賜安徽巡撫富躬》。

〔五〕乞蕨得米賜撫臣書麟詩：乾隆《御製詩五集》卷二十三載録此詩，題爲《安徽巡撫書麟奏呈鄉民挖蕨得米詩以志事》。

〔六〕粉：底本與油印本訛作『米』，今據《御製詩五集》卷二十三、《高宗純皇帝實録》及道光《懷寧縣志》卷十校改。

〔七〕遑：油印本誤作『逞』。

年），將大殿及儀門內之朝房，改建講演堂及實習、製造、陳列各室，而創設科學館，檢驗所并入焉。通俗教育館之大門向南而偏東，科學館之大門向北而偏西，儼然一城之學校教育與民衆教育之中心地矣。淪陷時，日寇於此設領事館，接收後改設第一區專員公署。科學館改設安慶民衆教育館。前通俗教育館之大門左右，建爲市房，今則爲安慶區人民法院、文化館、人民俱樂部。

監獄

向分司、府、縣三者。縣獄在舊縣署之東，典史署之前。民國八年（一九一九年），改建第一女學。府獄在黃家獅子府照磨署之北。清光緒三十三年（一九〇七年），知府惲毓齡於府獄外墻隙地，建屋二十九間，開辦新羈所，以收容各屬解審之人犯。民國初，連同府獄改爲陸軍監獄，淪陷時撤毀。由高等法院建茅舍，編竹籬，辟爲監獄附屬之農圃。知府惲毓齡又於光緒三十三年（一九〇七年）在府署西經歷頭門內建屋兩排，設候審所。先是同治十三年（一八七四年），知府劉傳祺創設，爲上控提省案內人證之候審而寄禁者，原賃民房，不足以居故也。今已屬於工校。臬司獄在司署旁，司獄署則在鷺鷥橋，抗戰前之第一監獄也。清光緒三十二年（一九〇六年），於飲馬塘設立罪犯習藝所，又爲第一監獄之前身。習藝所分重罪監、輕罪監。前縣署西偏之自新所各犯，并入輕罪監，習染織、縫紉、西式草帽、靴鞋及修理機器等項。宣統二年（一九一〇年），改爲模範監獄。民國三年（一九一四年），始遷至鷺鷥橋之司獄，名曰『安徽懷寧監獄』。懷寧地方廳看守所，原設縣監獄。八年（一九一九年），乃就飲馬塘監獄改成新式號舍，遷入焉。十三年（一九二四年），成立分監。監房向分四：知、過、必、改四翼，知、過兩翼爲看守所，必、改兩翼爲分監。鷺鷥橋之懷寧監獄，五年（一九一六年）高等檢察廳長〔一〕袁鳳曦擴充建築，六年（一九一七年）工竣，改名『安徽第一監獄』。

〔一〕長：油印本脱此字。

大門兩旁爲門衛稽查處、男女候見等室，北爲看守及工師宿室[一]，南爲厨房及厨役住室、看守會食室，又南有看守教練所一棟，體育場[二]一片，二門北爲在監人接見室，中間前後兩進二十餘間，爲辦公室、宿室及材料庫。其北爲分房監，仿扇面式分四翼，各十六間，翼尾附設工場。南爲女監、病監。女監監房而外，有診察室、病室、産室、浴室以及女工場、携帶物品保管庫，又有辦公室、女看守室。病監監房而外，有醫士室、藥劑室、診斷室、割症室。隔墻外西爲精神病監，東爲傳染病監。後重爲五人雜居監，仿扇面式，分爲五翼，各十四間。翼尾各有工場一棟，運動場、曬衣場在各翼之側，翼首則爲盥洗室、書信室、理髮室，其南爲炊事所、儲糧室、看守室，北爲浴室。三層大樓，下爲看守崗位，二層爲教誨堂，三層爲瞭望亭。圍墻以内西北隅各有隙地百餘方，開爲種植場。工場作業分印刷、織布、倒紗、木漆、縫紉、製米、種植、炊事、洗濯、刺綉、理髮、籐竹、雨傘、棕毛、紙盒、草麻等科。自後屢有興作，蔚爲偉觀。改良監獄聲中，爲吾皖之特色。一遇寇焰，竟成荒墟。三十五年（一九四六年），籌畫重建，未及觀成，司、府、縣之舊獄，皆蕩然矣。其僅存者，飲馬塘之數椽而已。

鹽河厘局

在西門外里仁巷西，其先爲督銷局。太平軍興，雷以諴建抽厘助餉之策，名曰『厘金』。曰厘者以百分之一爲税率。當時以督銷局移大通，遂以此爲厘金局。光緒三十一年（一九〇五年），湖北改爲統捐。三十二年（一九〇六年）奉天改爲産銷兩税。至民國二十年（一九三一年），厘金裁撤，局亦廢。

〔一〕室：油印本作『舍』。
〔二〕場：油印本作『房』。

清理財政局

局就懷寧縣署後驛址，俗呼爲馬號，改建樓房一座，設監理官，成立於宣統元年（一九〇九年）。初名『安徽財政公所』，繼改爲局。其先設於奉直會館者，有支應局及報銷局，至此并入焉。民國後局廢。日寇至時，房屋全毀。

郵政管理局

古有馬傳、步傳。馬傳謂之置，步傳謂之郵。置三十里曰『一舍』；郵十里一亭曰『郵亭』。漢易名爲驛。驛政屬於按察使，縣署後之馬驛是也。急遞曰『鋪』，驛遞鋪遞衹爲官文書而已。至於收寄私人書札，自明代民辦之信局始。信局至清季已遍布全國，安慶、徽州及涇、旌、太經商者衆，故民信局有專行於徽寧兩地者。光緒三十二年（一九〇六年），設郵傳部，始接收驛站，并取締民局〔一〕。但未設部以前，安慶郵政早已建立。光緒二十二年（一八九六年），名『大清郵政局』。民國三年（一九一四年），改名『安徽郵務管理局』。初設清節堂西首，東西門外大街各設支局。十八年（一九二九年），乃於大墨子巷建築新式樓房。三十五年（一九四六年），又在吴樾街另設示範支局。

電政管理局

電報始於光緒五年（一八七九年），七年（一八八一年）推及於安慶。二十八年（一九〇二年），收商辦爲官辦，初設於五擋坡。民國二年（一九一三年），移雙蓮寺街，名『安徽電政管理局』。抗戰後被毀，移設吴樾街，又移設舊法政

〔一〕始接收驛站……民局：《安徽通志稿・交通考・驛傳》載：『光緒之季，清廷預備立憲，改兵部爲陸軍部，并設立郵傳部。宣統二年九月，郵傳部奏請將各直省驛站劃歸勸業道接管，其已設立郵政局即將驛站先行裁撤。其有輪軌未通、郵局未設地方，仍飭勸業道照常辦理。十二月二十日，陸軍部奏將驛站改歸郵傳部管理，奉旨依議。』《申報》一九一〇年十月二十二日第四版載：『裁改各處民信局，推廣各府、州、縣二等郵政局。』據此，郵傳部雖成立於光緒季年，但始接收驛站取締民局在宣統二年，非光緒三十二年。

學校東偏，名『電信局』。光緒二十五年（一八九九年），奏准電報局附設電話。宣統二年（一九一〇年），規定安慶爲省辦。民國以後，長途電話省辦者有六大幹綫，以貫徹中南北三區。無綫電臺，十八年（一九二九年）設科學街。三十五年（一九四六年），分設於專署縣府。

此公署變革之大概也。民國以來，官制既更，惟憑藉舊舍，未嘗有從新建築者，兹則紀其所在地而已。

安徽烟酒公賣局

古代於酒，一官酤，二榷酒，三榷麴。清無榷酤之官，而有燒鍋之税，酒十罎銀二分，税率極廉。其後以酒與烟爲奢侈品，而税率增矣。民國五年（一九一六年），設公賣局於奉直會館，烟之税入反過於酒。今則復行專釀制，非欲增税，蓋有調節食糧之深意也。

安徽印花税處

印花税發生最晚，民國初始設處於鷺鷥橋，繼移近聖街，又移萬億倉。其後印花由郵政局代售，而處遂廢。

財政特派員署

民國十六年（一九二七年），劃分國地兩税，乃於國税設財政特派員，置署於平安嶺。後移蕪湖〔一〕，裁厘後廢。

安徽教育經費管理處

予之籌畫教育經費，先後幾三十年。經費之獨立，創始於民國十一年（一九二二年）。當時劃定潛山、全椒、阜

〔一〕後移蕪湖：《申報》一九三〇年三月十七日第八版報道：『安徽財政特派員公署由安慶移設蕪湖。』

陽、廬江、無爲、貴池、休寧、南陵，當塗、繁昌等十縣之田賦，裕溪、鳳凰頸、和全、灣沚、華陽等五局之厘金，共一百萬元，爲教育專款〔一〕，設教育專款委員會。收支保管，由教育廳負責。予爲委員之一，衹籌畫監察而已。然而軍人劫持於外，財政廳掣肘於内，月收無幾，不得已還之於財政廳，而會遂廢，財政廳亦積欠纍纍。十二年（一九二三年）創辦捲烟特税，值百抽二十，設特税處附財政廳内，由財教兩廳會委坐辦一人主其事。另組監察委員會，予爲主任委員，考核特税處之收入。不敷一處之開支，處又中廢。革命軍南下，經費之來源中斷。全省學校，未停者衹安慶市各小學及予所辦之六邑中學而已。然皆枵腹從公，且留學生之呼號國外，尤爲迫切。十六年（一九二七年），財政會議規定以牲屠牙契四項雜税及田賦七十二萬元爲安徽教育經費，并設管理處，聘予任其事〔二〕。當時省政府政令，不能行於安慶城以外，皖南北俱在軍事狀態之中，規定之款，望梅未足以止渴也。不得已仍求之於捲烟税。蕪湖、蚌埠爲捲烟之聚散場。蚌埠仍爲孫傳芳竊據，蕪湖税局又入駐軍之手。至蕪湖與局交涉，時税率爲百分之五十，允給五分之二，但收數無從稽考，久而未得分文。復與交涉，每月以最後之十二日，由予自徵。祗徵三日，安徽之政局復變，税局又爲他駐軍所劫持。復多方交涉，不允分徵，惟每月劃撥三成約五六萬元之數，於是安慶、蕪湖省立各校得以全部恢復，同時將處成立，設於鷺鷥橋教育廳東首。十七年（一九二八年）財政當局，忽將税局裁撤，衹在上海徵收統税，而

〔一〕劃定潛山……爲教育專款：此處記叙稍异於《教費獨立運動之經過》之相關載録：『皖人士從事此項運動，迄今已八九年。民國十一年，省教育行政會議即有統一教育經費之議案。同年四月組織教育專款經理委員會，指定桐城等十縣劃撥田畝四十四萬元，鹽河等十厘局撥税六十一萬元，加以皖南茶厘及蕪湖米捐共爲一百五十三萬以爲教育經費，由委員會直接管理。辦理未及一年，財廳主張金庫統一，推翻成案，於是所謂教費獨立者，遂告一結束。』（《一年來之安徽教育·關於教育經費事項》，安徽省政府教育廳編譯處一九三〇年三月編印）。録以備考，原文仍舊。

〔二〕十六年……予任其事：此處記叙稍异於《申報》一九二七年十月二十日第八版要聞《皖省教育經費管理處發表　程濱遺爲處長　管理處組織辦法公布》之相關載録：『前安徽政務委員會，曾議決以捲烟税爲教育經費，甫經實行。中央有收歸統辦之議，皖人雖出面請願，因政局變遷無甚結果。皖省政府成立後，教廳又復重提前議。復經政務會議通過，以捲烟税百分之二十爲教育專款，組織教育經費管理處，專事管理。十一日省政府已委定程濱遺爲教費管理處處長，并派程到蕪湖捲烟税局接洽，因捲烟總局設於蕪湖也。程到蕪已數日，即將返省。該處成立在即。并聞該處内設二科。科長二人。科員若干人云。』録以備考，原文仍舊。『予』，底本作『余』，今據上下文與手稿複印本、油印本校改。

置教育經費於[一]不顧。向之交涉，竟遭拒絶。既聞稅率已由百分之五十降爲百分之二十七，乃聲明百分二十之教育特稅，仍就地自徵。詎料捲烟銷數，出於英美烟公司者十之八，不肯照繳，於是將其抵岸之烟，概予封存。一月之間，封存一千餘箱。英使抗議，經大學院蔡院長調解，特稅并入統稅，指定安徽厘金月撥十萬元以代特稅。十九年（一九三〇年），厘金又裁撤，遂改由國庫按月照發。抗戰時在川湘所辦之安徽第一、第二兩中學，猶此款也。省校全復，經費不足之數，乃將四項雜稅中之契稅，先行整理。予於二十五年（一九三六年）因募建縣中校舍，力辭處務，仍如曩時衹任監察之責而已。

政務廳

古采幕僚制，參謀記室皆係徵辟。民國以來，省長置政務廳，省主席置秘書長，出於任命，又轉爲職官制，但與省長官同署耳。

民政廳

辛亥革命，於舊臬署設民政部，繼改爲司。三年（一九一四年），改内務司，旋廢。十六年（一九二七年），復設民政廳，附省政府内。辛亥有軍政司，旋廢。其沿勸業道而設實業司，已叙於建設廳中。若社會處、田糧處、衛生處、會計處、統計處，均隨省政府設合肥，故未叙入。

教育廳

科舉時代，則有學政。科舉廢，學校興，於是有提學使。民國元年（一九一二年），改爲教育司。三年（一九一四

[一] 於：底本作「之」，據手稿複印本與油印本校改。

年），改司爲科。六年（一九一七年），設廳。廳署在鷺鷥橋前高等農業學堂之舊址。其房舍已叙入學制中。十五年（一九二六年）曾改爲科，仍以廳署爲辦公地，未幾復名廳。抗戰時，廳宇一部分破壞。

建設廳

民國元年（一九一二年），置實業司，設奉直會館。三年（一九一四年），改司爲科。六年（一九一七年），設廳。廳署爲文昌宫及前存古學堂之舊址。十五年（一九二六年），與教育各廳同時改科，曰『建設』。其復舊亦同。廳宇亦於抗戰時破壞。

市政府〔一〕

民國十二年〔二〕（一九二三年）置市政籌備處，設舊藩署，後停。十六年〔三〕（一九二六年）正式成立，設舊勸業場，今吴樾街之文化館也。十八年（一九二九年），復停。初設公安、教育、工務、財務四局，至此衹留工務一項，名市政處，而隸於建設廳〔四〕。抗戰後，於專署内設市政建設委員會，後於魯班閣成立工務局，衹平治道路、修理江岸而已。

〔一〕府：油印本誤作『處』。

〔二〕民國十二年：底本與油印本作『民國十一年』。考《申報》一九二三年九月十九日第四版《國内專電·安慶電》：『吕調元委潘怡然籌辦安慶市政事宜，潘辭未决。』《申報》一九二三年十月十七日第六版《皖聞雜紀》：『吕調元前委潘怡然爲安慶市政廳籌備處長，當即擇定舊藩署新建西式房屋爲辦公處。内部先設兩局，大致已組織完備。』據此校改。

〔三〕民國十六年：底本與油印本皆作『民國十五年』。考《申報》一九二七年七月二十六日《皖聞紀要》：『安慶市政廳係將舊勸業場略加修改，現已修建完備，所有委定各局辦事人員一律遷入。一俟内部籌備就緒，即舉行開幕典禮。』據此校改。

〔四〕十八年……隸於建設廳：『十八年』，底本與油印本皆作『十七年』。考《申報》一九二九年二月十六日第十一版《安慶市政府裁撤原因》：『安慶市政府，創立於前皖政務委員會時代。年餘以來，市政前途略具雛形，近雖在建築新市場、平民住屋及進行安合路之懷集段及拆城等事，第以經費支絀，未能積極進行，乃八月省政府第七十九次常會議决裁撤安慶市政府，所有市政所屬公安、財政、工務、教育四局應辦事宜，劃歸民政、財政、建設、教育四廳接管。』安慶市政府裁撤年份據此校改，其餘仍舊。

今已從新成立。市政之發展，可拭目俟之。

地政局

自平均地權，列諸政綱，地政之機關，因之而建立。省局設於民國二十二年（一九三三年），初爲籌備處，繼乃脱離民政廳之隷屬關係。其所謂政，非土之改革，不過土地之整理而已。中唐以後，分田之制不行，地籍與户籍因之而紛亂。是故土地整理之方法，不外二種。一陳報。秦之自實，唐元稹之均田，宋吕惠卿之手實，金之通檢推排，元之經理，皆是也。一測丈。宋王安石之方田，李椿年、朱熹等之經界，明之魚鱗册，民國初年經界局之清丈辦法，皆是也。是則名爲均田，實均賦耳，於土地改革無關焉。既曰平均地權，自以改革爲必要。耕者有其田，其目的也。省局成立之〔一〕後，初辦地政訓練班，繼辦陳報，復施以測量，又有地價之評議，依價徵税，非均賦而何？自漢以來，董仲舒、陸贄等爲佃户呼號，陸贄减租之論，元世祖减江南私租十分之一，成宗又减十分之二，其後凡民間私租普减十分之二爲定例。元猶能行之，乃欲平均地權者，二五减租行之浙江而見阻，以後遂成具文，無惑乎辦地政者猶囿於均賦之故智也。局設舊道署東偏，二十六年（一九三七年）停。三十五年（一九四六年），設地籍整理處。三十六年（一九四七年），安慶地籍交懷寧縣政府。

公路局

民國十年〔二〕（一九二一年），許世英長皖，創設省道局於縣政府後前安徽財政公所之舊址。初路祇築至集賢關而

〔一〕之：油印本作『以』。
〔二〕十年：底本作『十十年』，手稿複印本與油印本作『十一年』。《申報》一九二一年十月一日第六版《命令》：『又令特任許世英爲安徽省長。』據此校改。

止，名懷集路。許氏去，局亦裁撤。十六年（一九二七年）以後，北至合肥、六安、宿松，南至屯溪、蕪湖、至德各公路相繼舉辦，復設局於錢牌樓舊通判署，并於東城外建總站。猶憶民國元年（一九一二年），柏文蔚督皖，倡辦安慶至正陽關之鐵路，名『安正鐵路』。正招集股本，未幾柏去倪來〔一〕，因而中止。此路若成，誠貫通皖北之大動脉也。

航運處

安慶商埠，雖未開闢，自有航輪以來，招商局與三北公司，先後建立碼頭，設局、所、堆棧。皖河失修，江流繞郭，西偏之水勢漸急，碼頭亦轉移而東。招商局各碼頭，自柴家巷〔二〕以至樅陽門外，此興彼廢。惟三北公司之等〔三〕船，始終在東，勢使然也。不平等條約未取消以前，太古、怡和、大坂〔四〕、日清各公司，雖無碼頭，而公司皆在南門外之江岸。商辦小輪，其碼頭多在西城以外。當時無設立航運處之必要。民國十六年（一九二七年）以後，省有之安豐小軍艦損壞，改建爲蕪大輪，行駛於安慶至大通、蕪湖之間。又以交通多阻，增配其他小輪，上至九江，下至南京。於是，航運處因之而建立。處與公路局俱隸於建設廳。

〔一〕柏去倪來：《申報》一九一三年七月二日第二版載政府命令：『任命柏文蔚爲陝甘籌邊使』，『任命孫多森爲安徽民政長』，『兼署安徽都督』。《申報》一九一三年七月二十九日第二版《譯電》：『免除安徽都督孫多森本官，任命倪嗣冲爲安徽都督兼民政長。』據此，柏去倪來雖皆在民國二年，但并非同時，中間尚有孫多森過渡。

〔二〕柴家巷：底本作『業家巷』。民國《懷寧縣志》卷三載沿江街衢祇見柴家巷，無業家巷，今從手稿複印本、油印本校改。

〔三〕等：油印本作『囤』。

〔四〕坂：油印本作『阪』。

水利局

局向附設於財政廳。中游治江會，不知其內容爲何？〔一〕嘗見其牌額亦懸於財政廳之門。墾務亦歸〔二〕財政廳主辦，最人之謬見。水利與墾務爲緣，自秦檜圈湖爲田而水患益烈。長江自湖南設湖田局，安慶上下，嘗被沙積，放墾圈圩，江流日益阻滯。故墾務與水利，實相抵觸，司財政者又祇知放墾升科，而置水利於不顧。民國十五年（一九二六年）以後，改屬建設廳。日〔三〕唱平均地權，其初猶或放墾，且不放於耕農而放於地主，可怪孰〔四〕甚！抗戰後隨廳移合肥，安慶祇設江堤修防工程處，與華陽、當塗兩工程處同。在此以前，皖河水利由同知兼辦，城西三里曰『漳葭港』，上承潛山、太湖、望江之水至海口入江，此爲皖水故道，明季沙堵壅塞。清康熙時，自巡撫以下各捐巨款，開上下兩新河以泄之，灘高溜〔五〕急，不便舟行，久之遂復淤淺。乾隆時，巡撫裴宗錫浚漳葭港故道，命曰『永濟河』，皖水得安流如故，久之又積沙見阻。民國初曾有浚河之舉，祇浚石牌〔六〕一小段，以款絀而中止。迄海口築堤成洲，水面愈狹，激而

〔一〕中游治江會……內容爲何：《申報》一九二二年七月十八日第十版《皖省中游治江會成立》：「皖居長江中樞，所屬縣分地域濱臨長江者，南北兩岸有十數縣之多，農田水利、商務航業在在所關甚鉅，是以全省水利局會辦王承祜前呈請省長，擬組織中游治江會，隨奉批准。水利局長孔憲芳暨會辦王氏遂按照擬訂簡章，在省垣水利局暨駐蚌辦事處兩機關內遴派熟悉水利人員六人，并分令與長江水道有關各縣各遴選正紳一人到省開會。……皖水利局長向由財政廳長兼任，惟孔憲芳交代財廳時，祇交財廳，不交水局，遂一破舊例，水局與財廳分而爲二。局長仍爲孔憲芳，孔自交卸財廳而後，半因負氣，半恐顏面難堪，遂久住蚌埠，不曾至省局一次。此次中游治江會開會，地點定在省垣，孔氏自然仍不肯來。水利局往返電請，始決定由會辦王承祜來省主席，然時日不免因此稽延。至十一日，王氏尚未來省，而各縣赴省之代表亦尚有五縣未到，不得已遂展期至今日（十五日）上午開成立大會。會址假舊藩署内實業研究會會所。」并載此會章程，其第一條爲：『本會遵奉省令設立，籌議長江中游水道整理計畫，期達消弭水患，發展航業爲宗旨。』

〔二〕歸：底本作『當』，據手稿複印本與油印本校改。

〔三〕日：油印本作『自』。

〔四〕孰：油印本誤作『敦』。

〔五〕溜：油印本作『流』。

〔六〕牌：油印本誤作『碑』。

沿紗帽洲後反射西流，不獨有礙停舟，西城以外，後患將不堪設想。又華陽河工督辦署，初設華陽，繼亦移安慶，設道署西偏。黄梅、廣濟以下之内水至華陽入江，欲防江水之倒灌，於是有築堤建閘之議。但内水分流，繞望江縣城寶塔河以入皖河，河流愈急。護城圩之害易見，皖河之害難見，是則安慶所當注意之大端也。

專員公署

民國初采省縣兩級制，後增道尹成爲三級〔一〕。十五年（一九二六年），道尹廢，又爲兩級。十八年（一九二九年）以後，初設首席縣長〔二〕，繼改專員〔三〕，行政區劃復成爲三級。安慶區〔四〕首席縣長，由懷寧縣長兼。及改專員，乃移設太湖〔五〕。三十四年（一九四五年），又移回安慶，設舊勸業場，今則移設前高等法院。

〔一〕後增道尹成爲三級：《申報》一九一四年五月二十八日第七版載新頒省官制、道官制和縣官制，據此道尹之設在民國三年。

〔二〕十八年……首席縣長：《中國行政區劃通史》（中華民國卷）修訂版第一一三頁載：「民國二十一年四月，吴忠信任安徽省主席，試行首席縣長制，將安徽六十個縣分爲十區，每區設置首席縣長一人，由區内某縣縣長兼任。」據此，安徽試行首席縣長制在民國二十一年。

〔三〕專員：錢端升《民國政制史》第二編第七章第三節載民國二十一年八月公布《各省行政督察專員條例》和《剿匪區各省行政督察專員公署組織條例》，行政督察專員制度確立。據此，「專員」應爲「行政督察專員」，其確立在一九三二年八月。

〔四〕安慶區：《中國行政區劃通史》（中華民國卷）修訂版第一八三頁載：「民國二十一年四月，吴忠信任安徽省主席，試行首席縣長制，將安徽六十個縣分爲十區，每區設置首席縣長一人……第一區，轄懷寧、桐城、潛山、太湖、望江、宿松六縣。」據此，「安慶區」應作「第一區」。

〔五〕移設太湖：鄭寶恒《民國時期政區沿革》第六一六—六二一頁載：一九三二年八月頒布《行政督察專員條例》後，安徽省分爲十個行政督察區。後區數有變動，但安慶地區始終爲第一區。第一區行政督察專員公署先設於太湖縣，一九四〇年改駐桐城縣，一九四五年抗戰勝利後移駐懷寧縣。

監察使署

民國二十五年（一九三六年），分皖贛爲一區，設監察使〔一〕。漢初分部刺史，不常所治。此則設署，又與元御史行臺相類矣。審計分處，同一系統。署設鷺鷥橋教育廳内，處設大關帝廟〔二〕西江上雲林別墅〔三〕。

縣教育局

清光緒三十二年（一九〇六年），置勸學所，總董兼縣視學〔四〕。民國十二年（一九二三年），改爲教育局，并設董事會。十九年（一九三〇年），改董事會爲教育經費監〔五〕察委員會。二十六年（一九三七年），改局，附縣爲教育科。三十六年（一九四七年）復設局，初附縣署，繼附教育會，最後設科學街高中對門，今廢。

縣財政局

始於民國三年（一九一四年），在舊縣署東之典史署。地方款産，清時由設於縣學宫後七鄉公所管理。七鄉者，

〔一〕民國二十五年……設監察使：民國二十四年七月版《監察院公報》第三十八期載監察使苗培成呈監察院院長于右任的報告稱，安徽江西監察區監察使署「六月十二日在南昌成立……爲辦事便利起見，特設監察院安徽江西監察區監察使署安慶辦事處於安慶，七月四日在安徽省政府教育廳舊址成立辦公」。據此，皖贛監察使及使署設立於民國二十四年，非二十五年。本條中設於安慶的「監察使署」應爲「監察使署辦事處」。

〔二〕大關帝廟：底本脱「帝」字，作大關廟。按道光、民國《懷寧縣志》皆載有大關帝廟，無大關廟，且油印本正作「大關帝廟」，今據以校補。

〔三〕江上雲林別墅：丁盛安《安慶記憶》第九九頁有一則介紹文字，題爲《清代著名藏書家倪模故居——江上雲林別墅》。據此文，江上雲林別墅在關岳廟街，與三義祠比鄰，曾被列入安慶市第三批文物保護對象，現已不存。

〔四〕置勸學所……視學：《安徽通志稿·教育考五》：「皖省於清光緒三十二年奉部頒章程每州縣應設一勸學所爲地方教育行政機關，以本地方官爲監督，設總董一員，由縣視學兼充。」據此，勸學所總董由縣視學兼任，非設總董兼縣視學。

〔五〕監：底本作「鑒」，疑同音而誤。黄山書社一九九六年版《懷寧縣志》第七三四頁：「民國十九年，改董事會爲教育經費監察委員會。」據此校改。

在城、渌水、欽化、大豐、堯年、受泉、潜岳是也。鄉推董事一人，財政局仍循其制。三十四年（一九四五年），改設公有款産整理委員會，旋改公有款産管理處，設舊純陽道院。今廢。

縣田糧處

民國三十年（一九四一年），田賦徵實以後，省既設處，縣亦繼之。設於四方城洪家巷，另有倉庫。今廢。

税局

分區局、縣局。區局又分爲二：直接税局〔一〕，初設近聖街，繼移城西小築之北樓；貨物税局，設上吕八街。縣名『稽徵處』〔二〕，爲徵營業等税。屬於省與縣者，設孝肅路。今皆分别改組。

度量衡檢定所

度量衡爲平均之標準，古今重之，然時各不同，地各不同。民國以來，欲畫一之，名曰『市秤』〔三〕『市石』，於是有檢定所之設立〔四〕，并設度量衡製造廠於西城外。三十六年（一九四七年），廠裁撤，設所於舊省〔五〕政府。今已廢。

〔一〕直接税局：《申報》一九三六年十二月十日第四版《簡報》：『各省將設直接税局，督徵所得、遺産兩税。』

〔二〕貨物税局……稽徵處：一九四五年五月六日民國政府財政部發布《省區貨物税局組織條例草案》《縣（市）貨物税分局組織條例草案》（見南京大學出版社一九九六版《中華民國工商税收史料選編第三輯》第一九六〇—一九六五頁），各省區設貨物税局，縣市設貨物税分局，而非『稽徵處』。

〔三〕秤：油印本誤作『稱』。

〔四〕檢定所之設立：《申報》一九二九年七月十三日第十三版《工商部令發度量衡法規》：『《各省各特别市度量衡檢定所規程》《各縣市度量衡檢定分所規程》，復經本部詳爲厘訂，次第公布。』據此，度量衡檢定分所設立於民國十八年。

〔五〕省：底本脱，今據手稿複印本與油印本校補。

鹽務處

安慶自昔鹽鐵皆有專官，鐵官自同安監廢後而遂廢〔一〕。鹽官自督銷局〔二〕遷至大通後，鹽河厘局祇兼收鹽厘。曾國藩奏定每引增爲六百斤，每票一百二十引，大通以上，逐卡抽厘。厘局非鹽之專官也。抗戰後，始設鹽務處於龍門口，專司鹽之運銷而徵稅。今之鹽業公司，即其舊址。

〔一〕鐵官……遂廢：此説未必準確。同安監終廢於南宋嘉定七年（《續編兩朝綱目備要》卷一四），但十四年後的紹定元年，「安慶府懷寧、太湖、宿松縣……並係應辦鐵課，漢陽、蘄春兩監，則掌管鼓鑄」（《永樂大典》卷一四六二七宋《吏部條法》）。同安監廢止後，安慶五縣之中三縣仍有「鐵課」，必有承辦其事的鐵官。

〔二〕局：底本脱此字，據本書「鹽河厘局」條目及油印本校補。

七、文教學制之推移

中國之學制，三代以前無論矣。後世概分爲三：一、學宫。何武行部必先詣學宫，召見諸生，試其誦習。然古者有學無廟，釋奠釋菜，皆設位爲之。且先聖先師，非必指孔子也。祀孔子於學，自漢明帝始。北齊，令郡學立孔顔廟。唐貞觀四年（六三〇年），令郡學立廟，去周公，以孔子爲先聖，顔回爲先師。因廟爲學，又自此始。故以文廟爲學宫，教官爲儒學。二、書院。魏晋以來，佛學漸盛，談經説法，多在禪林，儒者因之而有書院。石鼓書院起於唐元和間，爲宋初四大書院之一。清雍正十一年（一七三三年），詔各省會建立書院，自是又官學化矣。三、學校。學校於清季爲學堂。光緒二十七年（一九〇一年），詔改書院爲學堂，自是教育乃有革新之機。予自幼孤寒，未嘗學問，惟生於運會推移之際，雖曾受學宫之廪餼、書院之膏火，深知窮經括帖未足爲學，毅然以革新教育爲職志。初則倡之於江南，自海外歸來，轉而托居於安慶，自大學以迄小學，皆稍盡其力，故學制推移之迹可得而溯焉。

甲、學宫學宫有二〔一〕

府學

一曰省學。其先在正觀門外，余闕有《安慶〔二〕郡庠後亭宴盧僉憲》詩。亭即天開圖畫亭也，元末兵毁。明洪武壬子（一三七二年），郡守趙好德移建於山谷書院，在舊考棚今高級中學之東，當時規模簡陋。正統庚申（一四四〇年），

〔一〕學宫有二：油印本脱此四字。
〔二〕安慶：底本與油印本脱，據余闕《青陽先生文集》卷一校補。

巡撫周忱、郡守王璜從而拓之。楊溥記〔一〕云：『講堂齋舍，高明宏敞。儲廪有庾，會食有堂，以至士子游憩之所，下逮井湢，咸底完固。』可謂備矣。成化壬辰（一四七二年），郡守陳雲鶚又撤學前醫局爲靈星門，王璠復易學門〔二〕於西，立泮宫坊於舊靈星門，立泮橋於池上，甃石而高大之。羅倫有記〔三〕。續修者：成化〔四〕丁未（一四八七年）爲徐杰，陳音有記〔五〕；正德七年（一五一二年）爲陶煦，羅欽順有記〔六〕；隆慶元年（一五六七年）爲黄綜，阮鶚有記；萬曆四年（一五七六年）爲吴孔性〔七〕，盛汝謙有記。清順治〔八〕辛卯（一六五一年），操撫李日芃，知府王廷賓、李士楨相繼增修，無碑記。康熙時巡撫靳輔，乾隆時巡撫張楷，嘉慶時巡撫董教〔九〕增，道光時巡撫鄧廷楨，又重修之，莫不有記。咸豐間兵毁。同治五年（一八六六年），吴坤修督建，俾還舊制。其制：中爲大成殿。明嘉靖九年（一五三〇年）易像爲木主，中爲孔子，次則四配，又次則十二哲；東西兩廡，昔列先賢，繼以先儒。前爲戟門，門内左右有廳。又前爲靈星門。御碑亭三：戟門左一，靈星門左右各一。又前爲泮池，門皆石柱，池環石楯。最前爲宫墻萬仞，左右兩坊，曰『德配天地』，曰『道〔一〇〕冠古今』。大成殿之後爲崇聖祠。崇聖初爲啓聖，雍正五年易今名。祠舊在東偏，康熙癸丑（一六七三年）巡撫靳輔移建於明倫堂後，雍正時巡撫徐本復移建於明倫堂前，即大成殿之後也。明倫堂之兩翼，有四齋，

〔一〕楊溥記：明嘉靖李遜《安慶府志》卷十六、康熙張楷《安慶府志》卷二十六皆收録此記，題爲《重修安慶府學記》。

〔二〕門：底本與油印本皆脱，據道光《懷寧縣志》卷十二校補。

〔三〕羅倫有記：羅倫《一峰文集》、正德胡纘宗《安慶府志》、嘉靖李遜《安慶府志》皆載此記，題爲《安慶府學櫺星門記》，康熙張楷《安慶府志》載此記，題爲《櫺星門碑記》。

〔四〕成化：底本與油印本脱，今據正德胡纘宗《安慶府志》、嘉靖李遜《安慶府志》、康熙張楷《安慶府志》所載陳音《安慶府學記》校補。

〔五〕陳音有記：正德胡纘宗《安慶府志》、嘉靖李遜《安慶府志》、康熙張楷《安慶府志》皆載此記，題爲《安慶府學記》。

〔六〕羅欽順有記：正德胡纘宗《安慶府志》、嘉靖李遜《安慶府志》、康熙張楷《安慶府志》皆載此記，題爲《重修府學記》。羅欽順《整庵存稿》載此記，題作《安慶府重修儒學記》。

〔七〕性：底本與油印本訛作『信』，今據道光《懷寧縣志》卷十二《學校》及卷十三《職官表》校改。

〔八〕順治：『順』，油印本訛作『須』。『治』，底本訛作『至』。據手稿複印本與上下文意校改。

〔九〕教：底本與油印本訛作『效』，今據道光《懷寧縣志》卷十二《學校》及卷十三《職官表》校改。

〔一〇〕道：油印本誤作『德』。

東曰『志道』，曰『依仁』，西曰『據德』，曰『游藝』。齋前左爲儀門。門東爲四忠、鄉賢、名宦、昭忠、列〔一〕女五祠，共一門，題曰『乾坤正氣』。其外爲學門，爲昭代文明坊，東爲尊經閣。閣舊在明倫堂後，清初知府張茁重修，有記〔二〕。崇聖祠移明倫堂後時，即由此改建者。而建閣於學之東阜，崇聖祠再徙，尊經閣仍復舊名，歸之於試院。督學朱蘭詩〔三〕：『内省堂前飛〔四〕雪積，尊經閣上望雲痴。』試院之内省堂，與閣爲鄰耳。新閣後爲教授署，署舊在西齋旁。訓導署則傍東齋。後皆廢，訓導遂以四齋、教授以尊經閣爲署。其西爲起敬坊，前則泮宮坊也。殿中扁額，皆清帝御書：康熙『萬世師表』，雍正『生民未有』，乾隆『與天地參』，嘉慶『聖集大成』，道光『聖協時中』，咸豐『德齊幬載』，同治『聖神天縱』，光緒『斯文在兹』，宣統『中和位育』。卧碑則在明倫堂。督學臨試，先謁聖，然後至明倫堂讀卧碑。碑之所載，亦順治帝訓敕士子之條規也。下馬牌始於金章宗明昌二年（一一九一年），此則立石於宫墻萬仞之左，曰：『文武官員軍民人等至此下馬。』祀孔爲春秋仲月上丁日，巡撫以下皆步行以入。牲用太牢：牛一〔五〕，羊一，豕一。白瓷爵〔六〕三，登一，鉶二〔七〕，簠二，簋二，左籩〔八〕右豆各十。四配十二哲及兩廡，以次而降。有樂有舞。樂器曰麾幡，曰應鼓，曰鼗鼓，曰笛，曰簫，曰搏拊，曰柷，曰敔，曰編磬，曰編鐘，曰笙，曰鳳簫，曰琴，曰瑟，曰塤，曰篪，曰管。舞器曰旌，曰

〔一〕列：底本作『烈』，據胡纘宗《鳥鼠山人集》卷十三《安慶列女祠記》、道光《懷寧縣志》卷十一、民國《懷寧縣志》卷九相關記載校改。下同。

〔二〕有記：康熙六十年《安慶府志》卷二十七載張茁《重建安慶府學尊經閣碑記》。

〔三〕朱蘭詩：朱蘭《補讀室詩稿》卷六收録此詩，題爲《對雪偶成》。

〔四〕飛：底本誤作『屍』，據朱蘭《補讀室詩稿》卷六校改。

〔五〕牛一：底本脱，據上下文義和光緒《重修安徽通志》卷八七《學校志》『先師位前禮神制』校補。

〔六〕白瓷爵：底本脱『白瓷』二字，據光緒《重修安徽通志》卷八七《學校志》『先師位前禮神制』校補。

〔七〕鉶二：底本作『鉶一』，據光緒《重修安徽通志》卷八七《學校志》『先師位前禮神制』校訂。

〔八〕籩：底本與油印本作『邊』，據光緒《重修安徽通志》卷八七《學校志》『先師位前禮神制』校訂。

翟，曰籥。八佾六十四人〔一〕。光緒中教授某仿曲阜式，聘澧陵人製而習之，佾生原由科歲試時録取，此則招收少而俊秀者習焉，并製玄布衣冠以爲禮服。樂章：迎神曰《昭平》，初獻曰《宣平》，亞獻曰《秩平》，終獻曰《叙平》，徹饌曰《懿平》，送神曰《德平》〔二〕。三獻舞亦如之。孔子上天下澤之義，足以維護君主之權威，乃統宗教、政治爲一尊，使社會中別有令諸侯之天子。迄至民國，而其禮替矣。清季改東偏書院爲高等學堂，移建四忠五祠於其前。而形勢一變，改西偏考棚爲師範學堂，明倫堂後之尊經閣及其隙地，皆攝入範圍。而形勢再變，民國教官廢，廟無主者，宫墻萬仞内外，皆爲人僦居。堂殿大部傾危，雖有奉祀官，祭典而外，未嘗過問。九年（一九二〇年）予長安慶六邑中學，以府學與府校有歷史之關係，乃收歸校有，從而整飭之。可以利用者，皆創設學校。如鄉賢祠之初小，大成殿外之高小，明倫堂東西齋之職工是也。泮池前後建花廳亭榭，廣植花木，以爲民衆游樂之地，名曰『孔園』。宫墻萬仞，退建三丈，撤除左右兩坊，改建市房。書局文具印刷各業，皆集中於此，此科學街之名所由來。改造之始，以爲毁聖，士紳群起而攻之，揭之於報端，訴之於政府，控之於法院，不顧也。禮樂之器，清初所製所〔三〕頒者，久矣無存。清季雖備，舊日之佾生多星散，器亦殘缺，復理其所存者，貯以十箱，歸校保管，以爲文獻之徵。淪陷時前後俱毁，祇大成殿雖經予於十二年（一九二三年）大加修葺，瓦多破碎，柱盡傾斜，亦在摇摇欲墜中。三十五年（一九四六年），予負懷寧中學師範兩部復原之責，感於校舍不足以并栖，乃商同六邑人士，重修大成殿，由懷寧師範籌建其他房屋，即以此爲校舍。至於禮器樂器，亦已喪失，府學之規制蕩然矣。

〔一〕八佾六十四人：民國《懷寧縣志》卷九《祠祭》載：『其樂舞，康熙三十六年，定用三十六人；乾隆五十年，又加四人爲四十人，以備疾病事故……清季升大祀用八佾，民國仍之。』《皖政輯要》卷四十八《祀典一·各壇廟》：『光緒三十二年十一月十五日奉旨升先師孔子爲大祀。明年秋，安徽巡撫馮煦、提學使沈曾植創立禮樂公所，自江西、湖南各省聘致樂師，挑選省城學堂高材生肄習八佾，禮樂始備。』

〔二〕樂章……德平：民國《懷寧縣志》卷九《祠祭》載：『其樂章，雍正八年御定。』

〔三〕所：油印本脱。

縣學

縣學舊址在依仁坊。洪武壬子（一三七二年），知縣閻琦〔一〕移忠節坊余忠宣公祠之西。舊有試院，或即其地，然祇有學〔二〕而已。正統戊午（一四三八年），監察御史李存翼按郡，始議立廟，邑士高冲傾私産爲之，池州太守葉恩有記〔三〕。正德辛未（一五一一年），提學御史黄如金又移至正觀門内府學之前，其先則天寧寺也。劉弘謨有記〔四〕。其規制略仿府學。東有文昌閣，清順治乙酉（一六四五年）毁。辛丑（一六六一年）教諭成梁建大觀閣，祀文昌。康熙丙寅（一六八六年），巡撫薛柱斗又建閣，仍曰『文昌』。梓潼閣之名，以此而起。其西曰『應沙閣』。學前案山，形家稱爲『眠弓一字文星案』，劉秉忠又有『沙塞雷江口，狀元從此有』之遺讖。明天啓壬戌（一六二二年），郡守游雲鴻〔五〕、推官常自裕、知縣趙參於案山周以土垣，建閣於西，顔曰『應沙』，劉若宰爲之記〔六〕。有云：『丁卯（一六二七年），登鄉書者四人。戊辰（一六二八年），不佞遂冠南宫。天樞地軸，感召符契。』是亦形家之口實也。康熙時郡守劉櫺重建應沙閣案山圍墻，桐城張英有記〔七〕。薛柱斗建文昌閣時，并於學前通衢建坊二：曰『德侔〔八〕天地』，曰『道貫〔九〕古今』，又於

〔一〕琦：康熙《江南通志》卷二十八、乾隆《江南通志》卷八十九、道光《懷寧縣志》卷十二作『節』。

〔二〕學：油印本作『縣學』。

〔三〕葉恩有記：《安慶郡志》卷十一載此記，題爲《懷寧縣儒學新創文廟記》，康熙《懷寧縣志》卷三十一及康熙六十年《安慶府志》卷二十六載此記，題爲《懷寧縣學文廟記》。

〔四〕劉弘謨有記：『劉弘謨』，底本及油印本承道光、民國《懷寧縣志》之誤作『劉餘謨』。康熙《懷寧縣志》卷三十三載劉弘謨此記，題爲《巡撫安徽部院薛柱斗捐修懷寧縣學記》。其中提及明正德年間提學御史黄如金易天寧寺地爲縣學。據此校改。

〔五〕游雲鴻：底本、油印本作『游鴻翔』，據康熙《懷寧縣志》卷三十一載劉若宰《懷寧縣修學記》及卷十《職官》校改。

〔六〕記：康熙六十年《安慶府志》卷二十六收録其文，題爲《懷寧縣修學碑記》，康熙《懷寧縣志》卷三十一亦載此記，題爲《懷寧縣修學記》。

〔七〕記：康熙六十年《安慶府志》卷二十七載張英此記，題爲《重建應沙閣案山圍墻記》。

〔八〕侔：底本與油印本皆作『配』，據康熙《懷寧縣志》卷十二《學校》、卷三十三所載薛柱斗《巡撫安徽部院捐修懷寧縣學記》校改。

〔九〕貫：底本與油印本皆作『冠』，據康熙《懷寧縣志》卷十二《學校》、卷三十三所載薛柱斗《巡撫安徽部院捐修懷寧縣學記》校改。

宫南建市肆，以其僦值爲葺治之資。其建築皆由薛與劉橒及督學李振裕、臬司多宏安捐廉造成，振裕有記〔一〕。道光時，邑令陶沄又自『道冠古今』坊循圍墻直上及宫墻萬仞之東西，均構鋪面，雖以護墻，亦以助歲修也。夾墻當中一坊，内曰『金聲玉振』，外曰『人文化成』，建於道光五年（一八二五年），自是學制大備。咸豐間全毁。同治元年（一八六二年），邑人馬守愚等經營規復。其未規復者，明倫堂之兩翼。舊有兩齋：東曰『日新』，西曰『時習』。後有敬一箴亭、五箴亭及文昌、應沙兩閣而已。學宫基甚廣，一遇事變，易爲人所侵蝕。予少時見夏松、程洛等控舒作屏一案。同治間以兵燹，環周盡成隙地。一日洗泮池，得劉岩宰所刻之界碑，知舒占基建屋事。控之於層憲，久不得直。乃請衍聖公徑奏，得旨，飭藩司監撤六十餘丈，撤至六十丈而止。又控之曰六十餘丈，非六十丈餘，必六十九丈而後可。亦學宫之史話也。縣學與府學同城，向祇行釋菜禮，明萬曆後始分祭。縣學無樂，其儀甚簡。鄉賢、名宦各祠，附於東廡之後，未嘗有祭也。教諭署在文昌閣後，訓導署在崇聖祠之右畔。科舉廢，教官亦廢，官署遂變爲民居。昔之服役於教官者，又以廟爲栖息之所。民國以後，曾有一度之修葺，并復建文昌、應沙兩閣，因主廟無人，一轉瞬間，小則剥落，大則傾圮。二十二年（一九三三年），學前通衢，辟爲馬路，撤除『德配天地』兩坊及其夾墻。圍墻既破，變爲堆積污穢之場，羊豕雞犬之所聚，更不待論。此改建縣中之議所由起也。

乙、書院

安慶書院，予所及見者，省爲敬敷書院，縣爲鳳鳴書院而已。余忠宣公祠有青陽書院。忠宣曾隱青陽山，其集曰《青陽集》，故名。舊藩署之東，或即考棚，有二良書院，明知府胡纘宗爲文翁、朱邑而建。又於其北建近思書院，以奉宋時周、程、張、朱五子。與近思相近，知府李遜就社學舊址建龍山書院。府學原爲山谷書院，胡纘宗復改建於佑聖觀之西，縣學之前，今山谷祠也。以上書院，皆廢已久矣。兹就予所及見者言之。

〔一〕振裕有記：李振裕《白石山房集》卷十八載録此記，題爲《懷寧縣學宫增建外舍記》。

敬敷書院

初名培原書院。培原者，操撫李日芃之號也。書院於順治九年（一六五二年）日芃捐資創建，地在府學之東，魁星樓之舊址，民國時爲第一中學。創建之始，正門三楹，舊題『聖域賢關』，後易爲『皖江秀萃』。中有講堂五楹，曰『禮讓堂』。堂後有樓五楹，曰『經正閣』，即藏書處。堂之兩翼，東西各七楹，東曰『敬業』，西曰『樂群』。樓後東西各七楹，分六齋，東曰『懷德』，曰『潛心』，曰『宿學』，西曰『同文』，曰『太和』，曰『望道』。後巡撫靳輔改『同文』爲『桐瑞』。舉安慶六縣以爲名，其義似狹。樓後爲宗儒祠，繼近思書院之遺意，以奉宋之五子。祠圮後改爲亭，臬司宋鎔題曰『時〔一〕雨亭』。亭後舊爲譽髦堂，即培原與諸生講學處。壘石爲山，庭草交翠，王文治題曰『緑天〔二〕書屋』。康熙四十八年（一七〇九年），巡撫葉九思重修，易名曰『修永』，旋復故。乾隆初，始改名『敬敷』。咸豐三年，兵毀。同治初，總督曾國藩移建近聖街後岡〔三〕，今孝肅路之西首也。光緒元年（一八七五年），藩司孫衣言大加修建，并捐經、史、子、集數百部爲之倡，此爲藏書樓且爲建立圖書館之張本。自清初以來，經李日芃、徐國相、劉橒、陶澍先後捐資購〔四〕田，租以助膏火。月課二次：初爲朔望，後改初三、十八。十八爲山長課；初三自巡撫以至郡守輪轉任之。其等第以超、特、壹爲次，獎銀自三兩至一兩。超等另由主課者捐贈衣物〔五〕。其所課者文辭，以此博科第而已。督學朱蘭示敬敷

〔一〕時：底本誤作『特』，據道光《懷寧縣志》卷十二、民國《懷寧縣志》卷八及手稿複印本校改。

〔二〕天：底本與油印本誤作『陰』，據道光《懷寧縣志》卷十二、民國《懷寧縣志》卷八校改。

〔三〕近聖街後岡：民國《懷寧縣志》卷八《學校》作『姚家口街』。

〔四〕購：手稿複印本與油印本作『購置』。

〔五〕其等第以超、特、壹爲次……捐贈衣物：此處所記爲同治以後的情形，此前并非如此。民國《懷寧縣志》卷八《學校》載：清嘉慶二十四年，『其等第以超、特、壹爲次，超等獎賞伍錢，特等三錢，或於超等前數名特加獎賞，多寡無一定』。同治初，『超等約三十名，特等一百名，壹等一二百名不等。超等每名銀三兩，特等每[名]銀二兩，壹等前十名[每名]銀一兩，超等另有各憲捐廉給獎有差』。

書院諸生詩：『不隨燈逐藜輝夜，會見墻高杏出時。』可以想見。光緒二十二年〔一〕（一八九六年），巡撫鄧華熙奏辦求是學堂，改此爲藏書樓。是年藩司于蔭霖、臬司趙爾巽又移建於菱湖旁百子橋〔二〕。二十七年（一九〇一年），又有改書院爲學堂之詔，乃改爲武備學堂〔三〕。三十二年（一九〇六年），改爲陸軍小學堂。民國六年（一九一七年），改爲女子蠶桑講習所。十年（一九二一年），改爲法政專門學校。十六年（一九二七年），改建安徽大學〔四〕。

鳳鳴書院

在任家坡，其先爲豐備倉。光緒三年（一八七七年），彭廣鍾重任邑令，會商七鄉士紳，捐款建立，彭有記〔五〕。其制：大門内，左右爲書舍。中大堂，曰『敬業堂』。堂左右各有廳。後爲鳳鳴樓。月分官齋兩課。官課邑令主之，齋課山長主之，給以膏火。楹聯甚多。西花廳一聯，録之以概其餘：『潛岳西來，到此間氣象巖巖，士品〔六〕須從高處

〔一〕光緒二十二年：底本與油印本皆作『光緒二十四年』。《申報》一九〇二年七月十二日第十二版載：『安徽巡撫臣聶緝槼跪奏爲安徽省求是學堂教習學生三年期滿均有成效可觀照章請獎以資鼓勵恭摺仰祈聖鑒事。竊照光緒二十二年，前撫臣鄧華熙奏明於安徽省城設立求是學堂……於光緒二十三年二月十八日具奏。奉硃批依議欽此，咨皖欽遵辦理。……自光緒二十四年閏三月開學扣至二十七年三月已届三年期滿。』可見，鄧華熙奏辦求是學堂是在光緒二十二年。

〔二〕是年……百子橋：《申報》一八九七年（光緒廿三年）九月五日第一版《書院落成》：『安省本有敬敷書院，因基址狹隘，於北門外重爲改建。時越一載，工程始竣。』據此，敬敷書院移建於北門外菱湖旁百子橋是在光緒二十三年。民國《懷寧縣志》載『（光緒）二十四年，布政司于蔭霖、按察司趙爾巽，移建於集賢門百子橋』，在移建時間上正好訛誤一年。

〔三〕乃改爲武備學堂：《申報》一九〇二年（光緒廿八年）七月二日第二版《龍眠畫意》：『皖垣敬敷書院，前已改爲大學堂。今春撫憲聶仲芳大中丞照章甄別，擇其尤者留堂肄業。』《申報》一九〇二年（光緒廿八年）七月三十一日第二版《學堂遷地》：『安徽省垣北門外敬敷書院，前由大憲改爲皖中大學堂。邇者撫憲聶仲芳大中丞以其地離城太遠，考察難周，特飭提調某君將學生歸并東門内求是學堂，而以大學堂改爲武備學堂，舊時武備學堂則改爲皖省商務局。』據此，敬敷書院於一九〇一年（光緒廿七年）改爲安徽大學堂，一九〇二年（光緒廿八年）再改爲武備學堂。

〔四〕十六年……安徽大學：『十六年』，底本與油印本皆作『二十二年』，據本書『法政專門學校』條下『十六年（一九二七年），改辦省立大學』校改。

〔五〕彭有記：民國《懷寧縣志》卷八載録彭廣鍾此記原文，但未載具體篇目。

〔六〕士品：底本作『山高』，今據王有珩《分類新撰楹聯大全》卷十三所録此聯文本及油印本校改。

立；大江東去，任終古波濤滾滾，文風力向上游爭。』光緒二十八年（一九〇二年）改辦高等小學，名曰『鳳鳴學堂』。三十年（一九〇四年），改爲懷寧中學。民國二十五年（一九三六年），以屋久失修，且爲中學，以狹隘不足以容，於是改建縣倉，以復豐備倉之舊。先一年，歲大饑，予向上海商業銀行簽訂借款合同，請准關務署發給免稅護照，購運越南、暹羅之〔一〕米，辦理平糶，照市價減三分之一。予駐滬時，各縣電請代辦護照者，皆應命。各縣弊端百出，甚至以護照賣給滬商，而不實行購運，得款自肥而已。予爲懷寧購運十萬石，城鄉分辦，結果餘款十萬，以萬元建倉，餘則分散鄉農，秋收照市價繳稻歸倉，得二萬石，以此備荒，可以無患。不料寇氛未至，楊森等退至安慶。當時省府已他移，予亦離城，潘受祉、張伯衍二君主倉政，楊迫縣府悉數借充軍需。淪陷時，房屋又成爲荒墟。地方之厄，又予之最可痛心之事也。

此外，則有遂寧書院。創始者爲張鵬翮，四川遂寧人，故名。相傳在正觀門外，今不可考。鵬翮，謚文端，曾任安徽學政。其子懋誠，任懷寧令，重修大觀亭，創更上樓與澄清堂，於其間以時文課士。其孫張船山詩〔二〕：『皖口雲山壓短篷，先臣廟食至今同。功名立後田園盡，恩怨銷時俎豆公。兩世碑銘餘手澤，一年伏臘〔三〕聚村翁。殘衫破帽憑君笑，廉吏兒孫不諱窮。』自注：『宋四賢祠後有祠，祀先文端、通政二公。』又云：『忠臣廟有文端公總督三江時詩碣，通政公令懷寧時匾〔四〕額。』四賢祠在忠臣廟之右，通政創更上樓、澄清堂以課士。祠後之祠，或爲文端課士地，今亦久廢。

書院而外，更有補其不及者，則爲義學。

〔一〕之：油印本脱。
〔二〕張船山詩：張問陶《船山詩草》卷四、王昶《湖海詩傳》卷四十皆收録張問陶《懷古舊游十首》，此詩爲其中一首。《湖海詩傳》有作者小傳：『張問陶，字樂祖，號船山，遂寧人。文端元孫，乾隆五十五年進士，官檢討。』
〔三〕臘：底本誤作『朧』，據張問陶《船山詩草》卷四校改。
〔四〕匾：底本與油印本作『扁』，據張問陶《船山詩草》卷四校改。

省義學

操撫李日芃興培原書院同時創立，其地即在書院講堂之東。教師月給膳米五斗。康熙十年（一六七一年），巡撫靳輔增給穀三十餘石。月以初二、十六日，學官集義學師生會講於書院之禮讓堂。十二年（一六七三年），知府姚琅以鴨兒塘原爲推官菜地，居民承佃取魚，推官既裁，歸義學以助膏火〔一〕。咸豐三年（一八五三年），與書院同毀。

府義學

康熙五十三年（一七一四年），知府張楷設義學六所。純陽道院對門其一也。歲給學租外，更捐束脩銀三十六兩。又有衛義學，一曰惇典，在狀元府。一曰崇正，在狀元府北街。衛廢歸府。清季，以其款辦府署兩等及五路小學。

縣社學

舊有社學十，在城四，六鄉各一〔二〕。有堂，有室，有書舍。城北在輯睦坊，後爲迎恩亭。西在治平坊，後爲列女祠。東在阜民坊，後爲二良書院。南在康濟門外税課司故址〔三〕。皆久廢。

〔一〕歸義學以助膏火：民國《懷寧縣志》卷八《學校》載：『因推官奉裁，知府姚琅於康熙十二年詳請巡撫批歸義學，以資膏火。』

〔二〕六鄉各一：民國《懷寧縣志》卷八載：『俱正德癸酉知縣李純創建。』

〔三〕課税司故址：民國《懷寧縣志》卷八載：『明知府胡纘宗即税課司故址，命懷寧縣知縣王朝用創建。』

丙、學校

高等教育：大學分本科、預科〔一〕、專科學校。清季爲高等，民國初爲專門。亦有設預科者，一、二年不等。本科三年，法科、醫科四年或五年。中學：清季爲五年，民國初爲四年。十一年（一九二二年），分高、初兩級，高級、初級各三年。小學：分高、初兩等。高等三年〔二〕，初等四年〔三〕。民國十一年（一九二二年），改高等爲二年。職業學校，清季分高、中、初三等。民國初，以高等爲專門，中等爲甲種，初等爲乙種。後又易爲高級、初級。初級如高小三年。師範，清季有優級，與專門學校同。分選科、預〔四〕科，共四年。又有簡易科。民國後，廢優級，中等師範與中學同，後又有簡易師範四年之制。其他講習所、專修科以及民衆學校等。安慶爲吾皖首善之區，得氣必先，但以學制之改革，人事之變遷，時有興廢耳。試略紀其概。

（一）高等教育

清季以高等學堂爲綱，民國以法政專門學校爲綱，而以安徽大學終結之。其間如清季之高等農業學堂，民國之工業專門學校，皆匯流於此。

高等學堂

其先爲求是學堂，巡撫鄧華熙創設於光緒二十四年（一八九八年）。校舍在鷺鷥橋，亦鄧創建。遺址爲楊都憲汝

〔一〕預：底本誤作『豫』，油印本誤作『予』，據《皖政輯要》卷五十二『高等學堂』條校改。下同。
〔二〕高等三年：《皖政輯要》卷五十二載：『高等以小學畢業者入焉，四年畢業。』
〔三〕初等四年：《皖政輯要》卷五十二載：『初等凡國民七年以上入之，五年畢業。』
〔四〕預：油印本誤作『予』。

轂之故居，有御書樓。校舍大門前有照壁，左右坊曰『興賢』，曰『育才』。大門内爲學生會客各室，中門内爲大禮堂，堂後兩進爲教室及書籍、儀器等室，再後爲職教員住室。其西分恭、寬、信、敏、惠五齋。齋樓上下各十二間，齋前有各種用室，平房一列。其東有大荷池，甃以青石，樹以圍欄。東畔有亭，亭二層。亭周爲花圃，西畔有半亭。池後兩進。前進軒敞，多爲客廳及辦公室；後進爲住室。池前爲大花廳，廳左右各二間。再東爲體育場，後爲厨室、餐室，前爲工友等室。初次建校，純係衙署舊式，不適於用。二十七年（一九〇一年），詔省城設大學，改爲求是大學堂。二十八年（一九〇二年），又依奏定章程改爲高等學堂。先是二十三年（一八九七年），鄧華熙奏請添設二等學堂。國立大學爲頭等，而以省立者爲二等，高等似即二等之義。於是，又就府學東老敬敷書院舊址别建校舍，三十一年（一九〇五年）遷入焉。昔日以藩、臬兩司爲總辦，至此另聘監督。辛亥停辦，未畢業之學生，轉入北京大學。民國元年（一九一二年）秋，陳獨秀復辦大學〔一〕，馬通伯任校長，自任教務長，未及一年，并入江淮大學。

法政專門學校

江淮大學，清季法政學堂之集合體，又民國時法政專門學校之前身也。清季法政學堂有三。首爲官立法政學堂，成立於光緒三十二年（一九〇六年）。先是巡撫聶緝槼設課吏館，至是巡撫恩銘將課吏館改辦法政學堂，專收候補正佐人員，以藩、學、臬三司爲總辦，其校舍就姚家口西北舊都司署改建。三十四年（一九〇八年），另派監督。設預科、正科、别科及講習科。候補人員入講習科，其餘各科依年齡、學歷編入之。又有簡易科，官紳并録。次爲公立法政講習所，皖北教育會於三十四年（一九〇八年）開辦。又次爲私立專門法政學堂，予與光昇創辦，設平安嶺張剛勇公祠。辛亥均停辦。民國元年（一九一二年）春，予獨力〔二〕募款籌辦江淮大學，分文法兩院。法院分政治、經濟及

〔一〕陳獨秀復辦大學：唐寶林、林茂生《陳獨秀年譜》載，一九一二年一月初，陳獨秀『就在原安徽高等學堂的舊址，重辦安徽高等學校，自任教務主任，聘安徽桐城馬通伯任校長』。據此，陳獨秀所辦大學名爲『安徽高等學校』。

〔二〕獨力：油印本作『獨立』。

法律，以三校學生爲主幹，初設於雙蓮寺街舊電報局。先是，清季有官辦高等巡警學堂，及民國初之國民法政專門法律，與陳獨秀經辦之省立大學，次第歸并江淮大學。校舍不足以容，乃遷入官立法政學堂。另建大樓一座，上下均作教室。又建教職員住室、圖書印刷各室，并於東北偏購地基一片爲體育場。二年（一九一三年），倪嗣冲督皖，停學辦團。本校以私立關係，又以大學直屬於教育部，且以學生過多未能遽停，屢加以罪名，受軍警之騷擾。韓國鈞任巡按使，商准歸爲省辦〔一〕。接收數年來經營之校舍、校具及圖書、儀器一切之設備，改爲公立法政專門學校。予於八年（一九一九年）回皖，長六邑中學，仍兼授昔日所任『國際法』『法制史』等課。是時，又遷入菱湖百子橋前陸軍小學、後爲女子蠶桑之校址。十六年（一九二七年），改辦省立大學〔二〕。以原有學生并入法學院，初假百花亭聖保羅校舍。二十一年（一九三二年），不允續租。予仍兼法學〔三〕院教授，又負省教育經費之責，乃就法政專門學校舊址，籌款建築。組織建築委員會，予與校長程演生爲正副主任委員。另購東北地基數十畝，由上海營造公司得標承辦，越二年告成。

高等農業學堂

求是學堂遷移後，改設農工局。清季，劉梧岡氏致仕歸，建築八都湖江堤，遂有提倡農學之動機。與予會商，就農工局創辦私立高等農業學堂，自任董事長，予任教務，將八都湖公股四萬元作基金，惟堤未告成，成者復潰，祇公司前高地二十餘畝，供學生實習，此外未有收益。適駐美公使崔國英逝世，以無嫡嗣，致親族有遺產之争。經蕪湖道判處，以部分捐辦公益。予乘機商准劃分蕪湖後辦第二女子師範學校房屋一座，粤漢鐵路股票四千元，另撥六千元現款，即以此款購辦校具及農業器械、圖書之設備。復向錢莊借款八千元，承領繁昌三山濱江荒地。是時沙灘水影占三分之二，其三分之一，如關門洲大沙凸，招佃開墾。當年墾出三千餘畝，預計沙灘水影，次第成洲，可得畝十餘萬，

〔一〕辦：底本作『辨』，因字形相近而誤。油印本作『立』。據手稿複印本校改。

〔二〕省立大學：油印本作『安徽省立大學』，衍『安徽』二字。

〔三〕學：油印本脱此字。

將以之建立農場，并建屋一座，派人〔一〕經營。本學堂於宣統二年（一九一〇年）開學，分本科、講習科。未幾，三山姚某遽起釁端，竟成訟案。蘆洲魚滙，佃民多遭損失，已墾之地，亦爲人侵占，墾務因而終阻。民國元年（一九一二年），始經人調解。在此期間，收益鋭減，學堂既開，不得不勉力支持。辛亥革命，教育中輟。予於元年（一九一二年）春首先復校，又以城内不適於農業，擇定東門外演武廳，重建校舍，分辦蠶科，闢地植桑，并設養蠶、繅絲各場，部署甫經就緒。二年（一九一三年）春，教育司商請董事長劉梧岡，將本校讓歸省立。劉任實業司，同府辦事，未能拒絶，轉而商之於予。予於〔二〕本校盡純粹之義務，又以建築設備，負累過多，遂將財産全部造册移交，并請派員接替，使得以全力專辦江淮大學。易長之日，學生大嘩，經予勸導，大部分轉入江淮大學，於是改爲省立甲種農業學校，校産仍歸校管理。予於八年（一九一九年）回皖，調查校産狀況，繁昌洲産，學校當局與當地官紳相勾結，已成熟者化爲二重地主；沙灘水影逐漸漲成者，又爲若輩重領；八都湖四千畝之押金，已收者不可窮詰，未收者近十萬元，予建議教廳收存中國銀行，以其子息擴充學校設備，未克實行，卒化爲烏有。十五年（一九二六年），改勞農學院。十六年（一九二七年），歸并安徽大學爲農學院，推韓安爲院長。主大學者，扼於經費，卒未成立，校舍校産及一切設備，亦未接收。久之，設備俱空，房屋多有傾圮。二十年（一九三一年），始由教育廳收拾餘燼，改辦高級蠶絲學校。繁昌洲産，撥歸蕪湖私立職業學校。八都湖由廳經管。農學院至三十五年（一九四六年）始克成立，八都湖之校産，仍歸大學。

工業專門學校

開辦於民國十一年（一九二二年）。擇定八都湖農業學校産地，建築校舍，頗覺宏麗，電燈機器，亦由校購備，分土木、機械、電氣等科。十二年（一九二三年），教育廳長江彤侯〔三〕欲以工專經費籌備大學，改工專爲第一高級中學，

〔一〕派人：底本二字下有『籌』字，然手稿複印本『籌』字上畫　小圈表示删除。據此校改。
〔二〕於：底本作『擬』，於文句不順，據手稿複印本與油印本校改。
〔三〕侯：油印本作『候』，誤。《申報》一九二二年九月十一日第十一版發布題爲《江彤侯將長皖教廳》的消息可證。

召集安徽在南北兩京各大學教授會議。予亦出席會議之一，適自上海回，出席時已製成議决案，予以爲不可，非反對大學。當北洋軍閥混戰之時，安徽教育經費屢經減折，從事教育者，終日叩財政廳之門，將來大學未成，徒廢一工專而已。與會者皆爲大學而來，又以案經議决，未能變更，於是將工專學生轉入東南大學，改爲高中，仍以工專校長劉式庵繼續辦理，另推王撫五、劉式庵爲大學籌備正副主任委員。未幾，省庫支絀，不獨大學無着，高中經費且生問題，乃并入城内第一中學。分高初兩部，初仍以劉式庵爲校長。劉辭，王撫五繼之。王辭，予又繼之。當時工專校舍，派人看守，平臺稍有損壞，大部尚見完好。十四年（一九二五年），孫傳芳據南京稱聯帥，以陳調元爲安徽總司令，駐節蚌埠。先是，予等發起徵收捲烟特税以補教費之不足，設處，由財教兩廳會派專員主持。捲烟銷場，以蕪湖、蚌埠爲大宗，至是在蚌埠設局，直隸總司令部。予等電争，覆電將以此款籌辦大學。教育廳長洪芰舲乘機復召集南北各大學教授會議，以工專爲校址，續建平房八十間爲宿舍，十五年（一九二六年）工竣，以軍興未及開學。十六年（一九二七年），歸并安徽大學爲工學院，推吴承宗爲院長。以阸於經費，未克成立。對於校舍，亦未過問，爲往來軍隊之過站。一轉瞬間，傾頽過半矣。

大學遷入新校舍後，未及一年而抗戰軍興。霍邱微湖，爲校産之最大收益。敵鋒始終未至，若移校於此，建立農場新村，地方亦受其利。校長李順卿并無交代〔一〕，敵氛尚遠，『先去以爲民望』〔二〕，以至校務中斷者九年。勝利後，教育部召集大學復原會議，教育廳長汪少倫徵求在渝安徽教育人士之意見，予等主張援湖南、河南各大學之例，改省立爲國立，至三十五年（一九四六年），方見實行。農學院因收回八都湖及東門外舊農校附屬農地，亦得以成立。校舍

〔一〕代：油印本作『待』。

〔二〕先去以爲民望：此六字見《孟子·離婁下》。《申報》一九三八年二月十一日第一版《皖大校長免職》：『皖省府以安徽大學校長李順卿，違背省令，携款離職，頃予以免職處分，并限令回皖移交。』此引《孟子》語指斥李順卿。『爲』，油印本改作『負』，誤。

從新修理添建，圖書儀器，亦從新設備，并購置下吕八街舊來安旅館新式〔一〕樓房、三步兩橋〔二〕舊瓊林賓館樓房爲教職員宿舍。

（二）中等教育

分中學、師範、職業三種，又分男女兩部。

屬於省立者

民國元年（一九一二年）三月，開辦全皖中學，是省立中學之始。初設舊藩署，二年（一九一三年）七月停辦。三年二月復開辦，遷入前高等學堂舊址，改名省立第一中學校。十三年（一九二四年），因學制改革改爲第一初級中學，而以工專改辦第一高級中學，旋又混合，分高、初兩部。十六〔三〕年（一九二七年），又將第一師範學校合并爲高中部師範科，仍名第一中學。二十年（一九三一年），以地名劃分爲二，以師範校址設安慶高級中學校，以第一中學爲安慶初級中學。抗戰時中停。三十五年（一九四六年），將桐城黄甲山臨時中學遷回，仍分兩校。

安慶初無省立女子中學。民國初，師範預科視同初中。十三年（一九二四年）學制改革，於女子師範内設高中部。十七年（一九二八年），始就女子師範〔四〕改名省立第一女子中學校，分高、初兩級。二十年（一九三一年）易『第一』爲『安慶』。淪陷時中停。曾將省校圖書、儀器運往後方，設兩校，一在湖南沅陵，一在四川江津，初名安徽第一、第二中學，後歸國立，曰『八中』『九中』。三十五年（一九四六年），將江津九中女子高初中部學生編入，因而復校。

〔一〕式：底本誤作『試』，據上下文意及手稿複印本、油印本校改。

〔二〕三步兩橋：據民國二十一年（一九三二年）參謀本部安徽省陸地測量局《安慶城市圖》，三步兩橋即狀元府街最南端東側東西走向的横街。

〔三〕十六：底本脱『十』字，據上下文與手稿複印本、油印本校補。

〔四〕女子師範：『女子』，底本與油印本原無『女子』二字，易致誤解，據下文記女子師範民國十七年『改爲女子中學』校補。『師範』二字下，底本有『校址』，手稿複印本原抄亦如此，但在『校址』二字上畫圓圈表示删除，據手稿複印本及油印本校改。

次爲師範。

清季求是學堂、高等學堂皆有師範班，高等學堂東院設師範傳習所，增加理科時間，遂稱理化專修科。正式師範之設立，自優級師範學堂始。光緒三十二年（一九〇六年），就龍門口考棚改建校舍，分選科、簡易科。簡易科二年，選科四年，前二年爲預科。舊名安徽全省師範學堂，宣統三年（一九一一年）名爲優級。民國元年（一九一二年），改稱省立第一師範學校。十五年（一九二六年）停。十六年（一九二七年）合并於第一中學，後遂爲安慶高級中學校。

女子師範，光緒三十四年（一九〇八年）吴季白〔二〕創立，初設於風節井，民國時地方法院之西。民國元年，以校舍不敷，遷入百花亭前清巡警學堂舊址。二年（一九一三年）停。三年（一九一四年）續辦，逐漸擴充，規模與男師相等。十七年（一九二八年），改爲女子中學。二十三年（一九三四年），復劃對面校舍之一部，分立省立安慶女子師範學校。抗戰時停。戰後，移設桐城。

三十五年（一九四六年），將霍邱霍山臨時師範遷入東門外前農業校址，名爲專科師範學校。分藝術、體育等科，男女兼收。

此外則有省立單級教授練習所，設省教育會内。自宣統元年（一九〇九年）開辦，至民國五年（一九一六年）停。

又次爲職業學校。

農業，前述甲種農業學校，不復贅叙。二十三年（一九三四年），改設高級蠶絲學校，抗戰時停。又民國六年（一九一七年），鷺鷥橋前高等農業學堂東偏創設省立女子蠶桑講習所，旋移至北門外前陸軍小學。十年（一九二一年）合并實業廳在昭忠祠西偏所辦之女子工藝傳習所，改組爲省立女子職業學校。其校址以女子蠶桑在城外受軍隊之

〔二〕光緒……吴季白：『光緒三十四年』，底本與油印本作『宣統元年』。按民國《懷寧縣志》卷八載：『省立第一女子小學校國民學校，在風節井街西首。原爲女子師範學堂，清光緒間邑紳吴傳綺呈請提學使沈曾植批准開辦。』又一九〇八年九月十五日《申報》第十一版《皖省女學現狀》：『皖紳吴傳綺試辦女師範學堂，以奉撥官款無多，經費不足，不免因陋就簡。』比對這些記載，可知吴傳綺即吴季白。一九〇八年即光緒三十四年。據此校改。

騷擾，與姚家口法政專門學校對調，分染織、蠶絲、刺綉等科。二十三年（一九三四年），增設釀造科。又前清宣統三年（一九一一年），在大勝磯設立省立柞蠶學堂，畢業一次，後停。

工業，曾於光緒三十四年（一九〇八年）創設於百花亭前巡警學堂，名曰『省立中等工業學堂』〔一〕。分造紙、染織等科，於對面建有織廠、紙廠。今之醫職，其舊址也。辛亥停辦。民國四年（一九一五年），巡按使韓國鈞，以張季直在南京開辦河海工程學校，儲備導淮人才，皖北在〔二〕淮河流域，不容或後，因舊安慶府署創建省立第一甲種工業學校，分講習科、別科、預科，後衹招預科。一年後，分入土木工程、應用化學兩科。十六年（一九二七年），校名刪去『甲種』，後〔三〕又易爲『高級』。十七年（一九二八年）增電氣工程科，後又增機械工程科。抗戰時停，三十五年（一九四六年）復校。

醫事職業學校，創立於抗戰之後。分藥科及助産、護士等科，附有助産醫院。其校舍即抗戰前女師及女中一部。女中復原後，兩校不能并容，初擬將女職校舍即現在專科師範附小，移入新市路前新市小學，而以其校址爲校址，卒以房屋改造需款過巨，延未實行。

屬於聯立者

池州六邑中學校，清光緒三十一年（一九〇五年）在貴池開辦，名『池州府中學堂』。辛亥校舍毀，遂遷至本城，假多寶倉修建爲校舍。當時雖無聯立之名，是亦聯立之類也。

〔一〕曾於光緒三十四年……中等工業學堂：『光緒三十四年』，底本、油印本皆作『宣統元年』。一九〇八年十月十八日《申報》第十二版載《籌撥工業學校經費》：『皖藩詳撫憲文略謂，前奉飭設立中等工業學堂，曾呈明共需經費二千三百二十五兩七錢四分，常年經費六千五百二十三兩二錢，已由司籌撥銀二千二百兩委員購辦器具在案，惟常年經費尚未籌定的款。現在即須開辦，自應設法妥籌，擬請仍由牙厘局籌議在厘金等項下各半分籌，按年解司存儲，由該堂領用。』據此校改。『中等工業學堂』，底本作『中等學堂』，據手稿複印本與油印本校改。

〔二〕在：油印本作『多在』，衍『多』字。

〔三〕後：油印本脱。

而辦理最久、聲譽較著者，則爲安慶六邑中學。前清以安慶府考棚改建省立師範，乃撥多寳倉舊址并庫銀一萬兩，建築安慶府中學堂。多寳倉〔一〕過隘。一日，予與方玉山等至衛山頭下升官橋，見有敗壞之保寧庵，而屬地甚廣。詰之，已經教民迫令庵僧售與聖公會，祇付價款五十元。予等與庵僧訂契，價款二百元外，另在北隅建造新庵，但賣契年月須在聖公會之前，庵僧欣然從命。當將契紙在藩署投税，聖公會提出交涉，經調解寢事。安慶校舍之建築，首爲求是，純係衙署式；次爲高等，又次爲師範，雖漸有進步，仍未脱衙署之窠臼。此則設計較周，每座皆各個建立，以高寬之走廊縱横聯繫之，周以圍墻，又不虞散漫。大門内西三間，東十二間。兩塘之中，高大之船廳五間，廳旁東西各十間。廳後爲辦公室，中廳外左右各四間。再後爲自修室，樓上下四十八間。再後爲大禮堂，可容千人。禮堂左右各二間，東西教室八座。再後爲寢室，樓上下五十六間。其東横六間、直七間，西有五間。蔚爲偉觀，爲本城各校之冠。校舍未落成以前，光緒三十一年（一九〇五年），先假鷺鷥橋前求是學堂開學，其經費每縣歲捐銀四百兩，官民各半，分兩期解安慶府轉給。迄至民國，府制已廢，官捐無着，各縣歲納四百元，名爲協款。此時府學官廢，以其學田歸校。協款者，協助其不足也。懷寧捐獻節文洲，無協款。省議會成立，由六邑省議員組織董事會，爲推選校長、管理款産之機關，其弊至於省議員二十餘人，雜居校内，爐竈纍纍，會中庶務會計，於款産嘗不免侵漁。尤甚者，各縣分配教職員，校長無選擇之權。九年（一九二〇年），學生突起風潮，公推予任校事，予不可。久之，提三條件：一、董事會設置於府學前校有房屋，董事不能住校；二、董事會祇核定預算、決算，不能經管收支；三、教職員以人才爲標準，不論外省外縣，由校長選聘，董事不能推薦。董事一一允諾。於是將校務從新改組。采分科制，注重數理，設法購辦中學儀器全部。另建理化教室及學生實習室。數學爲基本科學，設夜班，俾績較遜者補習之。文科國文以能力分班，亦有夜班補習。圖書向無一册，校長夫馬月六十元，例兼文廟奉祀官，省庫月薪四十元，一并捐購圖書。又發徵書啓，自捐百餘種以資倡導，先後捐入者千餘種，合之陸續購買者，逾三萬册。建圖書館閲覽室，使教員兼任管理。

〔一〕倉：底本作『庫』，據上下文及手稿複印本、油印本校改。

寢室西北有高岡，裝運土車，使學生於課餘鏟平，闢爲運動場。自場至大門西邊隙地，劃爲三區。最前高處爲林圃，一曰『植物園』，中爲蔬圃，後爲花圃。疏浚兩塘，并於西邊鑿小河一道，與兩塘相通。塘中各築一墩，墩上建亭，西曰『吟風』，東曰『弄月』。花圃中建噴水池。已畢業學生共建一大亭，名『舊雨』，石棹、石凳、石欄干俱備。西塘植蓮，東塘養魚。船廳走廊左右，已蕃殖之森林中，建木巢十座，養鴿百數十翼。又於蔬圃西頭，建動物園，養山獸十餘種，豬、羊則於厠所旁設苑。置有小艇，行駛河塘之間。恐塘水之不潔，於東塘側另鑿巨井以供用。學生之組織，分研究、藝術、運動、清潔、服務、交際各組。研究，有講演、辯論等會。藝術，分戲劇、書畫、雕刻。運動，分球類及田徑賽。清潔，分飲食檢查、污穢掃除。服務，分内務、外務。内務，如種菜灌花，畜養動物，經理膳事等類；外務，在大門東邊闢教室，辦民衆夜校，又有民衆閱報室。交際，則代表出席學聯會及公共運動事項，別以自治會總其成。組指導，教員任之；會指導，校長及教務、訓導兩主任任之。附有評判會，評判學生之違反校紀或互争之事。更創助學會，以花圃、蔬圃、畜産之收益，膳食之節餘，以及内外所捐助者，分別賃予清寒優秀之學生，俾得升學。自九年至十九年（一九二〇—一九三〇年），予任事十年〔二〕之中，以戰局之翻瀾，或人事之演變，省立各校屢經告停，惟本校師生堅忍支持，未嘗一日或輟也。予爲省教育費奔走京滬，不能兼顧，因而辭職，以值年董事史仲文代理。當予任事之始，校之歲入不及四千元，學生人數激增，加以修建設備，相差甚鉅，不得不另闢財源以資挹注。於是開闢望江之新洲，建造本城之市房，且首創高中，省款亦稍有獎助，收支遂得以平衡。史君繼任，復蹈董事會之舊轍，各縣失其信心，協款遂不復至，又以管理稍疏，寢室焚毁，陳君我魯在予任内任教務主任有年，繼史之後，與予籌商復建寢室之策，相約赴

〔二〕自九年……任事十年：此或作者記憶有誤。按，一九三一年編印的《安慶六邑中學一覽·安慶六邑中學校年譜》載：民國九年，『程濱遺繼任校長』；民國十七年，『史邦翰（字仲文）繼任校長』。民國十九年，『陳鳳棲（字我魯）繼任校長』。又陳我魯在此書《緣起》中説：『（民國）九年應劉默庵先生之聘，重來斯校。未幾，劉先生去，程筱蘇先生來，主持校政者凡七年，校譽日著。余亦在此七年中，時以教員兼職他校或兼本校教務。……適值本校火灾，校董會諸先生再四責余肩此重任，自度力薄不敢前，然卒重違校董之命，於十九年春勉强承之。』據此可證，程濱遺任六邑中學校長自一九二〇年至一九二八年，歷七年。作此辨正，原文仍舊。

滬，得陳君卓甫之巨額捐款，并由各方人士之贊助，得復舊觀。抗戰時校長張健之，桐城人，遷至桐城。趙綸士繼之。趙，太湖人，遷至太湖。巍然之校舍，全部爲墟，幸而圖書、儀器大部移出。三十五年（一九四六年）遷回，假前女子職業學校開學。予自渝歸，邀予列席董事會，力請不避萬難以復興校舍爲第一任務。兩年之間，趙校長、楊董事長會集予與衆校友之群策群力，教室、寢室次第告成，餘在隨募[一]隨建中。未幾并入省立高中，改爲師範。既而停辦，復建之工程，因而中止。

屬於縣立者

桐城縣立中學，初假撫署東開辦，未幾遷回桐城。

其設立最久者，懷寧中學而已。光緒二十七年（一九〇一年），有縣辦小學之詔。二十八年（一九〇二年），改鳳鳴書院爲鳳鳴學堂，即高等小學。二十九年（一九〇三年），改辦中學。三十年（一九〇四年），易名懷寧中學堂。三十四年[二]（一九〇八年），予方辦理宣城、南陵中小學及法政師範兩講習所，本學堂突起風潮，久未解決。堂内外人士，電予任校事，予祇允結束風潮，將校務稍事調整，月餘就緒，即去。但予在安慶服務教育，實自此始。宣統二年（一九一〇年），予經營高等農業學堂，本學堂又以監督易人，學生拒命，復令予兼任。懷寧公有款產，向屬於鳳鳴書院，由七鄉公所董事管理。書院改爲學堂，仍由七鄉輪派一人，名曰『值年董事』，駐校經管校内之收支。校務爲財力所限，發展不易。易白沙文學氣節，爲章太炎等所推重，自[三]來鼓吹革命，聘爲教務主任。辛亥（一九一一年），編學生爲青年軍，而自任第二隊軍監。學生中有在武漢赴義而死者，百花亭東北隅，昔有韋烈士祠，其一也。民國元年

[一] 隨募：油印本脱此二字。

[二] 三十四年：底本與油印本皆作『三十三年』。按，民國四年懷寧野鴨塘程家冲四箴堂《程氏支譜》載孫毓筠《程公容光傳》：『丁未（光緒三十三年，一九〇七年）秋，遇程子小蘇於富士見町。』此譜程濱遺《重修宗譜序》：『戊申（光緒三十四年，一九〇八年）歸國。』據此校改。

[三] 自：油印本作『歷』。

（一九一二年），董事制廢。經縣議會議決，將學宫〔一〕之學田及本城之房地租，撥爲校產。於是從事整理，以其餘款，購置圖書、儀器，略具規模。三年（一九一四年）予離皖，因而辭職。四年（一九一五年）奉令停辦，以校產歸地方財政局，分辦高小四，鄉三城一，城即本校之化身也。予歸皖後，力求恢復，又兼任半年。自改爲小學，圖書、儀器無一存者。中學應有之自修室、寢室、飯廳，小學不復注意，撤除墻壁，或任其頹廢。適值軍興，籌款不易，稍加整飭，得以繼續開辦。繼起者多人，愈久愈困。延至二十四年（一九三五年），部督學視察，以校舍狹而且朽，内外又無隙地可以迴旋，會廳飭令停辦。地方人士又强予負復興之責，遂以從新建築設備爲前提〔二〕。先一年，歲大饑，予向上海銀行押匯運越、暹之米，分區救濟，鄉人德之。此時發布募建校舍之通啓，一族公，二富家，三校友，皆欣然應命。於是組織委員會，擇定縣文廟爲基地，始設計，繼投標。於東邊另立大門，門樹鐵栅。門内縱一列五間，爲傳達、理髮等室，中廳爲會客室。填塞泮池，爲内運動場。廟門封鎖，階上樹花墻。西邊横一列六間，爲事務處、童子軍、學生會等辦公室。大成殿西，向租人爲醬場。在斜坡上奠壁脚，初擬三尺，不料下爲沙層，壁脚深至一丈四尺。建樓上下六大教室，翻花鐵欄中鑄『懷中』二字。斜坡建三層石級，歷一級建教室，二級建樓房横一列，樓上梯旁二間爲職員住室，東西爲兩教室，樓下爲辦公室及教務人員住室。初擬此樓爲自修室，因在教室自修，便於指導，故爲改定。三級建教員住室，一院十四間，西有浴室二間，東有工友住室二間。此爲西城最高處，於後園内建三層平臺，足攬江山之勝，後爲明倫堂。向有第十三小學，遷出後重加修葺。梁柱飭以朱，捲棚以藍緑間之。中爲大禮堂，向後院建兩窗，階上環以石欄。右翼初爲圖書室，後爲住室。左翼爲游藝室，後爲成績陳列室。階下爲花圃。前有高大之亭，曰『立雪亭』，校友建立以爲紀念。亭爲書報閲覽處。禮堂可容千人，新置大靠凳，可坐六百人。堂外東偏爲浴室，爲厠室。大成殿東

〔一〕宫：底本作『官』。趙釴《無聞堂稿》卷五《安慶府儒學學田記》：『見弟子多貧，又捐俸置田，歲計其入，分助之有差。諸弟子義之，意愈欣欣起。田成，共勒石學宫，以昭示不忘。』據此校改。

〔二〕前提：底本作『提前』，據上下文意及手稿複印本、油印本校改。

偏，前建寢室兩座，樓上下共四十餘間。後建厨房及工友室，西偏爲儲藏室等，前爲訓導處、儀器標本及訓導人員住室，環階爲盥洗處，中爲大飯廳。校内之規模略具。校門外爲通衢。越通衢，向有人文化成坊。自坊南至宫墻萬仞，廣場約千方丈，闢爲體育場。舊有文昌閣、應沙閣，易文昌爲仰山，亦足以壯觀瞻。一切校具皆從新製造，中學之儀器、標本從新配備，科學圖書分門購置，經、史、子、集，自捐廿四史全部外，向〔一〕徵募甚多。吴季伯〔二〕先生之遺書遺著近百箱，承其哲嗣鷺芝之許諾，予親至南京，分别整理，逐類編目，閲二十餘日，假大舟運至。統計新舊圖書，足與六邑中學相頡昂。欲别建圖書館，復得張君國興慨助二千金，於校舍落成後，鳩工斥材，就内運動場西偏應沙閣前之隙地，建樓房一座，後闢一院，前闢一園。體育場四周，植白楊間以梧桐。黄山建設委員會，以上歲代運外米以濟徽州民食，贈蜜桃五百株，李、杏各百株，遍植各隙地。圖書館工甫竣，方擬以儲乙然先生之記鎸諸石，學生等亦欲以名人所贈之詩聯，擇其尤者自行鎸板。而敵氛漸逼，政府他移，省校星散，於是設分校於高河埠，留城校者祇在城學生而已。敵愈逼，一并遷至三橋。二十六年（一九三七年）春，予以兒輩自鄂歸，促西上，乃辭校務，由陳介孚、姜演同兩主任繼之，迄安慶淪陷。復遷至四棵〔三〕松，以兩班借讀於光華，兩班借讀於卓湖等校。師範班分設於曹家坦中心小學校，本部祇五班，而一切設備，先後喪失殆盡，學生惟席地而食，稾藁而寢。三十五年（一九四六年）春，予自蜀歸，地方人士暨〔四〕在校學生，又强予〔五〕以復原之責。當時校舍大門内一列房屋已拆除，環廟門之花墻亦毁，大成殿前列房屋，門窗俱無，厨室、工友住室俱傾圮，其餘外廓雖存，玻璃地板，又皆蕩然，預計修建及一切校具，與電燈、自來水

〔一〕向：油印本脱此字。

〔二〕吴季伯：油印本作「吴季白」。《神州日報》一九〇八年十月二十日第三版《皖省教育總會開會記事》載吴傳綺被舉爲副會長，同日《申報》報導此事作「副會長吴季伯」。《學風》第五卷第一期《懷寧耆宿吴季白先生逝世》曰：「懷寧吴季白先生（傳綺），爲吾皖積學之士。」由此可知，吴傳綺，字季白（伯）。

〔三〕棵：手稿複印本及油印本作「顆」。

〔四〕暨：油印本作「及」。

〔五〕予：底本作「余」，據手稿複印本及油印本校改。

之初步設備，必需五百萬元以上。是年賦糧免徵，縣庫無收，原有校産，又以財政統一，歸諸公有款産管理處，爲他項流用。回憶校舍初建時，自奠基至落成典禮，凡建築之施工、儀器之實驗、校具之構造、圖書繪畫之陳列，包括師生一切之活動，曾製成影片四十捲，若非遺失，重演時得睹當年狀況；與今日相形之下，相對欷歔，而復興無策。體育場後面，人文化成坊及兩邊圍墻，俱被撤毁，污穢堆積成邱，不得已將此方面鏟除污穢，中建場門，兩邊租建市房，申明新舊租地者，不得向場開門，衹作墻衛，以其押金，并募得之木料板片及其他物資，約三百萬元，修殘補闕，製備必需校具及裝設電燈、自來水。各處男女學生回校，校舍不足以容〔一〕，將高中部暫停，學生借讀於六邑中學。戰後失學者衆，加以烈士之子女，例應收録。經甄試而入者，不下百人。復不得已，修理府文廟并建校門，門内房屋一横列，及大成殿東偏寢室，教職員住室兩座，將校分爲二。予督工時被撞，足負重傷，遂辭職。各設校長，分任校事。予在鄉得人捐田種四十五石，歲入稻穀四百石左右，連同體育場後面地基之行租，歸爲校産，組織保管委員會，規定以其收入爲兩校合置儀器、標本，補充圖書，三四年後，恢復高中部或另辦職業之需。不料田租折價，受幣值跌落之影響，所得無多，爲繼任校長流用。儀器雖經省廳頒〔二〕發，爲數甚微。圖書雖經予搜獲，蓋有懷中圖書館印章者，亦不過十分之一二，待購甚多。三十六年（一九四七年）冬，委員會改組，推予爲主任。又以校舍失修，大成殿、崇聖祠破壞尤甚，經各界集議，組織重修委員會，使予負督察之責。正籌畫中，未幾與省立安慶初中合并，未克實行。師範亦與專科師範合并，移入六邑中學。旋停。

屬於私立者

私立中學，以務實學堂爲最早。清光緒三十一年（一九〇五年），劉文鳳捐資創立，設百花亭多、穆二公祠。宣統二年（一九一〇年）停辦，改稱『公立高等務實小學堂』。

〔一〕不足以容：底本脱『以』字，據手稿複印本、油印本校改。

〔二〕頒：手稿複印本與底本作『湎』，爲『湎』的异體字，但此字义項無與上下文語境相匹配者。姑從油印本校改。

次爲成德中學。馬伯瑶創立於民國八年(一九一九年),設萬億倉後部,十五年停辦。

次爲奎文中學。先是饒耀輝任女師管理,聯合教師,創立安慶女學,設於萬億倉前部。越三年,於民國十二年(一九二三年)遷至關岳廟,邀予任董事長,增建教室,略具規模。後以女生無多,十八年(一九二九年)與郭咸中合辦,分男女兩部。郭任校長,主男生部;饒任副校長,主女生部。易名『私立安慶中學校』。旋以兩人意見不洽,經予調解,分爲兩校。郭遂另租前成德中學校址,以其地傍奎星閣,又易名『奎文中學』。二十年(一九三一年),馬伯瑶以五千元代價將校址交還萬億倉,郭乃轉請王惠群接辦。王捐資購買安徽大學西北高岡之地基,建築校舍。抗戰中停,三十六年(一九四七年)復校。

又次爲東南中學。初名『江淮中學』,民國九年(一九二〇年),方文軒創立,設司下坡舊諮議局。王先强初假藩署西北角前教育司房屋,將辦職工學校。未成,以代價轉讓於方文軒。遂遷入焉,易名『東南中學』。十八年(一九二九年),因無黨義課程,受檢舉而中輟。張國喬得方沛然捐助巨額田産,又因而接辦。抗戰時遷至潛山田産所在地,建立校舍,於高級增設農職。三十四年(一九四五年)冬,遷回。將破壞之房屋,加以修葺,并於西偏建築大禮堂一座。三十五年(一九四六年),在東門外購農地五十畝,爲農職學生實習場。三十七年(一九四八年),仍遷潛山。

其由教會設立者:

一、聖保羅中學。光緒二十七年(一九〇一年),聖公會建同仁醫院於大二郎巷。二十九年(一九〇三年),附設崇實英文學堂及女子小學。三十二年(一九〇六年),將同仁醫院移建於百花亭。宣統二年(一九一〇年),又於百花亭建聖堡羅中學。民國十六年(一九二七年)停,將校舍租與安徽大學。十八年(一九二九年)復辦。

二、培德女子中學。先是宣統元年(一九〇九年),於大二郎巷增設女中,初名『座堂中學』,民國元年(一九一二年)停。十七年(一九二八年),復辦戊辰補習學校。又百花亭於光緒三十四年(一九〇八年)設有培媛女子中學,十七年（一九二八年）秋合并於大二郎巷補習學校，易名曰〔一〕『培德女子中學』。

三、崇文中學。天主堂所創立，即以黃家獅子大主堂南部爲校舍。起於抗戰之初，戰後組織校董會，遵章立案，繼續舉辦。

其他與太湖、桐城兩師範臨時設立者，則有景忠、華正等中學及通惠商業學校。師範無私〔二〕立者。予於民國十年（一九二一年）推廣小學，汲汲造就師資。日班二，附懷中內，曰『師範講習所』；夜班一，設第一中學東院孔教會內，曰『講習會』：限期皆一年。

此皆一千九百四十九年以前之情形也。

（三）初等教育

初等教育，一曰『基本教育』，國民之程度，以此爲定準。安慶爲省會所在，小學行政，屬於省與縣兩重治權之下，既無統一永久之計畫，無論公立私立，往往旋起而旋廢。民國十年（一九二一年），予懸想普及安慶小學教育，聯合舊有學校之師生及工商界之熱心教育者，相與調查學齡，勘定地址，以便分區設校，先後成立二十二所，校舍多係新修或增建，設備各校一律，足敷小學之用。舊有之學校，亦分別調整，并以實力補助其不及。各校皆附民衆夜校，然去普及之途尚遠也，正繼續籌畫中。十五年（一九二六年）市教育局成立，改歸市立。小學行政，初統一於局，局廢又統一於廳。而小學乃有所依托，惟在十年（一九二一年）以前，十五年（一九二六年）以後。其興廢之迹，必略述之以昭其全貌。

〔一〕曰：底本作『四』，油印本脱此字。據上下文意校改。
〔二〕私：底本脱。據上下文與手稿複印本、油印本校改。

官立者

藩署兩等小學堂，提學沈曾植光緒三十三年（一九〇七年）創立，設於藩署内鼓樓西首州縣官廳。民國元年（一九一二年），更名『開明兩等小學校』。

府署兩等小學，光緒三十一年（一九〇五年）知府裕咸創立，設於府署西府經歷署。民國元年（一九一二年）停辦。

又創立五路半日學堂。東路設文昌宫，南路設曾忠襄公祠，西路設余忠宣公祠，中路設府學東鄉賢祠，北路二：一在城北劉猛將軍廟，一設龍神祠。民國元年（一九一二年），一并改辦初小。

縣立者

鳳鳴學堂，光緒二十八年（一九〇二年）就鳳鳴書院改辦。二十九年（一九〇三年），改高小爲中學。民國四年（一九一五年），又改中學爲高小，名曰『城區高等小學校』。十年（一九二一年）復辦中學，高小遂廢。

四區半日小學，民國元年（一九一二年）創立。東區設曾文正公祠，西區設黄家庵，南區設府城隍廟内治閣，北區設三祖寺。二年（一九一三年）俱停。

團體設立者

一旅民　初辦旅皖公學四：八旗所立者，設八旗會館，即程公祠街之遼寧會館。光緒三十四年（一九〇八年）開辦，民國元年（一九一二年）停。一千九百四十九年〔一〕，復辦燕寧小學。湖南所立者，設曾文正公祠。光緒三十四年（一九〇八年）開辦，民國後遷至大二郎巷湖南會館，改名『三湘小學』。浙江所立者，設小南門内浙江會館。光緒三十四年（一九〇八年）開辦，民國元年（一九一二年）停。上元江寧人所立者，設楊家塘元寧公所。光緒三十二年（一

〔一〕一千九百四十九年：油印本作『一九四九年』。

九〇六年）開辦，民國元年（一九一二年）停。若新安小學設大墨子巷徽州會館，涇川小學設西門外涇縣會館，則皆近年所創立者。至於江西會館曾設西江小學，江蘇會館曾設育智小學，早已中輟。

二宗教　清真寺有二：一在鎮海門内忠孝街，一在正觀門外溝兒山後街。光緒三十一年（一九〇五年）創立清真兩等小學，即設忠孝街清真寺。聖公會於光緒二十九年（一九〇三年）於大二郎巷中學外兼辦小學，後於同仁醫院對門天恩堂設天恩小學。天主堂設崇文小學二：一在本堂對面，一在北門内榮升街。

私立者

以尚志學堂爲最早。光緒二十八年（一九〇二年），馮汝簡假榮升街民房開辦，旋遷入藏書樓，即近聖街後崗，今孝肅路敬敷書院之舊址。以經費不繼，改爲師範附小，民國後改歸公立。

次爲務實學堂。光緒三十一年（一九〇五年），劉文鳳捐款創立。宣統二年（一九一〇年），中學班歸并，亦改歸公立。

次爲莘英女子小學堂。宣統二年（一九一〇年），劉世杰假鷺鷥橋公屋創辦。民國二年（一九一三年），改公立。民國元年（一九一二年），龍神祠有養正學校，前官立法政學堂有崇武學校，榮升街有開化學校，二年（一九一三年）均并入尚志，轉爲公立。第一貧民女子小學校，民國元年（一九一二年）潘素清創辦，就純陽道院東守備署遺址改建。十年（一九二一年），校門鎸有『奉頒女中師表』匾額。抗戰初，潘逝世，校停。第一貧兒教養院，民國元年（一九一二年）黄牖文創辦，初設百花亭女中對門，十二年（一九二三年）移曾文正公祠間壁古雙蓮寺〔一〕。後黄逝世，停辦。又東門外吊橋有樂士學校，民國二年（一九一三年）開辦，後亦停。

〔一〕寺：油印本誤作『祠』。

公立者

民國〔一〕元、二年，初分四區，既而改稱一、二、三、四。

東區初名『國民模範小學校』，合并北路半日，改稱『公立東區初等高等〔二〕小學校』，設登雲坡。二年（一九一三年）冬，又與曾忠襄公祠前南路半日後改初小，合并於務實，改稱『公立第三高等小學校國民學校』。文昌宮初小亦并入，設黄家獅子舊府照磨署。

北區係尚志改名，後合并崇武、養正、開化三小學，改爲『公立第一高等小學校國民學校』。

西區即藩署兩等小學。民國元年（一九一二年）更名『開明』，旋將鄉賢祠中路半日後名初小歸并，改爲『公立第二高等小學校〔三〕國民學校』。又將余忠宣公祠前西路半日後名西區初小，改爲本校分校。

南區初爲皖省兩等小學校。創辦於民國元年（一九一二年），亦設舊藩署内。二年（一九一三年）春，移御碑亭義渡局公屋，改名『南區初等高等小學校』，冬又改名『公立第四高等小學校國民學校』。旋遷舊高等學堂内，復移司下坡前諮議局。

女校二，不曰公立而曰省立。

一、清季吴季白在風節井西首，創辦女子師範學堂。後遷百花亭，就原址辦小學。民國元年（一九一二年），名爲『公立第一女子初等高等小學校』。二年（一九一三年）冬，改名『省立第一女子高等小學校國民學校』。

二、萃英女子小學堂，民國元年（一九一二年）改名『女國民兩等小學校』，二年（一九一三年）教育司改爲『公立第二女子初等高等小學校』，旋稱『省立第二女子高等小學校國民學校』。

〔一〕民國：底本脱此二字，據上下文及手稿複印本、油印本校補。
〔二〕高等：油印本脱此二字。
〔三〕小學校：油印本脱此三字。

至民國七年（一九一八年），又將男女各校合并爲三，曰『模範學校』。第一模範，即前公立第一高等小學校國民學校；第二模範，即前公立第三高等小學校；女子模範，設登雲坡曾忠襄公祠及多寶倉舊址，概稱『省立』，其餘俱廢。

其憑藉局所或祠廟款産開辦者，初皆名『公立』。民國十五年（一九二六年）後，始列爲私立。最早者爲育正兩等小學堂，設於四牌樓清節堂内，光緒三十年（一九〇四年）創立。受教育者，即節婦之兒女也。次爲開運兩等小學堂，設西門外體元局，光緒三十二年（一九〇六年）將義塾改辦者。次爲養平，宣統[一]元年（一九〇九年）創立，設西門外古牌樓正街養心局[二]。務正[三]，民國二年（一九一三年）創立，設天寧寺。

其興而復廢者：光緒二十九年（一九〇三年）設於府城隍廟者，有公立皖江初小。民國元年（一九一二年），公立初小四：第一初小設北門外接官廳對面，第二初小設東門外東岳廟，崇正初小設大節祠，敦義初小設府署東永安局西首。又有崇聖初小[四]，開辦於光緒三十年（一九〇四年），初設北門外清凉庵。民國元年（一九一二年），遷老龍王廟，其後亦停。

予於八年（一九一九年）自外歸，目擊長沙、太原及南通、無錫、常熟小學教育之發展，安慶視之深有愧色，遂矢願必達其目的。自十年（一九二一年）開始，先後成立十九所，私立而補助其設備及經常費承認爲代用者六所：

第一小學　先是予與儲耕野、董亭衢就舊縣監遺址，捐建校舍，名爲『私立女子小學校』。至是復於縣政府儀門

[一] 宣統：底本與油印本皆作『民國』。民國《懷寧縣志》卷八載：『公立養平國民學校，在西門外古牌樓正街，宣統元年設立。』據此校改。
[二] 養心局：底本誤作『務正養心局』。民國《懷寧縣志》卷四載太平局『光緒九年創設義塾，後更名「養平小學校」，附養心局内。』『養心局，在西門外古牌樓正街。』據此及手稿複印本、油印本校改。
[三] 務正：底本誤衍在上句『養心局』前。民國《懷寧縣志》卷八載：『公立務正國民學校，民國二年就天寧寺設。』據此及油印本校改。
[四] 崇聖初小：民國《懷寧縣志》卷八載：『公立崇聖國民學校，清光緒三十年開辦，以集賢門外清凉庵爲校址。民國元年，遷於五里墩之老龍王廟。』可見崇正初小名爲『公立崇聖國民學校』。

西偏縣丞署遺址，修建爲第一小學。後并女校爲一校。

第二小學　設西門外新河灣大王廟。廟係同治八年（一八六九年）長江水師重建，久失修，頗費經營。

第三小學　設東門外東岳廟。校舍不敷，承東門外士紳捐建教室二座。分校設火神廟。

第四小學　設西門外痘神庵。原爲完白山人舊館，咸豐時兵燹毁，僧一乘募建。工未竣而物化，故房屋甚少，教室均係新建。

第五小學　設府文廟。先是假第一中學東院開辦，并設師範夜班。東院於清季曾辦理化專修科、自治研究所，民國爲孔教會所占據，後予兼長一中，將東院設圖書館，遂移入文廟東尊經閣及靈星門内之東西廳。

第六小學　設縣城隍廟西普濟寺。寺於清季設在城鄉自治公所，民國初爲在城鄉團防局。至是將局移純陽道院，而於前部建樓，後部均加改造。

第七小學　設北門外興賢寺。寺原名接待庵，旁有山雨閣，清郡守張楷爲石樓和尚題額，曰『寄迹蓬臺』。雖幽潔而尚嫌狹隘，以其與西北之塹樓〔一〕相接，樓額曰『磐石萬年』，傳爲史閣部將臺。史閣部『宜城天塹』石刻，即在此處掘得者，因在塹樓上建造教室，亦以存古迹也。

第八小學　設龍神祠後養濟院廢址。重新修建，可以敷用。

第九小學　設府城隍廟内治閣。由插燭巷闢門與登雲坡女模範聯爲一氣。

第十小學　設北門内節孝祠，一名節孝貞烈祠，清季始建者。

第十一小學　設江南大渡口八都湖公司，清季劉梧岡創立。八部湖公司建築圩堤，十餘年始告成。地屬東流，

〔一〕塹樓：康熙六十年《安慶府志》作『前樓』，近代又稱『天塹樓』。此樓南北分别有『磐石萬年』『宜城天塹』兩石刻樓額，皆史可法題字。此樓曾遭太平軍破壞，『磐石萬年』石刻不知去向，『宜城天塹』石刻在樓址附近掘得。詳見本書第四三頁校箋〔一〕。

孫總理謂應屬安慶，成爲雙聯市〔一〕。民國時安慶警察局，設分駐所於此，此設校之所由來。

第十二小學　設西門外大黄家庵。庵有二，一在上濠，一在黄家巷，俗以大小别之。此在黄家巷，東首屬清節堂，舊爲義學。建樓房一座，上下俱爲教室。

第十三小學　設縣明倫堂。後以建築縣中，遷至風節井前第一女校舊址。教育廳於二十三年（一九三四年）將此校址出賣，以其價款建新市小學。

第十四小學　設北門内三祖寺。將北偏房屋修建，并另建教室，以三祖璨曾住此，地方人士不願侵及本寺也。

第十五小學　設曾文正公祠。

第十六小學　設西門外余忠宣公祠。將望華樓爲辦公室。

第十七小學　設大節祠。後以狹隘，改設大南門外迎賓館。

第十八小學　設北門外接官廳對面。後改設省議會。

第一代用小學　設狀元府横街舊義學。

第二代用小學　設西門外觀音庵。

第三代用小學　設大南門外清真寺旁。

第四代用小學　設小南門私宅。

第五代用小學　設大墨子巷徽州會館。

第六代用小學　設大節祠，即十七小學之遺址。

此外，第十九小學設萬億倉前部，後因收回倉址停辦。第二十小學，原擬設菱湖公園，舒彬儒氏於其别墅獨力捐立，名曰『菱湖小學』。若已設養心局之養平小學，大寧寺之務正小學，以及貧女貧兒各小學，皆有相當之補助。

〔一〕雙聯市：底本與油印本皆作『雙連市』，據民智書局民國十五年出版的孫文《建國方略》第一七九頁校改。

其由師範附屬者，男師範二：一師範學校内，一西門外農場，曰『分校』。女師附小設本校對門。是時附小歸入師範系統。

其餘以三模範爲中心，平時有研究會，暑期有講習會，又與南京、上海、杭州各小學組織聯合會，每年輪流開會一次，展覽成績，討論教學方法，俾資觀摩。

十五年（一九二六年）市教育局成立，一律統轄於市，編爲市立。時以軍興，省立學校全部停辦，省令不出城門。予以捲烟特税，原爲教育專款，皖南北皆在軍事混亂之中，蕪湖一隅，猶爲捲烟集散之地，税款雖爲駐軍所劫持，不得已前往商洽，分得二萬餘元，將小學及留學生之款發清，小學不至中輟。未幾，教育局裁撤，予受教育人士之公推，負籌畫省教育經費以恢復全省中等學校之責，争得協款月十萬元，足敷省教育機關及留學生之需，遂將省預算所列月八千元悉歸之於安慶小學，由教育廳設小學管理處辦理。自十年（一九二一年）以來，予初領補助費一年五千元，後雖遞增，年不過萬元而已，今已十倍，故教育廳得以助小學教育之進展。後〔一〕第一、第二兩模範改稱『第一、第二實驗』，女模範改稱『中心實驗』，其餘小學皆以地名名之，如第一小學曰『縣府前小學』是也。第一實驗小學校址，歸并女職，乃於舊藩署後天柱閣，另建校舍。其增設者爲高琦小學，設西門外里仁巷長江水師副將署。私立則有安慶女學附設耀暉小學。女師又於校旁〔二〕設幼稚園，實驗小學則設幼稚班。

此抗戰前即二十六年（一九三七年）以前，安慶初等教育設施之情形也。

三十四年（一九四五年）冬，予歸自黔蜀，見城郭如故，門巷俱非，昔日之膠庠，鞠爲茂草，其倖存者十之二三而已。省府久未還治，隸屬於省之小學，恢復者衹高琦小學，因副將署毁，移設天柱閣，餘皆委之於縣。縣以本年賦糧豁免，收入毫無，予負縣中復原之責。縣中在淪陷時，曾辦小學，將其校具分配，恢復曾文正公祠前第十五小學，名

〔一〕後：油印本誤作『從』。
〔二〕旁：油印本脱此字。

『中心鎮小學』，後易爲縣師範附屬小學；余忠宣公祠前第十六小學，名『大觀鎮小學』；北門外興賢寺前第七小學，名『集賢鎮小學』；登雲坡前中心實驗小學，名『樅陽鎮小學』。其經費由保長徵富户捐。三十六年（一九四七年）始歸縣，按八成發給。當時流民漸次還鄉，失學者愈衆〔一〕，予懔過去之艱辛，不忍二十餘載之經營隳〔二〕於一旦，誰非子弟，又不忍其佻健城闕，而入學無門，於是調查以前之校舍。其完好者首爲新市路小學，但爲青年團所占據。次如省議會〔三〕前第十八小學，府文廟前第五小學，府城隍廟前第九小學，縣城隍廟西前第六小學，皆有駐軍。東岳廟前第三小學，亦駐警衛隊。大黄庵第十二小學，爲天主堂伯禄小學設初級部，樓上又爲軍訓教師辦公處，西邊教室已破壞。女師附小，爲醫職所利用。縣府前前第一小學，衹存教室四間，露立於荒墟之上，爲駐軍馬欄。關岳廟前安慶女學附耀暉小學，西邊房屋全毁，墻亦傾圮，大殿爲審計處辦公室，前爲第二警察分局。駐軍不肯遽〔四〕撤，青年團藉口修理及水電之裝設，代價其苛，衹大黄庵經交涉後，允予遷讓。乃請何章俊女士任校長，修理設備，西門外士紳慨予捐助，得以成立。江蘇會館，原有縣訓練班。停辦時，憑藉其設備改辦中心鎮小學，而以原鎮小附屬於縣師。關岳廟雖大部破壞，而地址甚廣，欲辦實驗小學，爲各小學之示範，審計處允讓，警察分局百方阻難，指定永逸局藥業公所，不肯接受。藩署前譙樓上之閲經樓，經迎江寺修理，又藉口無拘留室，給款二百萬元，方肯退出。於是鳩工修建，購置校具、圖書、體育、音樂及自然科學所必需者，完成其設備。府城隍廟内治閣退出，初辦插燭巷小學，旋以與登雲坡相通，并入登雲坡小學。府文廟退出，以縣師無校舍遷入焉。其他如三祖寺等數處，策動地方，設立保小。專科師範回安慶，於前女職設附小。私立小學如從仁局藥業公所、徽州會館、兩湖會館先後創設者，亦有數所，雖不能恢復舊觀，已可應失學者之需求。惟東南門尚付闕如。東城小學，如黄家獅子，南城内外如萬億倉、迎賓館之校舍，皆成廢墟，

〔一〕衆：油印本誤作『重』。
〔二〕隳：油印本作『毁』。
〔三〕議會：底本二字下有『之』字，據手稿複印本及油印本校改。
〔四〕遽：底本作『遂』，油印本脱此字。據手稿複印本校改。

所存者衹新市路小學與女師附小。後經教育廳收回新市路小學，將專師附小遷入，擬將醫職遷至專師附小之前校舍。予已就女師附小招生，報名者甚衆。醫職以前校舍尚須修理，旋又爲太湖師範所移駐，女師附小之設校因而中止。太湖師範於西偏設附小，教育廳又與沈子修設校於省教育會，名曰『省立安慶小學校』，是小學咸集於西北部。新市路之專師附小，又爲桐城女師占其大部，予擬就黄家獅子、迎賓館兩廢墟上，設法重建，心長力短，不能遽見實行。新社會以人民教育爲幟識，普及教育之大業，尋覩厥成，以彌以往之缺陷，私衷亦可以告慰矣。

初等職業入校者少，故辦者亦少成效。予於民國元年（一九一二年）於甲種農業學校旁設乙種農業學校，因學生少而停。又設工業補習學校於曾文正公祠，分化學、染織兩科，成績略著。予離皖時，由程泰續辦，後亦停。府明倫堂之職工學校，九年（一九二〇年）開辦，十年（一九二一年）停。

（四）特種教育

即軍警學校，屬於軍政内政之範圍，與普通學校之系統無甚關係，以其設於安慶，故連類及之。

軍　校

武備學堂，光緒二十五年（一八九九年）巡撫鄧華熙創立，設於撫署東之演武廳，後爲督練公所，今之安慶醫院也。二十八年（一九〇二年）移至北門外新敬敷書院，即今之安徽大學，三年畢業。

次爲武備練軍，一年畢業，亦設於此。三十一年（一九〇五年）改辦陸軍小學堂，三年畢業。民國元年（一九一二年）停辦。

測繪學堂，創立於光緒三十二年（一九〇六年），設於北門外吊橋東北，舊營房改建。初就武備高等兩學堂選學生四十人，一年畢業。改爲陸地測量局，分派實地測量。宣統元年（一九〇九年），以其學力不足，調回補習數學，學堂重開，并增招〔一〕學生百二十名，三年畢業。

又有將校研究所，光緒三十三年（一九〇七年）改辦講武堂，設御碑亭前公屋。分高等、尋常、補習三科，六個月畢業。民國元年（一九一二年）均停。

警校

光緒二十四年（一八九八年），安定練兵營，置巡警兵。二十七年（一九〇一年），成立安慶巡警軍營，是猶以軍爲警也。三十一年（一九〇五年），創辦巡警學堂，設百花亭楝樹灣〔二〕，今女中是也。三十二年（一九〇六年）五月二十六日，會辦〔三〕徐錫麟槍殺巡撫恩銘，率學生據軍械局，學堂因以停辦。宣統二年（一九一〇年），復辦高等巡警學堂，設御碑亭前。民國元年（一九一二年）停辦，學生并江淮大學。

此外則有存古學堂。先有古學保存會，附設學務公所。學部又頒存古學堂章程。宣統元年（一九〇九年），藩司沈曾植創設於奎星閣前文昌宮間壁，延黟縣老儒程抑齋主其事，李審言、朱仲我皆應聘。方守彝詩〔四〕：『逢君照眼鬚眉古，來理荒殘經訓田』是也。學生二百四十人，有附課生。二年（一九一〇年）開學，辛亥（一九一一年）停辦。民國二年（一九一三年）改國學社，三年（一九一四年）亦停。

〔一〕招：油印本作『加』。

〔二〕楝樹灣：底本作『棟樹灣』，據道光《懷寧縣志》卷三《疆域·街衢》相關記載校改。

〔三〕會辦：底本與油印本皆作『總辦』。《申報》一九〇七年七月十二日第四版《皖撫恩新帥被刺續志》：『安徽巡撫恩新帥在巡警學堂被刺詳情，已志昨報。茲又得上月二十九日安慶慶訪函云：巡警會辦徐錫麟被擒後，供認革命排滿不諱，并稱蓄意謀害恩銘。』該報還有幾處稱徐錫麟爲『巡警會辦』『巡警學堂會辦』或『會辦』。據此校改。

〔四〕方守彝詩：方守彝《網舊聞齋調刁集》卷八收録此詩，題爲《庚戌八月，李君審言自揚州來皖，與朱翁仲我同應存古學堂之聘。叔節邀飲長嘯閣，僕亦陪座。明日李君有詩屬和》。

（五）社會教育

省立圖書館

已敘入布政使司公署中，茲不詳贅。惟館未成立以前，學務公所附有圖書。博物館、古學保存會即設於此。巡撫馮煦采訪皖省遺書、金石，將爲建設省立圖書館之計。民國元年（一九一二年）始合藏書樓，高等、存古各學堂藏書，正式成立。初設於曾文正公祠，二年（一九一八年）遷至文昌宮存古學堂，三年（一九一四年）遷至鷺鷥橋前高等農業學堂西邊房屋，十年（一九二一年）始遷至舊藩署新建樓房。積書至十八萬餘册，金石碑帖爲數亦多。抗戰時隨政府他遷，戰後失其所在。昔人捐有龐大財産，爲教育廳流用，久未恢復，可慨也。

通俗教育館

民國元年（一九一二年），創進化團，分話劇、演説。話劇在北門内建大舞臺，後至蕪湖遭日領干涉，被警察廳封禁。七年（一九一八年），演説團改組爲安徽通俗講演所，設小南門外民房。八年（一九一九年），改爲『省立通俗講演所』。十一年（一九二二年）遷入舊藩署，旋改爲『省立安慶通俗教育館』，分講演、圖書、體育三部。十七年（一九二八年）改名『第一』，遷入吳樾街前市政府東，增設博物、游藝兩部，圖書計五千餘册，雜志三十餘種，報章十六種。其與圖書館异者，舊書少，且無外國文書報耳。分成人閲書室、兒童閲書室及閲報室。圖書館巡迴文庫二，教育館〔一〕閲報處十四。又兩館合作，在菱湖、森林兩公園及大觀亭設流通處。講演内有講演廳，外有講演處四所，備有留聲機、收音機、電影等。博物有陳列室二：一動、植、礦物標本八百八十四件，模型一百十八件；一理化器械二百十五件，化

〔一〕教育館：底本『教育館』前衍『報』字，據上下文及手稿複印本、油印本校改。

學藥品百餘種，圖表九十二幅。此以之供衆覽者。學校則〔一〕科學館負責。游藝有音樂室、繪畫室、檯球室、弈〔二〕棋室。體育祗於館内設有籃球場、網球場，其他運動則由體育場負責。

科學館

設於通俗教育館之後。民國二十年（一九三一年）教育、建設兩廳合辦，就萬壽宫改建。有製造場，製造理科器械、標本及風琴、收音機等。有實習室，供中等學校實習。有化驗室，化驗礦質及土壤等。有講演堂，講演學術，與通俗講演有别。

體育場

創立於民國八年（一九一九年），設於黄花亭之南衛山頭之北，俗稱『黄花操場』，黄花亭古爲跑馬場，武科較馬射於此，并購民地共四十畝，場門二：一在湖北會館西首，内建屋二十間，一在衛山頭後六邑中學西首。門内建運動場，有跑道、足球、網球、籃球等場。場西偏建雨操場、浴室，圍以磚墻，間以木栅，運動器械二百餘件，設有訓練班。湖南、湖北、江西、安徽四省，合組華中運動會，輪流開會。訓練班平時訓練體育與童子教師，臨時即訓練赴會之選手也。體育以湖南爲上，一、二届皆安徽爲最下。三届在南昌，予率選手赴會，一躍而至第二位〔三〕。十九年〔四〕（一九三〇年）在安徽，運動場設五里廟，此華中路之所由名。抗戰後體育場毁，高處房屋，居民撤爲蔬圃，惟雨操場及浴室尚存，予欲略加改造，改辦小學，教育廳不允，欲保留場地，卒未見恢復。

〔一〕則：手稿複印本、底本此字下原有『有』字，但後畫上圓圈表示删除，油印本保留而成衍文。

〔二〕弈：底本與油印本皆作『奕』。『奕』通『弈』。今從現代漢語規範校改。

〔三〕一躍而至第二位：《申報》一九二五年四月二十八日第十一版《第三届華中運動會之結果》：『第一湖南，第二湖北，第三安徽。』與此説有异，録以備考。

〔四〕十九年：底本與油印本皆誤作『十八年』。《申報》一九三〇年三月二十日第十版《紀第一二兩日華中運動會》：『安慶十八日電：華中運動會十八晨八時行開幕式，程天放主席。繼開始運動。』據此校改。

科學館移合肥，三十六年（一九四七年），就科學館加以修葺，設民衆教育館，即以前之通俗教育館也。

縣社會教育以厄於經費，向未舉辦。民國十年（一九二一年），予暫兼勸學所。雖於縣教育會内設教育館，爲策動各小學聯合運動、展覽成績及平時研究、暑期講習等事，徵集之圖書無多，衹以對折購本城報，七折購滬、漢報，分散各鄉鎮，設閱報處，各小學轉辦壁報。十八年（一九二九年），設通俗教育館，分圖書、游藝、講演等部。二十二年（一九三三年），城内停，於高河埠、石牌等處另行設立。抗戰時均停。戰後於前第一模範舊址，設民衆教育館。後遷至純陽道院前部，三十七年（一九四八年）停。

平民學校

民衆學校，亦爲學校教育兼社會教育之一種。民國十年（一九二一年），袁希濤以義務教育，陶知行以平民教育，爲國内倡。予方欲完成安慶義務教育，籌辦各小學，與陶商洽，以平民教育補助義務教育之不及，乃於中小學行政機關、人民團體各設平民夜校，分兒童班、成人班。中學由學生會主持，小學由教師主持，機關、團體自行派人主持，惟發給課本及按期考核成績而已。十七年（一九二八年），教育廳組織民衆教育委員會，就安大農學院，開辦民衆教育師資練習所。十八年（一九二九年），在本城設校八所，設於第一實驗、第二實驗、第六及女中實小、清真、育智各小學。外有二所：一附教育廳，一附公安局東正署，亦皆夜班。至短期小學，純係學校教育，爲保學之起原，適於鄉區，於城區未有裨益也。

新聞事業

安慶在昔日衹有轅門抄，與宫門鈔相等而尤略，惟紀官吏之遷調及往來拜會而已。後有安徽官報，長篇則有皖政紀要，雖稍詳，亦與邸報相類似耳。光緒中，陳獨秀倡愛國學會於藏書樓，開會時即遭干涉，以後行無定踪，所出之

《安徽白話報》，不詳其發行地，而讀者頗多，是爲新聞事業發軔之始。清季，韓蓍伯有三日刊〔一〕。繼而與之相抗者，則有《自治日報》。辛亥革命，政論紛起，《血報》《氣報》《安徽日報》《新安徽》《皖民公報》《安徽船》《皖聲》《長江》《江淮》《民生商報》《民報》《安慶晚報》先後發行，其歷時較久者，首爲《民岩》，《皖鐸》次之。予於辛亥革命時，首先創刊者，曰《民岩》。日出兩大張，初附畫報一張。當時無播音，北京、上海皆有人口發專電，各縣則有特約通訊〔二〕，本市亦核定訪員，一經刊布，風行一時。報費及滬漢與本市之廣告費，差足自給。三年（一九一四年）離皖，托之於吴靄航。五年（一九一六年），予復在北京創《中原日報》，與《民岩》遥相呼應。後予以反對北政府，繫秋官者數月〔三〕，報爲禁衛軍搗毁，不能復舉。吴君亦以開罪於當道，兩次入獄，但《民岩》至日寇陷安慶而播〔四〕遷，戰後吴又逝世，因以中斷。《皖鐸》爲兩〔五〕江師範同人所發起，後《民岩》八年，置孝肅路房屋爲社址，改名《新皖鐸》。抗戰時停，三十六年（一九四七年）復刊。

次則機關報，如《民國日報》《皖報》《通俗教育報》《安慶新聞》是。月刊、旬刊或周刊，則有《安徽政治》《實業雜志》《教育月刊》《教育旬刊》《警鐘》《安徽學生》等。《實業雜志》爲予主編，同時主編《新教育》。三年（一九一四年）離皖時停。大學、中學皆有校刊，季刊者多，月刊、周刊次之。

〔一〕韓蓍伯有三日刊：『三日刊』，油印本作『三月刊』。《民立報》一九一〇年十一月二十四日第四頁載《〈通俗報〉死裏逃生》：『《安慶通俗公報》於今歲秋間，由紳學界同人組織出版，已近兩月，持論公平，調查精確，爲全省人士所歡迎。近以路礦風潮事，該報連日登載，爲劣紳方履中所仇視。』《申報》一九一〇年十一月二十六日第十二版《〈安徽通俗報〉主筆被刺紀實》：『安徽通俗報館主筆韓思伯昨被吴氏家塾口操湘音之教員刺傷。』《民立報》一九一二年七月十二日第十一頁載楊丙《韓衍事略》：『衍少時名蘊章，字思伯……衍，字蓍伯。』由此可見韓蓍伯、韓思伯名衍，其主辦的《安徽通俗公報》或爲三日刊，有時連日跟踪報道重要新聞，顯非三月刊。

〔二〕訊：油印本誤作『卂』。

〔三〕繫秋官者數月：《申報》一九一七年五月三日第二版：『北京電：馮副總統控訴《中原日報》毁謗一案昨已判决。《中原日報》之經理與主筆皆定五等徒刑，監禁三月之罪。』

〔四〕播：油印本誤作『拌』。

〔五〕兩：底本作『西』，據手稿複印本與油印本校改。

戲劇

古以樂爲教，因樂而有歌舞，曲劇即由此而生。故言文化者，相率以爲重，前有阮圓海〔一〕《燕子箋》《春燈謎》《雙金榜》《忠孝環》《牟尼合〔二〕》諸曲本，盛傳藝苑；後有楊月樓、小樓，以生脚喬梓齊名。彼輩聲譽著於兩京，流風必及於鄉里。幼時聞諸父老，太平軍東下，舟次江北岸，安慶之劇院，弦歌始輟，人如鳥獸散，戲劇之盛可知。李昭壽居姚家口大屋，設有樂部，鞏某爲領班，蜚聲一時。光緒間，天仙茶園在錢牌樓爲巨擘，天樂次之，所演者皆昆曲、秦腔耳。光緒二十九年（一九〇三年），上海南洋公學以話劇演六君子及義和團；三十一年（一九〇五年）成立文友會；三十二年（一九〇六年）春柳社曾演《茶花女》於日本東京，此話劇之始。三十三年（一九〇七年）南洋公學與徐家匯公學募賑，演古裝歷史劇，此新劇之始。辛亥革命，劉藝舟爲劇壇巨子，攻上海製造局，與有功焉。元年（一九一二年）至安慶，創進化團，設柳林巷，演新劇。後至蕪湖，日領干涉，爲警廳所禁。懷中學生仿之而演時裝話劇，名迪智群，設北門内丁家巷，以後各學校仿之，於令節或校慶，皆公開表演。予十歲時，隨先曾祖入城，知府演堂戲，雜以留聲機及影片，其留聲機上有長筒，影片乃幻燈，非電影也。電影自電燈廠建立後始有之。初上銀幕者，多舶來品，自製之影片漸增，而舶來品因之而漸減。電化教育隊，亦往來不絶。予建築懷中校舍，慶祝落成時，曾攝巨片，每年校慶演之，但有聲者尚少耳。十六年（一九二七年）以後，劇院紛起，電影少而舊劇多。舊劇多爲京劇，所演者類皆神怪劍俠及兒女色情之事，采取小説材料，斷章取義，甚或更改情節，至不可究詰。新劇話劇反厭人觀聽。欲改造社會，必使封建之遺迹消弭於無形，革新戲劇，此社會教育所當注意之大端也。

〔一〕阮圓海：郎遂《杏花村志》卷五載：『阮大鋮，字集之，號圓海，安慶人。』

〔二〕牟尼合：底本作『牟尼盒』。姜紹書《韵石齋筆談》卷下：『阮圓海之所度《燕子箋》《春燈謎》《雙金榜》《牟尼合》諸樂府，音調旖旎，情文宛轉，而憑虚鑿空，半是無根之談，殊鮮博大雄豪之致。』據此校改。

八、祠廟之興廢

宇宙何始何終，往往不能求其究極，故以生死禍福托之於神，此祠廟之所由起。國家之崇尚、社會之風習，又相與爲緣。一有轉變，而興廢繫焉，不獨專祠爲然也。

甲、寺觀

寺觀者，不獨爲一神而設也。佛有寺，道有觀，僧與道每不相容。蜀爲道之發源地，人謂青城無僧，峨眉無道。吾嘗徧游之，普賢不能專主峨眉，自三皇以至純陽，紺宇琳宫，相與并峙，而晨鐘暮鼓者，非方丈乃住持也。僧與道分，其所崇奉者，幾莫能辨。興廢之迹可知，何以興何以廢，存而不論可耳。

迎江寺

迎江寺所以顯名者，一塔耳。塔名『萬佛塔』，後人又以『振風』呼之。創始於明隆慶四年（一五七〇年）。東城以外，平原曠衍，外江裏湖，逶迤而下，形家每嫌其氣之不聚。薛柱斗之建鎮皖樓、調元閣，馬剛之建四宜亭，皆以此。郡守王宗徐之建塔，尤其先焉者也。塔凡七級，高二十四丈，全以石甃，周基衛以欄楯，檐阿環以金鐸，嵌空玲瓏，屹立雲表，以砥柱江流，而爲一城之關鎖〔一〕。皖人紀念宗徐之功，曾肖像於石。志載萬曆己未（一六一九年）阮自華募建，蓋重修耳。清代重修者，順治七年（一六五〇年）操撫李日芃，康熙二年（一六六三年）巡撫張朝珍、知府趙世楨〔二〕，同

〔一〕關鎖：底本與油印本作『關瑣』。康熙二十五年《懷寧縣志》卷十六描述萬佛塔：『勢凌江表，爲宜城關鎖重地。』據此校改。

〔二〕知府趙世楨：底本與油印本無此五字，據康熙六十年《安慶府志》卷四校補。

治七年（一八六八年）巡撫吴坤修，光緒十九年（一八九三年）巡撫陳彝、知府聯元。光緒之季，方倫叔、馬通伯、姚叔節等陪周玉山登塔，見欄崩鈴落、甓裂椽虚，合詞言於周氏，倫叔并形之於詩〔一〕：『路人争指地行仙，尚書妙趣胸藏天。長江雲濤映白髮，危亭風鐸摇青烟。亭荒笑如人老去，湖清〔二〕且喜磬聲圓〔三〕。古寺涌起江迴旋，江外青山齊塔尖。孤塔争山夾江立，氣勢相高相映妍。青山無恙烟雲好，未須料理自年年。塔當風雷顔色悴，塔由人力山天然。由天然者無成壞，由人力者不常堅。可憐此塔抱衰疾，一邦〔四〕風物黯不鮮。游人嘆息禪客惱，那得竟付時運遷。我公府仰動深眷，拾級上下龍蛇穿。笑指青山無獨好，人力到處天〔五〕能全。』周氏爲之動容，急籌保全之策，命僧月霞竟其事。民國初年，其子緝之乘江寬輪上行，過皖登迎江寺。月霞留餐，餐未竟而輪已開，中途復没，緝之幸免。以爲神感也，於塔大加修葺。三十七年（一九四八年），塔上層又敗壞，月海、本僧欲再新之，估款甚鉅，正向本地及滬、漢分途募化，事未集而中止。寺於明爲『護國永昌禪寺』，光宗曾御書此六字賜之，宸翰樓即爲此而建。乾隆賜『善獅子吼』額，光緒間慈禧賜『妙明圓鏡』額，并賜《大藏經》。民國時，僧竺庵、續源、静密等於寺東建藏經閣，富貯經典，并藏古書畫，以明成化七年（一四七一年）泥金書畫《妙法蓮華經》全帙爲最。竺庵閉關時，後殿災〔六〕，不出關而甘於火化，後復重建大樓，佛教會閲經、講經皆在此。題咏甚多，陳世鎔幼時咏塔〔七〕云：『江心一片影，終古不隨流。』人以爲奇。

〔一〕倫叔并形之於詩：方守彝《網舊聞齋調刁集》卷六收録此詩，題爲《同諸公登迎江寺浮圖二首》，此其中第二首，并有序曰：『周建德公年七十餘矣，是日步循汀岸，陟大觀亭，臨清水塘，北至菱湖，東轉入迎江寺，升塔至三級，意更進，予及上人止之。迎江寺塔創自前明，歷今四百餘寒暑。亂後再修，皆給官帑。風雷震撼，又見欄崩鈴落、甓裂椽虚。諸君子合詞言於公，未可聽其委廢。公亦意動，殷然籌所以保存之者。風采所見，歌詩紀之。』

〔二〕清：油印本誤作『青』。

〔三〕圓：油印本誤作『園』。

〔四〕邦：油印本誤作『幫』。

〔五〕天：底本與油印本皆作『人』，據方守彝《網舊聞齋調刁集》卷六所録此詩文本校改。

〔六〕災：底本作『焚』，據手稿複印本與油印本校改。

〔七〕陳世鎔幼時咏塔：陳世鎔《求志居集》卷一收録此詩，題爲《迎江寺塔》。詩後自注曰：『此十六歲作，記而存之。』

張英詩〔一〕：『荒寺城隅古渡頭，浮圖百尺照滄洲。遥從皖口東南出，半落長江日夜流。雲外平分天柱影，望中收盡海門秋。登臨此日俱詞客〔二〕，今古烟波起暮愁。』方倫叔詩〔三〕：『閑倚千帆檻，悠然雲水游。遠圍〔四〕層嶺秀，中有一尖浮。香火漁龍獻，潮音天地流。禪心與詩意，共向不言求。』《聽松山房詩》：『孤城鬱鬱居如瓮，偶上僧樓拓眼開。背嶺鐘聲催日落，隔江雲影渡帆來。茶鐺佐饌供禪悦，蓮社談詩仰辯才。相送虎溪成一笑（上人遠送至江岸），浮屠天際首重回。』〔五〕予抗戰後，自黔蜀歸，大觀亭諸勝，大多破壞，惟迎江寺無恙。丁亥（一九四七年）與高鐵君相見於寺中，以詩見贈：『遠寺疏鐘在，荒城夕照明。烟花同故舊，江海倦平生。得此一回面，幡然無盡情。可堪春已暮，芳樹老啼鶯。』郭後德亦有贈句，録其一：『萬里芒鞋歷劫歸，人民城郭是耶非。白頭重訪迎江塔，獨立蒼茫看落暉。』

大士閣

在迎江寺之西，邑令馬剛建，時爲順治十六年（一六五九年）也。先是，馬令有天都之役，道晤普陀朗明禪師，願得宰瀕江州縣，爲建大士刹。及至皖，舟次江干，詢其地名『觀音港』，欣符夙願，因建閣於其上，額曰『慈雲閣』。前建四宜亭，後建廣嗣殿，劉餘謨有記〔六〕。光緒時以建英果敏公祠，移閣於祠西。後經月霞、竺庵之藻飾，崇樓遠眺。鄭

〔一〕張英詩：道光《懷寧縣志》卷十一、民國《懷寧縣志》卷九皆録此詩，題爲《同陳大匡諸子登迎江寺塔》。張英《存誠堂詩集》卷九録此詩，題爲《登迎江寺浮圖二首》。此詩爲其第一首，其第二首云：『天際雲山近可呼，風烟極目屬吾徒。驚看地勢分南北，從此江聲辨楚吴。秋水漲時連遠樹，荒城亂後足平蕪。憑高欲誦元暉句，搔首能通帝座無？』

〔二〕日俱詞客：張英《存誠堂詩集》卷九作『際增惆悵』。

〔三〕方倫叔詩：方守彝《網舊聞齋調刁集》卷十二收録此詩，題爲《酬綸士柱和迎江寺》。

〔四〕圍：油印本作『圖』，誤。方守彝《網舊聞齋調刁集》卷十二收録此詩作『圍』。

〔五〕孤城……首重回：陳楡蔭（知白）《聽松山房詩》卷上收録此詩，題爲《竺庵上人邀集迎江寺晚宴。時上人將赴匡廬》。『仰辯』，底本與油印本作『仲辨』。『上人遠送至江岸』，底本與油印本作『竺庵遠送』。現據陳楡蔭《聽松山房詩》卷上所録此詩文本校改。

〔六〕劉餘謨有記：康熙二十五年《懷寧縣志》三十四載録此記，題爲《邑侯馬公鼎建大士閣碑記》。

覯侯聯云：『大江東去；我佛西來。』詩意禪心，至此畢現。此又迎江寺之别有勝境也。

雙蓮寺

迎江寺之先，有雙蓮寺。殿左建塔，亦在振風塔之前。寺在城内東北前阜民坊。宋殿中帥范文虎捨宅爲之，因宅之左有沼，曾産雙蓮，故以名寺。元至正時，文虎二女曰金、曰銀，繼父之志，起塔於殿左，九級高九仞，人以此爲一城左輔之文峰。正德丁丑（一五一七年），府以私意取磚石爲别用，塔遂圮，咸惜之。嘉靖中，齋人余萬忠重修殿宇，汪若水有記。清康熙壬子（一六七二年），邑令段鼎臣建大悲殿。己亥（一七一九年），按察使朱作鼎重修正殿。咸豐三年（一八五三年）毁。光緒初，重修偏殿兩楹，餘基建曾文正公祠。寺爲安慶之名刹，塔名『大塔』，亦顯於當時。塔未〔一〕復，寺尚巍然，有飛來鐘及復生桂樹。乾隆時，柳華陽遇伍冲虚與壺雲山人，傳授心法，静修於寺中數十年，著有《慧命經》，後不知所往。予在成都，見《慧命經》刊本，其入蜀歟？池沼雙蓮初産於宋，繼産於明景泰時。明季顔素、劉若宰讀書於寺之後樓，雙蓮復生。劉以是歲大魁天下，故邦人引以爲瑞。當曾文正公建祠時，欲填池以廣其基，居民力争之，乃退建於觀音閣，而門西向。光緒三十一年（一九〇五年），又欲填池以建支應局習藝所，亦以力争而止。迄至民國，寺前相繼築室，使池愈逼愈狹。其後有逐僧而據爲私宅者，予交涉逾年，始肯退讓。是時兼主縣教育，以節餘之款五千元，購寺右檀姓之巨宅兩座，即將寺租辦貧兒教養院，并清理寺後隙地，奉爲縣之學産。寺名猶是也，已成歷史之故迹矣。今予之住宅，即當日顔素、劉若宰讀書處。顔、劉皆明之名人，寺額及太平寺額，皆顔書。筆法端偉，足敵平原。劉大魁時，夢文昌於寺後大松樹下，授以紫玻璃，因建紫玻璃亭。予不敢攀附前人，亦不願攀附前人。平生不治生人産，致力教育數十年，鄉無十畝，城無一椽。省縣教育人士斸金買宅，予持不可，乃相與集團貸款，十年分還。縣人士以此地得之自我，授之於我，又持不可，於是除贖回何姓小屋兩間，代價三百元外，另付押金九百

〔一〕未：底本誤抄作『東』，據上下文意及手稿複印本、油印本校改。

元，終以貸款不足，兒輩久分居，命鑒兒自籌自建，分其半以奉予。當時有欲題爲紫玻璃舊館者，予笑曰：文昌何許人，科名何許事，能榮辱人耶？惟雙蓮雖謝，風景不殊，李範之贈聯云：『攬鳳水龍山之勝；招清風明月而來。』予亦曰：『此處不知在城闕，得閑還自課琴書。』足以消遣餘生耳。

清净庵

在西門外鴨兒塘。范文虎二女曰金、曰銀，建雙蓮寺大塔以後，復建此庵，披緇潛修於此。清康熙五十三年（一七一四年），楊汝穀、任奕鑾、昝茹穎等重修，咸豐間毀。同治間右營闔營捐修。

太平興國禪寺

寺建立於東晋咸和時。創始者童師也，至宋而大著。寺據萬松山之麓，倚大龍而臨長江，夙爲名勝。馮京之萬松山房，或即寺之一角。寺中有堂，勤師所立，名『古鑒堂』。清康熙四年（一六六五年），∴目禪師∴，佛書之伊字，王維詩『三點成伊猶有想』是也〔一〕。初至，住鐵佛奄，繼闡法於此，文德翼爲之記〔二〕。乾隆二十五年（一七六〇年），邑令王鳴重修。與堂同建者，曰『萬壽閣』。乾隆十四年（一七四九年）郡守温必聯重修。山門内爲放生池，僧有光所浚〔三〕，甃以石梁。寺之兩翼，東曰『松峰東峙』，其内爲白衣庵；西曰『竺徑西通』，其内爲〔四〕西竺庵。

白衣庵，順治五年（一六四八年）郡守王廷賓爲行僧心難建。十一年（一六五四年），郡守趙世楨復建亭於庵側，題曰『不二亭』。

〔一〕∴……是也：此爲原文注釋語，底本未作小字雙行抄寫，導致行文不連貫。現以仿宋小　號字排以示區别。

〔二〕文德翼爲之記：文德翼《求是堂文集》卷十三、道光《懷寧縣志》卷十一、民國《懷寧縣志》卷九皆載此記原文，題爲《古鑒堂記》。

〔三〕浚：底本誤作『濬』，據道光《懷寧縣志》卷十一、民國《懷寧縣志》卷九及手稿複印本、油印本校改。

〔四〕爲：底本與油印本作『曰』，據道光《懷寧縣志》卷十一、民國《懷寧縣志》卷九校改。

西竺庵，乾隆己卯（一七五九年），僧有光募建，郡守温必聯、邑令王鳴捐俸爲之倡，初止樓殿兩重，奉文昌及關聖。乾隆四十年（一七七五年），藩司王顯緒倡建奎星閣於關聖殿之西，又建廣夏三楹爲賓座。四十九年（一七八四年），僧谷泉復於關聖殿後建斗姥閣。嘉慶初，僧隱庵建祖師殿。二十二年（一八一七年），僧道增於殿後募建正廳，臬司敦良任其事。文碣雕楹，高明爽塏〔一〕，佐以藥欄花圃，游觀者稱快焉。

寺後高岡有塔表，爲明誠和尚而建。康熙三十年（一六九一年）臘八日，焚身於此。先期募薪營巢，屆時説偈云：『來是明誠，去是誠明〔二〕。今日懸崖撒手，全憑這點光明。』遂端坐烈焰中，誦《觀音咒》而逝。寺於咸豐遭兵燹。同治時，僧本來、妙參師徒經營募修，歷十二年始成。民國二十三年（一九三四年）重修，商界爲之倡者。此寺在余忠宣公祠之東，與大觀亭并峙焉。余忠宣公《登太平寺次韵董憲副》詩：『蕭寺行春望下方，城中雲物變凄凉。野人籬落通潛口，賈客帆檣出漢陽。多難漸平堪對酒，一樽未盡更焚香。憑將使者陽春曲，消盡征人鬢上霜。』

祖師殿

舊殿在雙蓮寺左，石龕銅像，沈萬三鑄，明季殿廢。太平寺之祖師殿，又繼是而起者。

佑聖觀

佛以迎江寺爲宗主，道之宗主自昔爲佑聖觀。觀在任家坡下舊便民倉之西，初祇真武殿，立於古柏數十株之中。明永樂間，道士萬一無自西江來，偶憩觀中，見殿角頹圮，欲重新之。一無有學而能詩，郡守楊希孟、同知韓毅、千户宋汝玉皆與唱和，每見必稱曰『萬先生』，自是聲名洋溢，城鄉皆敬其爲人。會中元令節，大設道場，軍民赴會者輸米

〔一〕塏：油印本誤作『愷』，道光《懷寧縣志》卷十一、民國《懷寧縣志》卷九皆作『塏』。

〔二〕誠明：『誠』，油印本誤作『城』。『明』，底本誤作『名』。據道光《懷寧縣志》卷二十八、民國《懷寧縣志》卷三十二載此偈文本及手稿複印本校改。

逾萬。乃建通明殿，肖昊天上帝像於中，列三十二天神於左右。殿後起蓬萊軒，南京沐駙馬都尉爲之書額，且助施大幡、盤龍香案。惟真武殿未修。一無至桐城，建碧霞宮。其徒余道默承其志，重修真武殿，塑老子像〔一〕，左右列雷部神，危山爲之記〔二〕。一無在桐城建碧霞宮，甫成而卒。卒後三日，有見其乘驢入龍眠山者。佑聖觀〔三〕惟一鐵鼎，失其所在，亦謂一無卒後，命黄冠者携去。虚妄之傳，未可信也。清康熙二年（一六六三年），道士胡朝國募修。六年（一六六七年），巡撫張朝珍、臬司佟國楨、郡守趙世楨，加以重建。咸豐毁。同治間，道士重修偏殿兩楹。宣統末，改建省咨議局。民國初年，爲省議會。

天寧寺

宋時建天寧寺於西城内。昔日之縣文廟，今日之懷寧中學，其舊址也。明正德辛未（一五一一年），移建於忠節坊，即省政府之西。當萬壽宮未建以前，率以爲寮宷〔四〕慶賀令節、朝天祝聖之所。清操撫李日芃、巡撫張朝珍、邑令王鳴先先後修葺。咸豐毁，同治間復建。大殿而外，廳室俱爽朗，花園翠緑盈窗，尤昭幽雅，雖左右衙宇不見塵囂，逸客騷人多僑寓焉。惟主僧放誕，廣大之寺基，租賣過半。辛亥革命，僧亦反俗。民國二年（一九一三年），改設務正小學，而鐘磬聲寂矣。抗戰後祇存偏殿兩間，略事修建，而小學重開，猶幸也。

地藏禪林

樅陽門外農事試驗場之西，有地藏庵，光緒八年（一八八二年）里人建。此在西門外，傍清水塘，人亦以地藏庵呼

〔一〕老子像：明天順《安慶郡志》卷十一《佑聖觀重建真武殿記》作『玄帝像』，道光、民國《懷寧縣志》卷十一、卷九作『元帝像』。

〔二〕危山爲之記：天順《安慶郡志》卷十一收録此記，題爲《佑聖觀重建真武殿記》。

〔三〕觀：底本作『殿』，根據上下文意與油印本校改。

〔四〕宷：底本與油印本皆誤作『米』，據道光《懷寧縣志》卷十一、民國《懷寧縣志》卷九校改。

之。咸豐兵燹後，僧鑑〔一〕朗於同治間重建。光緒初，火藥局失慎，殃及殿宇，庵僧復募建前殿。十八年（一八九二年），至德周孝友捐建大雄寶殿。民國四年（一九一五年），僧静密又事修葺。庵背山面城，樓觀崇麗。前有池，環池植柳，清水塘之蓮與柳紅緑交輝。民國九年（一九二〇年），一莖雙花，人以爲瑞。方倫叔氏《清水塘瑞蓮贊〔二〕》所謂『佛宫涌現，蓮花高吐』是也。庵前之池，染紅最鮮；庵後漂白塘，暴白最潔〔三〕。旁有白沙泉，流入佛龕下，飲者甘之。方倫叔氏詩〔四〕：『遠汲〔五〕白沙煎穀雨，細磨紫石漲松煤。』李範之氏詩：『八寶環成功德水，一杯親吃趙州茶。』皆指此。九年（一九二〇年），慧明講經，方、李諸氏皆重其學。凡稱居士者，多以此爲净地，藏焉修焉，息焉遊焉。每歲浴佛節，香火因緣，迎江寺而外，惟此最盛。李氏又有詩，録其一：『溽暑鑠煩襟，清凉何處尋。驅車來郭外，古寺抱雲深。竹院生禪意，松風雜梵音。灑然身是幻，莫問去來今。』

鐵佛禪林

在雙蓮寺後之東北。明劉若宰建，清光緒初重修，後由主持僧歷加擴充。西有斗母宫，亦事修葺。庵有莊嚴佛像一堂，城中有佛事，非迎江寺即鐵佛庵僧爲之。昔有月田和尚，苦行清修，士夫罕睹其面。父爲池州守戎，招之不往，涅槃〔六〕於是庵。

〔一〕鑑：油印本誤作『監』。
〔二〕清水塘瑞蓮贊：底本與油印本作『瑞蓮贊』，據方守彝《網舊聞齋調刁集》卷十八所録《清水塘瑞蓮贊》詩校改。
〔三〕庵前之池……最潔：此處所述出自《懷寧縣志》記載而稍异。道光《懷寧縣志》卷五、民國《懷寧縣志》卷二皆曰：『地藏庵前亦有池，……池前之渠，其水以染紅最鮮。近日蘇杭染者，皆就此染焉。』『有漂白塘，在地藏庵後。染布者皆先於此沃之暴之。』『紅』，底本字迹不清晰，似作『縵』，此字難以查考。手稿複印本涂改作『紅』。據手稿複印本、油印本與道光、民國《懷寧縣志》相關記載校改。
〔四〕方倫叔氏詩：方守彝《網舊聞齋調刁集》卷七收録此詩，題爲《次韵送冀平還京供職。冀平從桐懷諸山中掃墓來皖，有見贈之句，并寫示山行諸作》。
〔五〕汲：底本與油印本皆作『吸』，據方守彝《網舊聞齋調刁集》卷七所録此詩文本校改。
〔六〕槃：油印本作『盤』，誤。

白雲庵

在西門外白雲巷，宋建。此爲白雲守端禪師開山闡教之地，故名。禪師，衡陽葛氏子，往參楊岐大悟。尋游懷寧，結茅盛唐山之西。守令請其主潛山太平寺及宿松法華寺法席。嘗作《蠅〔一〕子透窗偈》云：『爲愛尋光紙上鑽，不能透處幾多難〔二〕。忽然撞着來時路，始覺從前被眼瞞。』庵於清光緒間僧法蓮募款重修。又宋時義青禪師，本邑李氏子，七歲出家，習《百法論》。長入洛，後至浮山。遠録公時出洞下宗旨示之，皆能妙契，乃付大陽頂相皮履直裰〔三〕，囑曰：『代吾續其宗風，無久滯此。』曾住白雲庵，後遷投子。臨寂，書偈曰：『兩處住持，無可助道。珍重諸人，不須尋討。』

三聖庵

中國中於禍福之説，自宮殿以迄官署，莫不有神宇雜其間以供虔祀。安慶舊撫署二堂東有馬王廟、火神廟，其西有土地祠。舊藩署二堂東有關帝廟，臬署之東偏有三聖庵。初祇祀關公，故殿曰『關聖殿』。清康熙九年（一六七〇年），按察使佟國楨『重〔四〕建前殿三楹，祀漢壽亭侯像；復修後殿三楹〔五〕，祀三世佛像，兩〔六〕廡』置僧寮。『朱甍碧瓦，

〔一〕蠅：乾隆《江南通志》卷一七五作『蜂』。

〔二〕難：底本與油印本作『端』，道光、民國《懷寧縣志》分別於卷二十八、卷三十二作『年』，此據宋釋惠洪《林間録》卷下、明釋正勉《古今禪藻集》卷十二所録此偈文本校改。

〔三〕大陽頂相皮履直裰：『大』，底本與油印本作『太』；『皮』『直』，底本與油印本脱；『裰』，底本作『棳』，油印本作『掇』。現據宋釋普濟《五燈會元》卷十四《青原下十世·大陽玄禪師法嗣·投子義青禪師》校改。

〔四〕重：底本及油印本作『增』，據康熙《懷寧縣志》卷三十四載佟國楨《重建三聖庵石碣記》文本校改。

〔五〕祀漢……三楹：底本與油印本承道光、民國《懷寧縣志》脱，據康熙《懷寧縣志》卷三十四載佟國楨《重建三聖庵石碣記》文本校補。

〔六〕兩：底本與油印本皆作『西』，據康熙《懷寧縣志》卷三十四載佟國楨《重建三聖庵石碣記》文本校改。

畫棟雕題，一時畢舉』。并命僧眼朗〔一〕主守之，國楨自爲之記〔二〕。按察使於康熙五年〔三〕移駐安慶，其署爲明守備、清初防皖副將署，三聖庵殆其所固有者。修署復修庵，踵事增華，豈如其記中所云假神道以設教，弼教以明刑乎？道光二年（一八二二年），按察使惠顯重修之。今祇於吴越街追想其陳迹矣。

九華庵

在城北三祖寺東，初名『飛鉢庵』。咸豐毁。光緒初，邑人重建，更名『九華』。

延壽庵

在城北榮升街。咸豐毁。同治時，張剛勇公以所居接近，捐資重修。

如來庵

在城西黄家山。咸豐兵燹，僅存神龕。同治庵僧妙樂重建，衡陽彭氏建彭剛直公祠時加以修葺。

接引庵

在城南哈叭巷口，清光緒二十一年（一八九五年），何氏捐建。

〔一〕朗：底本與油印本作『明』，據康熙《懷寧縣志》卷三十四載佟國楨《重建三聖庵石碣記》文本校改。

〔二〕國楨自爲之記：康熙、道光、民國《懷寧縣志》卷三十四、卷十一、卷九録此記，題爲《重建三聖庵石碣記》。

〔三〕康熙五年：底本與油印本作『是年始』。按底本上下文意，安徽按察使至康熙九年始移駐安慶，與史實不符。按康熙《江南通志》卷一六《職官》載：『舊制通省止設按察使一員，駐省城。康熙三年又添設一司，南駐省城，轄江蘇九府一州；北駐安慶府，轄安徽五府三州（江北一員係添設。康熙三年駐泗州，五年駐安慶）。康熙五年，南改爲江蘇按察使，管七府一州；北改爲安徽按察使，管七府三州，不相統領。』民國《懷寧縣志》卷十三《職官表》載，佟國楨，康熙五年任，并注曰：『自此以後爲安徽按察使，駐安慶。』可見，安徽按察使於康熙五年從泗州移駐安慶。據此校改。

寶善庵

在百花亭，宋崇寧間建。明海瓚禪師住此，建擊竹堂，緘關習静，刺血書經，當世重之。清楊汝穀《過擊竹堂》詩〔一〕：『塔影參雲直，人烟繞郭低。漁灣晴曝網，籬畔午鳴雞。官馬驕春草，山泉引菜畦。幽栖憐野衲，茶話夕陽西。』

三祖寺

寺在城北。其創建甚早，初名『菩提庵』，因三祖璨嘗住此，改今名。《五燈會元》三祖章次云：『初以白衣謁二祖，既受度傳法，隱於舒州之皖公山。屬後周武帝〔二〕破滅佛法，祖往來太湖縣司空山，居無常處，積十餘載，時人無能知者。』璨之住此，或在此時。明嘉靖間重建。清康熙七年（一六六八年），巡撫張朝珍、按察使佟國楨、知府趙世楨重修。咸豐毁，同治初復舊觀。民國初，以北偏餘屋，辦半日小學。予於十年（一九二一年）改爲第十四小學。地方人士以三祖勝迹，不允以校占寺，乃於其隙地另建教室，始得相安。

純陽道院

在姚家口上，今孝肅路前省教育會之西。清康熙五十五年（一七一六年），巡撫李成龍建。咸豐毁。同治初，地方人士集款修復。清季設因利局。民國二年（一九一三年）駐中路商團，因利局附焉。其後幾爲商界俱樂部，不復知其爲道院矣。庭前牡丹盛開，商界必相聚爲樂。抗戰後，縣地方機關如民衆教育館、公有款産委員會、參議會、婦女會，皆集於此。今爲工商分局。

〔一〕楊汝穀《過擊竹堂》詩：道光《懷寧縣志》卷十一、民國《懷寧縣志》卷九收録此詩，題爲《上巳後二日，南城登眺，步至東關，因過擊竹堂茶話》。
〔二〕武帝：底本、油印本脱，據《五燈會元》卷一校補。

保寧庵

在黄花亭之左。宣統初改建安慶府中學堂，移建庵於學堂之西。已叙入六邑中學，不復贅。

古松庵

在黄花亭之右。兵燹後，光緒初，僧永蓮募資重修。庵中有二白果樹，參天并峙，望而知爲百餘年前舊物，魯琢《偕張丈〔一〕犀亭古松庵尋菊次韵》：『英英麗草品無加，傲睨風霜紀歲華。良會况當逢白社，故人大抵似黄花。城坳深護一枝秀，水次仍分幾度斜。止有古松相伯仲，寒香天與發奇葩。』

三官堂

在城北洪家巷。三官、三元皆道教所奉。張陵令有疾者書姓名自首服罪，作三通，其一上之天，一埋之地，一沉之水，謂天、地、水爲三官。寇謙之襲三官之説，而配以三首月爲之節候，故北魏以正月、七月、十月之望爲三元日。可哂也。

净室庵

在西門外板井巷，原爲方氏静室。咸豐兵燹後，同治、光緒間，方氏清池、德成師徒捐資擴充。

〔一〕丈：底本、油印本皆作『文』，據道光《懷寧縣志》卷十一、民國《懷寧縣志》卷九校改。

黄家庵

庵有二，俗以大小别之，俱在西門外。大者在黄家巷，小者在上濠。咸豐兵燹後，庵僧聖慧募資重修，已叙於改建第十二小學中。添壽庵，在大黄家庵西，光緒間由庵僧分立者。

善雲庵

在西門外地藏禪林西。清乾隆辛卯（一七七一年），知府温必聯建。咸豐兵燹後雖重修，而規模狹隘。光緒間，僧常傳漸擴充之。庵後有泉，四時不竭。福壽庵在其前，殘廢栖流〔一〕所旁。光緒三十二年（一九〇六年），僧長定募建。

雲隆〔二〕庵

在西門外觀音巷龜山脚。咸豐兵燹後，光緒初僧清真重建。

于家庵

在西門外鴨兒塘。塘西山有明時于指揮使墓，或其後裔所建。清光緒三十二年（一九〇六年），何楊氏又於鄰近建祇園庵〔三〕。

〔一〕栖流：底本、油印本脱。據道光《懷寧縣志》卷十一、民國《懷寧縣志》卷九校補。
〔二〕隆：油印本作『龍』，誤。
〔三〕祇園庵：『庵』，底本與油印本皆誤作『巷』。民國《懷寧縣志》卷九：『祇園庵，在正觀門外鴨兒塘，清光緒三十二年何楊氏募建。』據此校改。

觀音庵

在西門外觀音巷。庵前有觀音橋，明萬曆辛亥（一六一一年）建。今圮。庵外墻上有石刻『月滿珠林』四字。觀音庵甚多，一倚東城墻邊，面南，光緒間重修。一在縣下坡，舊爲陳氏讀書堂改建。他如洪家巷口之大士庵、東城内之寶蓮庵、保嬰洲之白衣庵、東門内與西門外之百子庵，皆其類也。又有西門外枸杞山之慈雲塔。當咸豐兵燹時，寺觀多毁，惟此庵巋然獨存。

菩提庵

在東門外朱家坡後。原爲朱氏家廟，兵毁改建庵。光緒間迭次重修。

水雲庵

在東門外。久圮，清順治壬辰（一六五二年）重建。汪梅湖《閑過東關外石橋溝至水雲庵》詩〔一〕：『偶來城市中，經旬罥塵網。乘興出東關，沿溯清溪上。微風水漣漪，垂楊夾修港。茅屋浄且潔，離列不逾丈。悠悠艤釣艇，楚楚治畦壤。小橋渡溝塍，曲徑入筱簜。聞鐘訪精舍，啜茗恣幽賞。塔鈴語層〔二〕霄，江波答秋響。山城何逶迤，古濠積衰莽。撫景懷舊游，余心動深愴。』

〔一〕汪梅湖……詩：陳世鎔《皖江三家詩鈔·梅湖詩鈔》收録此詩。
〔二〕層：油印本誤作『曾』。

東勝庵

在〔一〕城東。清同治、光緒間迭次重修。

準提庵

準提庵，一在西門外里仁坊，一在治平坊都〔二〕察院之左，今皆廢。其存者惟北門外瓦塔寺〔三〕北，老僧無染所建之準提庵也。無染號性慧〔四〕，姓黄氏。其先世以軍功世襲安慶指揮，爲安慶衛人。史可法專閫，曾籍小校，後與普周老人談出世事，遂爲僧。無何，左良玉兵掠皖，流血千里，乃澤枯骸而鑿坎志之，周及四境。久勞，兩聰俱墮，猶三募石橋。順治初，庵祇茶棚一區，日事施茶。未幾，慘澹經營，竟成崇刹。康熙己酉（一六六九年）七月，預定死期爲十月初十日。届期提板置大瓮中，跏坐而瞑。陳焯銘其塔云：『蕩陰之墟，厥觜〔五〕縱横。於誰收之？象教是憑。天意生師，爲濟陽九。長鑱短鍤，不離其手。有萬者坎，積之京垓。門開甘露，水際山隈。梵行有常，三千八百。永此一心，具完何闕。大慈攸暨，餘不足言。浮塵六夢，嗒焉以捐。窣堵維堅，藏止法眼。樂哉斯邱，是謂無染。』

鎮風庵

在北門外南莊嶺北。此即昔日之瓦寶塔。咸豐毁，光緒間庵僧改建。

〔一〕在：油印本誤作『東』。

〔二〕都：底本、油印本皆作『督』，據民國《懷寧縣志》卷九校改。

〔三〕瓦塔寺：民國《懷寧縣志》卷九作『瓦寶塔』。

〔四〕無染號性慧：道光《懷寧縣志》卷二十八、民國《懷寧縣志》卷十九《無染禪師傳》載陳焯所作無染禪師塔銘：『師諱性慧，字無染，姓黄氏。』

〔五〕觜：底本作『觜』。據道光《懷寧縣志》卷二十八、民國《懷寧縣志》卷十九及手稿複印本、油印本校改。

彌勒庵

在北門外。明博山元來禪師兩度説法於此。

興賢寺

在北門外。已叙入第七小學。寺旁有磐石庵，因塹樓〔一〕額『磐石萬年』而名。

清凉庵

在北門外野螺橋。清順治末，巡撫張朝珍建。元白禪師涅槃〔二〕處。師，鄧氏，五臺顓愚大師爲取名音可，字佛心。南岳湛大師及憨山、博山、天童諸老宿，皆深器之。初往〔三〕寶峰泐潭，考釋馬祖下歷代説法機緣，名《泐潭世録》。順治丁亥（一六四七年），至桐城慧山清泉寺。後在舒之華蓋山，述《圓通廣懺》。將往主潛山天柱寺，過安慶，巡撫張朝珍留主清凉庵，并捐資刊懺。復啓廣懺道場，百日事畢，師端坐而逝。所著詩文、語録，凡數百卷，藏於桐城魯徘之幸庵。

回翔庵

在北門外東北離城八里〔四〕附近。灰心禪師習静於此。僧問：『如何是回翔境？』師曰：『岩前花雨高低落，屋後

〔一〕塹樓：康熙六十年《安慶府志》作『前樓』，近代又稱『天塹樓』。詳見本書第四三頁校箋〔二〕、第一〇二頁校箋〔一〕。
〔二〕槃：油印本作『盤』。
〔三〕往：底本、油印本皆作『住』，據道光《懷寧縣志》卷二十八、民國《懷寧縣志》卷十九《元白禪師傳》校改。
〔四〕東北離城八里：底本與油印本承道光、民國《懷寧縣志》訛作『十里鋪』，今據民國《懷寧縣志校勘記》校改。

松濤日夜流。』示寂偈曰：『放倒從前鐵脊梁，今朝撒〔一〕手便還鄉。去來畢竟誰回互，倒跨泥牛過溟滄。』清於穀《回翔庵夜坐》詩：『栖托青蓮宇，沉冥獨任真。素懷常内足〔二〕，幽況近無鄰。樹冷霜翻雀，山空月戀人。脩〔三〕然天宇外，餘得一閑身。』

鎮海庵

在海口洲。光緒六年（一八八〇年）建。

白衣庵

在保嬰洲。光緒十六年（一八九〇年）建。

雷祖殿

在吕八街。茶樓酒館奉之。今爲飲食業公所。

土地祠

不可勝紀。鄉村虔祀之，城市尤多。翰林院、吏部之祀韓愈，臨安太學之祀岳飛，見之於紀載。安慶撫署舊有土地祠，祀高晋，亦類此耳。太平寺西社壇嶺之神，昔日香火最盛。今無社壇，亦消沉矣。

〔一〕撒：底本作『撤』。據道光《懷寧縣志》卷二十八、民國《懷寧縣志》卷十九《灰心禪師傳》及手稿複印本、油印本校改。
〔二〕足：底本作『助』。據道光《懷寧縣志》卷十一、民國《懷寧縣志》卷九及手稿複印本、油印本校改。
〔三〕脩：油印本作『悠』，誤。道光《懷寧縣志》卷十一、民國《懷寧縣志》卷九皆作『脩』。

一指岩

在小南門内，僧青芝建。或以此爲盛唐山之巔，其下則盛唐灣也。舊有莒園，花木最多，而梅尤盛。清魯琢《一指岩與息上人看梅》詩：『梅品清無敵，僧房更覺閑。恍偕辟支佛，趺〔一〕坐香風山。有相亦殊妙，凡詩盡可删。以指喻非指，空色辨岩間。』

乙、廟宇

廟宇有專祀一神，或專祀一人，即非一人而連類及之者，苟非家廟，大都集中於城市。國家崇報，列爲常典。故其興廢、更易因時代爲轉移，是非不必深論也。

余忠宣公祠

祠在西門外舊忠節坊，墓亦在焉。公死，求其屍清水塘中，具衣冠，葬之。明太祖命危素往安慶守余闕墓即此，祠亦太祖敕建。成化乙巳（一四八五年），知府徐杰重修，謝遷有記〔二〕。墓經清知府李士楨重修。康熙己亥（一七一九年），知府張楷復甃石爲壙。雍正己酉（一七二九年），按察使劉柟〔三〕加石欄焉。道光時陶澍，同治時彭玉麟，相繼重修。墓前左爲李宗可墓，右爲馬卒墓。玉麟一并勒碣。墓旁有烈夫人祠，祀其妻蔣氏、側室耶律耶卜氏、子德臣、德生、女安安、甥福童。明知府胡纘宗建，清康熙、同治均重修。又有忠臣廟，即青陽書院也。公孫貞四贅於王氏，從

〔一〕趺：底本、油印本皆誤作『跌』，據道光《懷寧縣志》卷十一校改。
〔二〕謝遷有記：康熙六十年《安慶府志》、康熙二十五年《懷寧縣志》收録此記，題爲《余忠宣公廟記》。
〔三〕劉柟：底本與油印本作『劉枬』。按道光《懷寧縣志》卷十五《職官》載雍正七年己酉，劉柟任安徽按察使，據此校改。

王姓。清知府張楷、知縣張懋誠，訪得遺裔，復其姓。督學余正健爲設奉祀官。清王士禛《皖城懷古》〔一〕詩：『清水塘邊余闕祠，雲霄浩氣凜〔二〕鬚眉。英姿颯爽猶橫槊，古砌荒涼祇斷碑。鶴化千年非故國，雞鳴十廟不同時。皖江便是田橫島，義士悲歌爲涕洟。』蔣士銓《謁余忠宣公祠》詩〔三〕：『十載重瞻廟像真，同龕相敬故如賓。一塘清水澄千古，三冢香泥葬六人。食禄敢存能死念，臨危纔見讀書身。江濤氣静靈旗閃，天馬旁邊有畫輪。』孫爾準詩〔四〕：『舊是提軍百戰場，至今忠節尚名〔五〕坊。乞師莫援孤城陷，湛族空〔六〕餘一水香。祖逖曾傳〔七〕留赤裔〔八〕，桓彝争説〔九〕祀丹陽。七年想見登陴苦，潮咽山根落日黄。』『小孤門户似當時，憑吊猶令异代悲。埋骨崇丘齊泰岱，握拳遺像凜〔一〇〕鬚眉。睢陽何似雙忠廟，劉尹〔一一〕重修至德祠。我欲增摹危太樸〔一二〕，履聲如聽到階墀。』陶澍詩〔一三〕：『蘄黄兵氣久紛紜，六載孤城〔一四〕抗楚氛。裹革竟能偕婦稚，死綏誰肯負將軍。塘邊寂歷圍荒草，江上蒼茫走斷雲。太息杏花虞學士，生前

〔一〕王士禛《皖城懷古》：底本與油印本皆作『王士禎（楨）《皖江懷古》』，據王士禛《帶經堂集》卷五十七所録此詩文本校改。

〔二〕凜：底本與油印本皆作『懔』，據王士禛《帶經堂集》卷五十七所録此詩文本校改。

〔三〕《謁余忠宣公祠》詩：蔣士銓《忠雅堂集》卷十三收録此詩，題爲《皖口謁余忠宣公祠二首》。此詩爲其中第一首。

〔四〕孫爾準詩：孫爾準《泰雲堂集》卷十一收録此詩，題爲《懷寧令陶竹侯沄重修唐兀忠宣公祠索詩紀事》。

〔五〕名：底本與油印本作『存』，今據《泰雲堂集》卷十一及道光《懷寧縣志》卷五所録此詩文本校改。

〔六〕空：底本與油印本作『猶』，今據《泰雲堂集》卷十一所録此詩文本校改。

〔七〕傳：底本與油印本作『聞』，今據《泰雲堂集》卷十一所録此詩文本校改。

〔八〕裔：《泰雲堂集》卷十一所録此詩文本作『允』。

〔九〕説：底本與油印本作『記』，今據《泰雲堂集》卷十一及道光《懷寧縣志》卷五所録此詩文本校改。

〔一〇〕凜：底本與油印本作『懔』，據《泰雲堂集》卷十一及道光《懷寧縣志》卷五所録此詩文本校改。

〔一一〕尹：油印本誤作『伊』。

〔一二〕樸：底本與油印本作『僕』，今據《泰雲堂集》卷十一及道光《懷寧縣志》卷五所録此詩文本校改。

〔一三〕陶澍詩：《陶文毅公全集》卷六十收録此詩，題爲《余忠宣公墓有序》。序云：『皖西二里許有大觀亭，元贈江淮行省中書余公祠墓在焉。陶竹侯司馬攝懷寧時，重加修葺。暇日登臨憑吊，偶成二詩，書貽竹侯。』

〔一四〕城：底本與油印本作『臣』，據《陶文毅公全集》卷六十、道光《懷寧縣志》卷五所録此詩文本、手稿複印本和油印本校改。

事業早知君〔一〕。」』『高墳〔二〕矗矗倚〔三〕崔嵬，仿佛當年立馬來。尚想青陽藏草舍，極〔四〕憐葦谷久蒿萊。河山欲灑新亭泪，風雨猶聞壯士哀。千古睢州〔五〕雙廟近，韓公祠〔六〕下浪如雷。』廬州守劉珊詩〔七〕，録其一：『一角孤亭〔八〕倚麗譙，江天極目莽蕭蕭。魚龍出没靈旗偃，猿鶴凄涼宰樹摇。骨肉九原同尺土，干戈七載枕寒潮。故鄉我是廬州吏，泪灑西風賦《大招》。』黄景仁詩〔九〕：『至正國步何倉皇，將軍許國軀堂堂。生爲孝寬易易耳，一死直是張睢陽。妖星十丈横軫翼，兩淮東西已歸賊。龍舒重鎮實彈丸，賊畏將軍至傾國。裹瘡前後數十戰〔一〇〕，漸見全城氣皆墨。蜂屯蟻聚當平明，巷〔一一〕戰殺賊揮短兵。賊酋大呼宜得生，生當官汝付汝城。將軍戟手指賊語：死爲厲鬼當殺汝！青萍三尺水一泓，去此一步無死所〔一二〕。將軍已死殉合門，紛紛部曲呼其群。曰余將軍死死君，我輩何忍辜將軍！從而死者千餘人。此千人者驅可戰，寧死相從不生叛。生得死力死得心，將軍才大空古今。用之乃副宣慰使，國是披猖可知矣。

〔一〕知君：原詩自注：『胡儼《雜記》：「或問虞文靖曰：『危素事業何如？』虞曰：『太樸非所敢知，必求其人，其余闕乎？』前輩知人之鑒，不待『履聲橐橐』時矣。」』

〔二〕墳：底本作『憤』，今據《陶文毅公全集》卷六十、道光《懷寧縣志》卷五所録此詩文本、手稿複印本和油印本校改。

〔三〕倚：底本與油印本作『已』，據《陶文毅公全集》卷六十及道光《懷寧縣志》卷五所録此詩文本校改。

〔四〕極：底本與油印本作『劇』，今據《陶文毅公全集》卷六十所録此詩文本校改。

〔五〕睢州：底本作『睢陽』，手稿複印本及油印本作『睢陽』，今據《陶文毅公全集》卷六十及道光《懷寧縣志》卷五所録此詩文本校改。

〔六〕韓公祠：原詩自注：『太守韓建同時闔家殉難，祠墓在南門外大江濱。』

〔七〕劉珊詩：據陸繼輅《崇百藥齋三集》卷一所載，本詩與後面查揆詩乃陳其松、劉珊、查揆庚和陸繼輅《朱霍山士達招謁唐兀忠宣公墓因飲大觀亭酒闌題壁》組詩中的兩首。

〔八〕亭：底本與油印本承道光本作『城』，今據《崇百藥齋三集》卷一所録此詩文本校改。

〔九〕黄景仁詩：黄景仁《兩當軒集》咸豐刻本卷六收録此詩，題爲《余忠宣祠》。

〔一〇〕戰：油印本誤作『載』。黄景仁《兩當軒集》咸豐刻本卷六所録此詩文本作『戰』。

〔一一〕巷：底本誤作『卷』，據黄景仁《兩當軒集》咸豐刻本卷六與道光《懷寧縣志》卷十一所録此詩文本校改。

〔一二〕所：底本誤作『聽』，據黄景仁《兩當軒集》咸豐刻本卷六與道光《懷寧縣志》卷十一所録此詩文本校改。

斗大城猶守六年，百戰身經中三矢。真人濠濮提劍來，掃〔一〕清六合浮雲開。崇祠遺祭議隆謚，碧血静掩蓬蒿堆。靈風何事尚含怒，應爲階前老臣素。嗚乎元亡尚有人，盡如將軍元可存。嗚乎安得如將軍！』查揆詩：『七年宣慰繫安危，青史因公一涕〔二〕垂。吴楚蒼黄殘局盡，江淮雕劫〔三〕幾人支。孤軍海上田横島，太守城南許遠祠。嘆息靴刀揮手日，天魔按舞正酣時。』『江亭秋序劇峥嶸，清水塘西結構成。往事但云〔四〕陳涉起，有人還愧褚淵生。一家兒女風雲氣，百戰兵戈草木聲。我似翟湯千載下，墓門來酹〔五〕卞忠貞。』李玉書詩〔六〕：『終留碧血染城隈，力盡孤臣志不回。忠孝一家成大節，風雲百戰仗雄才。名傳青史瞻祠宇，祭獻黄花酹酒杯。千載英靈懷故國，神旗夜雨帶潮來。』練子寧詩〔七〕：『將軍忠節冠〔八〕荆揚〔九〕，千載精神日月光。血戰孤城身已殞〔一〇〕，名垂青簡〔一一〕汗猶香。殘碑墮泪空秋草，折戟沉沙自夕陽。我亦有懷追國士，爲君慷〔一二〕慨奠椒漿。』祠聯：『苦讀戀青陽，袛識得忠孝兩字；稚齡搔白髮，已

〔一〕掃：底本與油印本作『揮』，據黄景仁《兩當軒集》卷六與道光《懷寧縣志》卷十一所録此詩文本校改。

〔二〕涕：底本與油印本作『淚』，今據《崇百藥齋三集》卷一、道光《懷寧縣志》卷五所録此詩文本校改。

〔三〕劫：底本與油印本訛作『翅』，今據《崇百藥齋三集》卷一、道光《懷寧縣志》卷五所録此詩文本校改。

〔四〕云：《崇百藥齋三集》卷一所録此詩文本作『聞』。

〔五〕酹：底本作『酹』，油印本作『酬』，今據《崇百藥齋三集》卷一、道光《懷寧縣志》卷五所録此詩文本校改。

〔六〕李玉書詩：李國模《大觀寧志》卷四收録此詩，題爲《余忠宣公墓》。

〔七〕練子寧詩：練子寧《金川玉屑集》卷二收録此詩，題爲《謁余忠宣公祠》。

〔八〕冠：康熙六十年《安慶府志》卷三十録此詩文本作『貫』。

〔九〕揚：康熙六十年《安慶府志》卷三十録此詩文本作『襄』。

〔一〇〕殞：康熙六十年《安慶府志》卷三十録此詩文本作『隕』。

〔一一〕簡：底本與油印本作『史』，據練子寧《金川玉屑集》卷二所録此詩文本校改。

〔一二〕君慷：練子寧《金川玉屑集》卷二作『君感』，康熙六十年《安慶府志》卷三十所録此詩文本作『來感』。

揮盡心血一腔忠宣降生時髮全白。〔一〕』潘慎生詩〔二〕：『書生肉竟苦如斯，清水塘中斷臂尸。援絶寇兵空國日，義仲英主遺官時。田横客在争穿冢，許遠魂孤待合祠。養士報難追宋末，見公毛髮不勝悲。』

韓公祠

韓建，字公懋，守安慶，大小百餘戰，使孤城獨完。時余闕尚未至也。余公來，題郡守之廳事，曰大節之堂，并爲之記〔三〕，立碑於郡堂之西。碑陰有『大節堂』三大字，余公所篆。明羅英有記〔四〕，謂其『筆鋒勁直』，是余與韓不啻張巡與許遠也。及陳友諒陷安慶，韓公罵賊而死，舉家殉焉，較余公未有遜也。明初竟無專祠。成化中從郡守徐杰議，春秋二仲祭余公時，始以之配享。迄嘉靖初，郡守胡纘宗訪得公遺骸，瘞於小南門外江濱。碣其墓，建祠於上，堂三楹，堂後室三楹，左舍三楹，題曰『韓公祠』。清乾隆二十四年（一七五九年），知縣王鳴聞公遺像二，一在西關外，一在太湖。在太湖者尤肖，命工仿塑之，修祠時易木主以像，咸豐毁。同治七年（一八六八年），布政使吴坤修葺圍墻，竪碑碣，建石坊，額以『大節』二字。又明正德四年（一五〇九年），郡守郭紝建元守臣祠。在城内鴛鴦棚東首，一名府主廟，繼乃更名『郡伯祠』，是亦韓公祠也。清咸豐毁。又西郭外山麓，有大節祠。舊有遺像，咸豐毁。同治十二年（一八七三年）重建，追塑遺像，不能仿佛當日矣。是又一韓公祠也。再西門外鴨兒塘，舊有府主炳靈王廟，祀泰山三郎，

〔一〕祠聯……全白：李國模《大觀亭志》卷六收録此聯，作者爲『丹徒李恩綬訥龕』。『忠宣降生時髮全白』，底本與油印本作『生而髮白』，據李國模《大觀亭志》卷六所録此聯文本原注校改。

〔二〕潘慎生詩：潘慎生《徵息齋遺詩》卷下、李國模《大觀亭志》卷五收録此詩，題爲《大觀亭謁余忠宣公墓》。

〔三〕爲之記：余闕《青陽先生文集》卷三、康熙《安慶府志》卷二十六收録余闕此記，分别題爲《大節堂記》《大節堂碑記》。

〔四〕羅英有記：正德、嘉靖、康熙《安慶府志》皆收録此記，題爲《新建余忠宣公大節坊碑記》。

後圮，移炳靈於郡伯祠。不知何時重建以奉韓公也。韓公初無祠，其後益顯矣。元成廷珪〔一〕大節堂詩〔二〕：『戰勝非難守勝難，逆圖未伐〔三〕膽先寒。焉知天下無諸葛，始信軍中有一韓。當日雷霆歸號令，至今烽火報平安。雄文大扁同時出，大節名堂後代看。』清魯琢《韓公祠》詩：『空祠枕江磯，怒潮不敢競。入門松檜蒼，古直皆可敬。老衲壞色衣，水雲淡相映。在昔至正年，妖氛〔四〕江介盛。軍中有一韓，刁斗森健令。捐軀矢報國，風流耿自命。至今皖人士，俎豆懷先正。拜罷眺寒江，餘霞澄地鏡。』大觀亭多爲憑吊余公之作，大節祠亦在大觀亭旁。李國模詩〔五〕兼及余、韓，并録之：『名勝占舒州，兒時竹馬游。江聲無晝夜，山色自〔六〕春秋。余墓鼯鼪嘯，韓祠蝙蝠投。白雲將古意，千載共悠悠。』余公至安慶，立旌忠祠以勵將士。又於戰守之暇，率諸生講性命之學，將士擐甲以聽，後人追思之，即其祠建青陽書院。前爲正氣樓，樓東爲感恩亭，亭北爲仰高亭，南爲求是堂，堂東爲書舍。其先或爲公講學之地。旌〔七〕忠祠在焉，故於書院立忠臣廟。又西北隅城上嵌有碑石云『淮西帥府令史常景元墓』，想亦余公之椽屬也。

文武宣力祠

祀明知府張文錦、指揮崔文。後廢。初在余忠宣公祠東。康熙庚子（一七二〇年），知府張楷移建於忠臣廟、烈

〔一〕成廷珪：底本及油印本皆作『成珪』，據道光《懷寧縣志》卷十一、民國《懷寧縣志》卷九校改。
〔二〕大節堂詩：『堂』，油印本作『祠』。成廷珪《居竹軒詩集》卷三收録此詩，題爲《安慶大節堂。至正十二年，既陷武昌，江州諸郡俱各失守。時韓功懋總管守安慶，指禦有方，江淮賴爲屏蔽。廷心余帥書大節於堂以旌武功》。
〔三〕伐：底本及油印本皆作『發』，據成廷珪《居竹軒詩集》卷三、道光《懷寧縣志》卷十一所録此詩文本校改。
〔四〕氛：油印本誤作『氣』，道光《懷寧縣志》卷十一、民國《懷寧縣志》卷九所録此詩文本皆作『氛』。
〔五〕李國模詩：李國模《大觀亭志》卷五收録此詩，題爲《登大觀亭》。
〔六〕自：李國模《大觀亭志》卷五所録此詩文本作『幾』，原文注曰：『幾，一本作「自」。』
〔七〕旌：油印本誤作『精』，上文有『余公至安慶，立旌忠祠以勵將士』一句可證。

夫人祠前，益以同知林有禄、通判何景旸、知縣王誥、守備楊鋭、檢校張珂、教授姚諒，均以拒宸濠〔一〕有全城功者。咸豐毁。

四賢祠

在忠臣廟之右，祀宋知舒州事游酢、李綱、知安慶府事黄幹、知懷寧縣事喻樗。咸豐毁。同治六年（一八八七年），里人重建。設太平局，而奉四賢位於前庭。張船山詩注云：『四賢祠後有祠，祀先文端、通政〔二〕二公。』已叙於遂寧書院中。文端爲安徽學政張鵬翮，船山之祖。銀臺爲懷寧知縣張懋誠，船山之父。船山又有《四賢祠後拜先文端、先銀臺〔三〕木主示鄰僧碧海》詩：『古廟荒凉〔四〕木主偏，山僧猶解話當年。清名兩世留江國，遺迹千秋比宋賢。青史褒題原不忝，烏衣基業恐難傳。到來欲灑如河泪，破帽殘衫落日前。』

山谷祠

山谷祠在黄甲山，即山谷書院也。明嘉靖時知府胡纘宗，將前山谷書院改建府文廟，後於此處撤僧庵爲之。中爲山谷祠，左爲德星堂，旁爲書舍。并取先哲之官於斯、寓於斯有賢名如山谷者，得晋王祥、王覽，唐李白、張籍，宋蘇軾、沈焕、李綱、楊萬里，合祠焉，王朝用有記〔五〕。順治壬辰（一六五二年），推官黄敬璣自謂山谷後，重修其祠，而書院

〔一〕濠：底本及油印本皆誤作『濠』，據道光《懷寧縣志》卷十一、民國《懷寧縣志》卷九校改。
〔二〕通政：底本及油印本皆作『先銀臺』，據張問陶《船山詩草》卷四所録《懷古舊游十首》原注校改。通政公即銀臺公張懋誠。
〔三〕先文端、先銀臺：底本及油印本皆脱，據張問陶《船山詩草補遺》卷二所載此詩文本校補。
〔四〕荒凉：底本及油印本皆作『花凉』，據張問陶《船山詩草補遺》卷二所載此詩文本校改。
〔五〕王朝用有記：康熙《安慶府志》卷二十六、康熙二十五年《懷寧縣志》卷三十一收録此記，題爲《山谷書院記》。

遂廢。咸豐兵燹，僅存數楹。同治重修。又黄敬璣謂山谷墓在懷寧，尋於三橋坂〔一〕紅鶴嘴，訪得其處，封而祭之。《江西志》載山谷卒於宜州，歸葬寧州雙井祖塋之西〔二〕，何以重見於懷寧也？

四忠祠

初，明知府胡纘宗於北郭外建二忠祠，祀宋通判孫知微、夏椅。後史可法又於東郭外建二忠祠，祀明總兵程龍、參將潘可大。後俱廢。清康熙五十九年（一七二〇年），知府張楷於府學東啓聖祠廢址修葺，設主合祀，故名『四忠』。

名宦祠、鄉賢祠

同時在一地建立。

列〔三〕女祠

舊在西門外社壇之東，明知府胡纘宗建。雍正初，始移建於此。

昭〔四〕忠祠

嘉慶九年（一八〇四年）敕建，祀從征教匪陣亡將士。十二年（一八〇七年），修府學，即舊祠址拓而重建之。

〔一〕坂：底本作『板』，據康熙六十年《安慶府志》卷四、民國《懷寧縣志》卷四校改。

〔二〕江西志……祖塋之西：光緒《江西通志》卷一百十九載：『黄文節庭堅墓，在寧州雙井，自宜州歸葬於此。』『州』，油印本誤作『川』。

〔三〕列：底本作『烈』，據胡纘宗《鳥鼠山人集》卷十三《安慶列女祠記》、道光《懷寧縣志》卷十一、民國《懷寧縣志》卷九及手稿複印本、油印本校改。

〔四〕昭：底本誤作『照』，據道光《懷寧縣志》卷十一、民國《懷寧縣志》卷九『昭忠祠』條及手稿複印本、油印本校改。

五祠〔一〕共一門，題曰『乾坤正氣』。光緒間改建高等學堂，將各祠移建於前，非復舊日之規模矣。清季，設中路半日學堂。民國以來，遂爲民居。

節孝祠

列女祠而外，有節孝祠二：一在四牌樓清節堂西，一在城北黄花亭，均光緒年間由城鄉籌捐公建。

阮忠節、孝烈二公祠

在舊安慶衛署之東，祀明贈尚寶少卿阮之鈿及阮之釪。咸豐毁。連同衛基建營房。民國三年（一九一四年），就此復建。

靳文襄公祠

在西門外忠臣廟左，祀清巡撫靳輔。咸豐毁。光緒十八年（一八九二年），知府聯元重建。

徐公祠

在忠臣廟右，祀清巡撫徐國相。康熙五十年（一七一一年）建，葉九思有記。咸豐毁。同治八年（一八六九年），邑人移建於寶文安靖局前東首。

〔一〕五祠：指上述四忠、名宦、鄉賢、列女、昭忠等五祠。

王、臧二公祠

在城隍廟右。原名王公祠，祀清知府王廷賓，後增祀知府臧榮青。太平軍立都南京，恃安慶爲上游門户，張朝爵據守九年。曾國藩竭水陸師之力始克之。清廷於諸將立功地方，建立專祠，故祠以是役爲多。

曾文正公祠

在雙蓮寺東，祀曾國藩。同治九年（一八七〇年）建，民國二年（一九一三年）改爲前代勛臣合祀祠，自宋黄幹以下皆與焉。後改辦第十五小學，今爲雙蓮寺小學。

曾忠襄公祠

在登雲坡，祀曾國荃。光緒二十年（一八九四年）建，今歸登雲坡小學。

黄武靖公祠

在曾忠襄公祠之右，祀黄翼升。光緒二十一年（一八九五年）建。

彭剛直公祠

在二郎巷，祀彭玉麟，附祀魏棟、王之春。光緒二十七年（一九〇一年）建。

李忠武、勇毅二公祠

在北門正街，祀李續賓、續宜。光緒二十三年（一八九七年）建。

張剛勇公祠

在平安嶺，祀張得勝。光緒二十年（一八九四年）建。清季辦專門法政學堂。

程忠烈公祠

程公祠街，即以祠而名。祀程學啓，光緒二年（一八七六年）建。當時諸將多屬湘軍，惟學啓助李鴻章創淮軍者，攻嘉興而死。李氏於祠中有聯云：『堅城垂克，壯士先摧，當時如失左右手；百戰論功，一言決策，若公可謂文武才。』

善勤敏公祠

在馬家廠〔一〕，今名善公祠街。祀善慶，光緒間建。民國初，改爲施烈士祠，即灤州起義之施從雲〔二〕也。公安分局駐焉。

〔一〕廠：底本作『墩』，據民國《懷寧縣志》卷九『善勤敏公祠』條及手稿複印本、油印本校改。

〔二〕施從雲：底本作『施從濮』，油印本作『施從沄』。《申報》一九一三年四月十八日第三版載四月十六日大總統令：追獎灤州起義烈士，『王金銘、施從雲均著追贈陸軍上將』。據此校改。

劉勇介公祠

在黄花亭，祀劉連捷，光緒間建。

蔣公祠

在黄花亭，祀蔣文慶，光緒十九年（一八九三年）建。民國初改爲韋烈士祠，即懷中學生在武昌革命時殉難者。設貧民工藝廠[一]。

吴公祠

在忠孝坊，祀吴坤修，光緒十六年（一八九〇年）建。

英果敏公祠

東門外，大士閣改建，祀英翰。

多、穆二公祠

在百花亭[二]，祀多隆阿、穆圖善。光緒初建，民國初廢。

[一] 貧民工藝廠：民國《懷寧縣志》卷九作『貧民工業廠傳習所』。

[二] 百花亭：民國《懷寧縣志》卷九作『城北黄花亭』，誤。光緒三十四年上海商務印書館《安徽省全圖》所附《安徽省城厢圖·安慶府城》標有『多公祠』『穆公祠』，在『百花亭』附近，可資佐證。

宋公祠

在百花亭，祀宋朝儒。光緒三十三年（一九〇七年）建。

表忠祠

在錢家牌樓，祀湘軍殉難者。同治初建。

昭忠祠

在縣城隍廟西，祀楊忠勤公鼎勛，附陣亡將士。同治十年（一三七一年），太湖〔一〕段氏捐建。

忠義節烈祠

在振風塔後。同治七年（一八六八年），吴坤修奏請敕建。今廢。

恩忠愍公祠〔二〕

清季徐錫麟槍殺恩銘於百花亭巡警學堂，即就學堂改建恩忠愍公祠。民國初，又改爲徐公祠，名其街爲『錫麟街』。後并入女子中學。

〔一〕太湖：底本與油印本作『宿松』，據民國《懷寧縣志》卷九校改。

〔二〕恩忠愍公祠：底本脱此五字，據民國《懷寧縣志》卷九『恩忠愍公祠』條與油印本校補。

祠之久廢者

劉公祠　祀清知縣劉效曾，在縣下坡。

李公祠　祀清操撫李日芃，一在小南門外西街，一在舊培原書院後譻髦堂。

王公祠　祀明兵備道王公弼，在小南門内。

常公祠　祀明推官常自裕，在里仁坊。

李公祠　祀清巡撫李猶龍，在小南門外。

多公祠　祀清按察使多宏安，在文昌閣下。

趙公祠　祀明知府趙壽祖。

歐公祠　祀明通判歐騰霄。

傅公祠　祀清總督傅臘〔一〕塔。

祠之建於民國以後者，皆其私建，公建者祇烈士祠耳。

周慤慎公祠　在西門外鴨兒塘前，祀周馥。民國十一年（一九二二年）建，龔心湛、馬其昶有記〔二〕。

楊公祠　在天台里，祀楊善德。民國十一年（一九二二年）建。

烈士祠　在西門外，吳樾墓後。初祀吳樾，後葬張孟價等五人於北門外，遂合祀焉。

次則爲神廟之專祀一神者。凡載在祀典者，守令朔望拈香，春秋致祭。其未入祀典者，皆民間所私奉。今則隨

〔一〕臘：底本作『朧』，據民國《懷寧縣志》卷九『傅公祠』條校改。

〔二〕龔心湛、馬其昶有記：底本與油印本作『許世英有記』。周馥《周慤慎公全集》卷首載《安慶祠堂碑》兩篇爲龔心湛、馬其昶所作，載許世英所作爲《秋浦祠堂碑》，非安慶周慤慎公祠碑記。據此校改。

民智之進化而淩替矣。文廟、文昌宫已叙入學制，餘則略舉其概。

府城隍廟

在大南門〔一〕内，西向。元余闕碑記〔二〕云：『城隍祠古不經見，自唐以來始稍稍見之。』又云：『五月之望，里俗相傳以神生之日也。民無貧富、男女、旄倪，空巷閭，出樂神，吹簫、伐鼓、張百戲，游像輿於國中，如是者〔三〕盡三日而後止。』又云：『相率出泉以新其廟，又請於朝，乞〔四〕崇其號以大報之，中書下其事，太常博士議升神於王，號「顯忠靈祐〔五〕」。』明太祖鄱陽之戰，謂神有助，遣官致祭，封『監察司民威靈公』。王降爲公者，明制府衹封公故也。洪武三年（一三七〇年）去封號，但稱某府縣城隍之神。正德〔六〕己卯（一五一九年），宸濠攻城不下，又以爲神助。知府石簡新其廟，構堂五間，蔽以後寢，翼以兩廡，同知熊汲爲之記〔七〕。清順治乙酉（一六四五年）毁於兵，知府桑開第、知縣賈壯重建，吴邦〔八〕柱有記。康熙壬子（一六七二年），廬、鳳、滁、和等處蝗，協鎮吴從禮請巡撫靳輔禱之而蝗滅，捐金新其廟，勒石記之〔九〕。咸豐三年（一八五三年）毁。同治二年（一八六三年），知府陳濬重建。四年（一八六五年），署巡撫

〔一〕大南門：道光《懷寧縣志》卷十一、民國《懷寧縣志》卷九『府城隍廟』條作『康濟門』，然康熙二十二年、康熙六十年《安慶府志》『府城隍廟』條作『鎮海門』，康熙《懷寧縣志》作『盛唐門』，即大南門。

〔二〕余闕碑記：《青陽先生文集》卷二、天順《直隸安慶郡志》卷十一、正德《安慶府志》卷十六録此記全文，前二者題爲《安慶城隍顯忠靈祐王碑》，正德《安慶府志》題爲《城隍廟碑》。

〔三〕如是者：底本及油印本皆脱此三字，據余闕《青陽先生文集》卷二、天順《安慶郡志》卷十一所録此記文本校補。

〔四〕乞：底本及油印本脱，據余闕《青陽先生文集》卷二、天順《安慶郡志》卷十一所録此記文本校補。

〔五〕祐：底本及油印本皆作『佑』，據余闕《青陽先生文集》卷二所録此記文本校改。

〔六〕正德：底本作『正統』。《明史》卷五十七載『正德十四年，帝親征宸濠』。正德十四年即己卯年，據此校改。

〔七〕熊汲爲之記：康熙二十五年《懷寧縣志》卷三十一載録此記，題爲《重修安慶府城隍廟碑記》。

〔八〕邦：油印本作『幫』，誤。道光《懷寧縣志》卷十一、民國《懷寧縣志》卷九皆作『邦』。

〔九〕勒石記之：康熙二十二年《安慶府志》卷十五收録靳輔此碑記，題爲《重修安慶府城隍顯忠王廟宇碑記》。

吴坤修捐俸式廓之，復經巡撫英翰、布政使張兆棟、知縣王鴻飛〔一〕捐俸得還舊。是此廟已建於元以前，神之崇奉亦已顯於元以前。廟扁嵌有圓鏡，周不過一尺，兩人并立，仰而望之，衹見人之影而不見己之影，名曰『孽鏡』，不知光之折角之所致也。彭玉麟與吴坤修合作一聯，彭云：『任憑你無法無天，到此孽鏡懸時，還有膽否？』吴云：『須知我能寬能恕，且把屠刀放下，回轉頭來。』趙甌北云〔二〕祀城隍『始於六朝』，又謂『唐初尚未列於祀典』。『張南軒治桂林，見土地祠，令毀之，曰：「此祠〔三〕不經，自有城隍在。」或問：「既有社，莫不須城隍否？」曰：「城隍亦贅也。」』是宋雖列入祀典，尚有人知其祀之爲贅。其後遍布各州縣，與文廟等，不獨此廟獨顯也。民國初，兩廡十殿拆毀，改建戲園。後又不斷駐軍，而香火消沉矣。殿後内治閣，予於十年（一九二一年）改辦第九小學，已叙入初等教育中。

縣城隍廟

懷寧縣初由潛山移至山口鎮，故建縣城隍廟於此，前清五月常祀，知縣猶詣舊廟焉。本城楊家塘右之廟，建於清嘉慶二十四年（一八一九年），同治、光緒間，迭經住持僧葦航師徒募化重修。曩時歲以七月望巡城，出必先拈帖拜府城隍。明初制，府封公，縣封侯，故城隍因府縣而判尊卑。尤可笑者，他神無配偶，惟城隍及土地有之，此城隍以内治名閣之原因也，寢室枕帳俱備。民國初，某姓女死，夢其女將妻城隍，配以妝奩〔四〕，鼓吹送縣廟，行合巹禮。其誕妄至此！

〔一〕飛：底本誤作『龍』，據民國《懷寧縣志》卷九『府城隍廟』條及手稿複印本、油印本校改。
〔二〕甌北云：趙翼《陔餘叢考》卷三十五有『城隍神』條，引文出自其中。
〔三〕祠：底本誤作『神』，據趙翼《陔餘叢考》卷三十五『城隍神』條校改。
〔四〕奩：底本作『篕』，難以查考，或爲『奩』字不規範的手抄體。『妝奩』一詞有嫁妝之義項，符合上下文意，據此校改。油印本作『筵』。

東岳廟

在東門外。清順治七年（一六五〇年），操撫李日芃重建。前爲仁聖殿，後爲碧霞宫、紅雲閣。丹堊彩漆，宫闕巍焕，庶幾日觀天門之勝。康熙九年（一六七〇年），巡撫張朝珍、知府姚琅重修。咸豐毁。同治間，邑人重建。殿後仍建碧霞宫。唐明皇封禪泰山，加號『天齊』。宋大中祥符元年（一〇〇八年），封禪畢，加號『仁聖天齊王』。五年又加『天齊仁聖帝』。碧霞元君爲泰山娘娘，即泰山女之號，此仁聖殿、碧霞宫所自昉。漢武帝嘗過盛唐山而升天柱，封禪南岳。何以捨南岳而尊東岳？北京亦有東岳廟。趙甌北撰聯云〔一〕：『雲行雨施，不崇朝而遍天下；理〔二〕大物博，祖〔三〕陽氣之發東方。』蓋以泰山爲五岳之長〔四〕，東方爲萬物之始，且能知人生命，故泰山治鬼之説，漢魏以來，多有記載，故其聲威直凌城隍而上之。民國十年（一九二一年），予以其後部加建教室，辦第三小學。已叙於初等教育中。

火神廟

廟有二：一在佘忠宣公祠後。咸豐時毁。同治末，僧智恒募化重建，一名『赤帝祠』。一在東門内。明宸濠攻東城，望其上有巨人衣赤者，畏不敢近，因建火神廟。當時稱爲『完城感應祠』。清順治八年（一六五一年），知府王廷

〔一〕趙甌北撰聯云：梁紹壬《兩般秋雨盦隨筆》卷七載京師東岳廟此聯語，并曰：『汪文端公由敦所書，句則趙甌北先生所撰也。』
〔二〕理：底本及油印本皆作『地』，據梁紹壬《兩般秋雨盦隨筆》卷七所載此聯語校改。
〔三〕祖：底本作『視』，據梁紹壬《兩般秋雨盦隨筆》卷七所載此聯語校改。
〔四〕長：油印本誤作『張』。

賓，知縣賈壯重修。乾隆六年（一七四一年），巡撫陳大受、布政使包括、按察使劉柏共新之，三人〔一〕皆有記〔二〕。咸豐毁，同治間邑人重建，光緒間復加修葺。予於民國十年（一九二一年）改辦第三小學分校。《月令》：夏，『其帝炎帝，其神祝融』。故孔子以爲『生爲明王者，死而配五行』。炎帝配火，此火神之由來。季康子謂祝融爲火正。民國後，以東門内爲火正街以此。順治十三年（一六五六年），規定六月二十三日致祭，更不知其何所依據矣。

龍神祠

在北門内北察院之舊址也。吾皖龍山有靈湫，明洪武時敕封爲順濟龍王。王鏊有記，復爲詩〔三〕以授廟工，使祀而歌之。自此以後，春秋二仲，守令皆詣祠致祭，故縣境内爲廟以祀者，不一其處。北門外舊有廟，清順治乙未（一六五五年）知府李士楨禱神而雨，以舊基僻隘，另建於小南門外，任埈有記〔四〕。乾隆丁亥（一七六七年），巡撫高晋又移建於此，名『龍神祠』。嘉慶癸亥（一八〇三年），巡撫阿林保重修。咸豐毁，同治初重建。民國後設警察北署。北門外舊廟，咸豐毁，鄉人重建。古之雩祭，雩〔五〕於山川而已，未聞祀龍也。昔時鄉人每以人日奩飯一盂於神龕下，至臘月二十四日發〔六〕之，占來歲豐凶。飯燥主旱，濕主水，如蜜色則大熟。鄉人以歲之豐歉爲生命，故致敬於龍神者尤

〔一〕三人：道光《懷寧縣志》卷十一、民國《懷寧縣志》卷九『火神廟』條皆作『陳、劉二人』。按陳大受《陳文肅公遺集·重建安徽省城火神廟碑記》『神之靈與夫所以爲廟者，二君志之矣，予故不述』，表明三人皆有記，應爲『三人』。

〔二〕有記：陳大受《陳文肅公遺集》卷二、道光《懷寧縣志》卷十一與民國《懷寧縣志》卷九『火神廟』條皆收録陳大受碑記，《陳文肅公遺集》卷二此記題爲《重建安徽省城火神廟碑記》。另道光《懷寧縣志》卷十一『火神廟』條還收録劉柏碑記。

〔三〕王鏊有記，復爲詩：嘉靖李遜《安慶府志》卷十六、道光《懷寧縣志》卷十一『龍山靈湫』條録此碑記文，題爲《龍山神廟碑記》。此記後附詩一首。

〔四〕任埈有記：『埈』，底本及油印本皆作『邱』。康熙二十二年《安慶府志》卷十五、康熙六十年《安慶府志》卷二十七收録任埈碑記，題爲《新建龍王廟碑記》。據此校改。

〔五〕雩：油印本脱此字。

〔六〕發：底本作『祭』，據手稿複印本與油印本校改。

至。龍燈之戲，可以概見。祠聯云：『宗臣遺像肅清高，在地成形，在天成像；山川出雲作霖雨，有仙則名，有龍則靈。』此龍山龍湫所以顯也。

大王廟

在西門外新河灣，祀宋謝緒。清順治二年（一六四五年），封爲『顯祐通濟金龍四大王之神』。緒於元兵入臨安，赴江死。明太祖以其示夢，助傅友德，敗元兵於吕梁洪，故神之。永樂中鑿會通渠，舟楫過河，禱之輒應，乃建祠洪上〔一〕，漕督亦敬之。曰『四』者，以緒行四。曰『金龍』，南河每歲霜降，戲劇賽會，有金色小蛇莅臨，故呼以金龍。或曰緒於宋季隱居金龍山，建望雲亭。始盛於黄河流域，繼則江淮以至潞河，莫不有廟。舟子奉之惟謹。此廟清乾隆間巡撫托庸建，咸豐毁。同治八年（一八六九年），長江水師重建。予於民國十年（一九二一年）改辦第二小學。高河埠大王廟，予於清季改辦高等小學，致被搗毁。逾年，向之反對者皆欣然贊助，慮始難而樂成易，未必以大王爲始終不可侵犯也。

忠節王廟〔二〕

一名『白水廟』，在南門外，祀屈原。痘神庵舊爲楚王廟，亦祀屈原。庵有明萬曆十二年（一五八四年）鐘，尚爲楚

〔一〕明太祖……建祠洪上：『助』，底本作『盻』。趙翼《陔餘叢考》乾隆刻本卷三十五『金龍大王』條載：『明祖兵起，神示夢當佑助。會傅友德與元左丞李二戰吕梁洪，士卒見空中有披甲者來助戰，元遂大潰。永樂中，鑿會通渠，舟楫過河，禱無不應，於是建祠洪上。』據此及手稿複印本、油印本校改。

〔二〕忠節王廟：康熙六十年《安慶府志》卷四、道光《懷寧縣志》卷十一、民國《懷寧縣志》卷九皆作『忠潔王廟』。《宋史》卷十六《神宗本紀》載元豐六年『封楚三閭大夫屈平爲忠潔侯』。

王廟款識。此不曰『楚王』而曰『忠節者』，元延祐中封爲忠節清烈公〔一〕故也。端午龍舟，其風未息，而廟祀衰微矣。廟爲清乾隆十年（一七四五年）知府越錫禮重建，光緒間僧源海募修。

關帝廟〔二〕

廟有三：一在西門外横埧頭，一在小南門内，俗呼爲『小關帝廟』。其建於北門内者，呼爲『大關帝廟』。初爲三義祠，祀先主、桓侯并壯繆爲三。明萬曆甲寅（一六一四年），監察御史徐應登、知府連繼芳重修，稱『關帝廟』，有記。咸豐毁。同治末，緑營人恢復小關帝廟。此廟之恢復，邑人任之。民國後改爲『關岳〔三〕廟』。其後改建中學及小學，已叙入初等教育中。關公在北宋以前，尚未有禋祀。宋徽宗始封爲忠惠公，高宗加壯繆武安王。元世祖尊崇佛教，以關壯繆爲監壇。明萬曆時，因道士之請，敕封三界伏魔大帝、神威遠鎮天尊、關聖帝君。清順治九年（一六五二年），加封忠義神武關聖大帝，且崇爲武廟，與孔廟并祀。自是關帝廟盈國中〔四〕，山西無村無之。宋時有關帝驅策生

〔一〕元延祐中封爲忠節清烈公：『元延祐中』，底本及油印本誤作『宋元佑中』。『忠節清烈公』，底本誤作『忠節靖烈公』，油印本誤作『節靖烈公』，據《元史》卷二十六《仁宗本紀》載延祐五年『加封楚三閭大夫屈原爲忠節清烈公』校改。

〔二〕關帝廟：康熙二十二年與康熙六十年《安慶府志・寺觀》皆載兩『關聖廟』：『一在集賢門内』，『一在樅陽門外五里大教場後』。兩志《公署》又載巡撫察院和按察使司察院之東皆有『關帝廟』。康熙《懷寧縣志》於《壇祠》《公署》中記載以上四廟，皆稱『關帝廟』。又康熙六十年《安慶府志・公署》還載集賢門外前樓西偏立有『關聖廟』。至道光《懷寧志》僅載集賢門内關帝廟，即本條所稱『大關帝廟』。由此推知，此條所載兩『小關帝廟』，爲道光以後興起。

〔三〕岳：油印本誤作『帝』。

〔四〕國中：油印本誤作『園中』。

魂戰勝蚩尤之妄傳，河東有五百神像關帝廟，即五百人因戰而未生還者。每歲七月，闔境士女皆佩皂角葉〔一〕紀念之。其他各地，歲以五月十三日爲誕期而集會，是日之雨爲磨刀雨。宋牧仲《筠廊二筆〔二〕》謂五月十三日爲關平生日，公之生爲桓帝三年庚子六月二十四日。今則神祀俱湮，當亦與之并湮矣。

藥王廟

舊在西城外馬山。清順治戊戌（一六五八年），巡撫蔣國柱移建南門〔三〕内城隍廟之右〔四〕。康熙庚戌（一六七〇年），巡撫張朝珍以廟後有餘基，捐廉建殿。雍正乙卯（一七三五年），巡撫趙國麟、按察使劉柏加以修葺。咸豐毁，同治間重建。廟聯云：『上藥中藥下藥，方書所采，爲救蒼生，惟有良醫知性命；天皇地皇人皇，文字無傳，特留元氣，要將《本草》付黄農。』然《本草》中有郡縣名，其非神農之書可知。

軒轅廟

在城南黄泥岡五垱坡之南也。祀黄帝，道家奉之爲始祖。峨眉、青城以及黄山，遺迹之傳説甚多。此廟獨以軒

〔一〕每歲七月……佩皂角葉：『皂』底本及油印本皆作『莗』，爲『草』的异體字，於文意不順。民國《翼城縣志·禮俗》：『四月初一日相傳爲關壯繆侯破蚩尤之日，人多於門旁插皂角葉，黏印牛於門楣，或以色布作三角式用綫串之，間以枯蒜梗，令小兒佩帶，殆皆避瘟之意歟？』民國《虞鄉縣新志·禮俗略》：『四月一日，人人頭戴柱錢，插皂角葉。俗傳宋時蚩尤作祟，鹽池水涸。關帝率神兵討之，令神兵各戴皂葉以爲標記。蚩尤亦令妖兵頭戴槐葉，意圖混亂。及至日午，槐葉盡乾，卒爲所破，池水如初。』據此校改，且疑『七月』當爲『四月』。

〔二〕筠廊二筆：底本與油印本皆作『筠廓偶筆』，誤。下面叙關羽及其子關平生日，出自清宋犖《筠廊二筆》卷上『偶得浦州朱牧所撰《關侯祖墓碑》』條所附馮景文。《四庫存目叢書》收録宋犖《筠廊偶筆》二卷、《筠廊二筆》二卷，每卷作者署爲『商丘宋犖牧仲』，據此校改。

〔三〕南門：道光、民國《懷寧縣志》卷十一、卷九『藥王廟』條作『康濟門』。

〔四〕城隍廟之右：底本與油印本作『城隍廟之左』，道光、民國《懷寧縣志》卷十一、卷九『藥王廟』條作『城隍廟之北』，今據康熙二十二年、康熙六十年《安慶府志》卷八、卷四，康熙《懷寧縣志》卷十六『藥王廟』條校改。

轅名，成衣業以其始製衣裳也，而以廟爲公所，歲時奉之。

痘神庵

在西門外余忠宣公祠後，一名『天花禪院』。清乾隆壬辰（一七七二年），巡撫裴宗錫捐廉重修。四十九年（一七八四年），僧悟本又式廓焉。悟本欲從完白山人學書，特闢一室，山人常憩息其中，李兆洛題曰『完白館』。咸豐兵燹後，僧一乘重建，題曰『完白山人舊館』。痘始於東漢，神不知始於何時。西醫以〔一〕種痘防疫，不限於小兒，無須托命於神矣。庵於民國十年（一九二一年）經予添建，改辦第四小學。

馬王廟

舊在鴛鴦柵〔二〕郡伯祠西，清游擊孔安國建。志〔三〕以爲祀馬祖，祖名『鳴』，天柱有馬祖庵。此不曰『馬祖』而曰『馬王』，恐係祀馬師皇〔四〕，廟經咸豐兵燹後，改建於縣署後馬驛之東可知。驛廢，廟亦廢〔五〕。

〔一〕以：油印本誤作『從』。

〔二〕柵：底本作『棚』，據民國《懷寧縣志》卷九『馬王廟』條校改。

〔三〕志：此指民國《懷寧縣志》。其卷九曰：『馬王廟，舊在城内鴛鴦柵東首郡伯祠西，祀馬祖，清游擊孔安國建。』

〔四〕馬師皇：底本與油印本皆作『馬斯皇』。『馬斯皇』無從查考。劉向《列仙傳》卷上載：『馬師皇者，黄帝時馬醫也。知馬形生死之診，治之輒愈。』據此校改。

〔五〕廟經……亦廢：此處所述與《懷寧縣志》稍异。民國《懷寧縣志》卷九載馬王廟『咸豐三年毁，移祭於按察使署。今廢』。

劉公廟〔一〕

在西門外。或謂劉柳聲混，係祀柳毅。毅爲洞庭君小女傳書，事之不經，姑弗論。何緣建廟於此？廣東橋亦有劉公祠，又不知爲何人矣。

天后宫

在三牌樓之東。清乾隆五十三年（一七八八年），巡撫陳用敷循閩人之請，建以祀天后者。秦時以神州老姆爲天妃，見毛西河《天妃宫碑記》。張學禮《使琉球記》：『天妃姓蔡』，閩海中梅花所人，『爲父投海』，『封天妃』。今之所傳湄州天妃，則莆田林氏女。自宋宣和以來，歷有封號。明洪武時，封爲聖妃。往來臺灣者呼爲『媽祖』。天津之廟稱『天后宫』，各處仿之。

真君殿

在舊佑聖觀之右，江西人所建，以祀許真君者。許遜〔二〕，南昌人，初爲旌陽令，後在南昌，相傳有鎖蛟故事。宋封『神功妙濟真君』。南門外許公廟，或謂祀許遠，或又謂祀東流許山，恐亦真君廟也。

〔一〕劉公廟：康熙《懷寧縣志》卷十六作『柳公廟』，并敘其地理位置和設廟緣由：『在壇基嶺側，即洞庭君柳毅神祠也。從前誤呼柳公爲劉，後遂相沿不察，今特辯之。』可與本條目互參。

〔二〕許遜：宋謝維新、虞載《古今合璧事類備要》前集卷五十《道教門》載：『許遜，汝南人，許子阿之後。與族子穆俱學道。遜爲旌陽縣令，棄官後得仙。……晋元帝時，忽有仙人瑕丘仲奉玉皇命，授許遜九州都仙太史。……政和中，朝廷册封「神功妙濟真君」。』其中關於許遜籍貫與此條記載不同，録以備考。

蕭公廟〔一〕

在西門外横壩頭〔二〕，祀蕭伯軒及其子祥叔、孫天任，封『水府靈通廣濟顯應英佑侯』。蕭爲江西人，故江西商人以此廟爲公所。當輪船未通以前，舟行不易，往往托命於水神，時代爲之也。

財神廟

廟有三：一在府城隍廟南，僧道修。光緒時重修。一在同安嶺，民國初改爲『億安局』。一在東門外月城内，同治間建。少時見廟僧於新年以財神像贈人，當時笑其不經，然不經者不獨財神已也。

社稷壇

在玉虹門内〔三〕。中爲壇，周以垣墉，舊有庫、厨、齋所。咸豐毁，後祇壇壝〔四〕垣墉而已。春秋仲月上戊日致祭，自湯以來皆祀之。今則不可求其故迹矣。

先農壇

在五里廟，今農林場。仲春亥日，祀神，行耕耤禮。

〔一〕蕭公廟：明李賢《大明一統志》卷五十五《江西臨江府》載：『蕭公廟，在新淦縣北四十里大洋州。宋咸淳間，邑人蕭伯軒死爲神，民爲立廟。元時以其子祥叔合祀焉。本朝初嘗遣官諭祭。永樂中，其孫天任卒，屢著靈異，亦祀於此。詔加封爲「水府靈通廣濟顯應英佑侯」可與本條互參。

〔二〕横壩頭：底本與油印本承民國《懷寧縣志》卷九訛作『大新橋』，今據民國《懷寧縣志校勘記》校改。

〔三〕玉虹門内：光緒《重修安徽通志・輿地志・壇廟一》作『正觀門外』。

〔四〕壝：底本及油印本作『遺』，據民國《懷寧縣志》卷九『社稷壇』條與手稿複印本校改。

神祇〔一〕壇

乾隆乙卯（一七五九年），布政使周樽改壇爲祠，建風雲雷雨廟於龍王廟旁，有碑記〔二〕。自明以來，歲以春秋仲月諏日致祭。風雲雷雨〔三〕之左爲本境山川，右爲本境城隍，各爲設位祭之。

厲壇

厲壇在北郭外。歲以清明節、七月望、十月朔，請城隍莅壇，祭無祀鬼神。此爲洪武時定制，清踵而行之。

旗纛廟

明以來旗纛廟設軍牙六纛神位，秋霜降致祭〔四〕。廟舊在安慶衛後〔五〕，咸豐毀。届時，巡撫率寮屬迎神於操江廠。

八蠟廟

舊在城東江畔。雍正七年（一七二九年）奉敕建，祀劉猛將軍，相傳以爲驅蝗之神。乾隆五十二年（一七八七

〔一〕祇：底本與油印本皆作「祗」，據民國《懷寧縣志》卷九「神祇壇」條與手稿複印本校改。

〔二〕有碑記：道光《懷寧縣志》卷十一「風雲雷雨廟」條、民國《懷寧縣志》卷九「神祇壇」條皆收録周樽《風雲雷雨廟碑記》。

〔三〕雨：油印本誤作「風」。

〔四〕秋霜降致祭：底本與油印本作「春驚蟄秋霜降致祭」。《明史》卷五十載：「洪武元年，禮官奏：『軍行旗纛所當祭者……宜立廟京師，春用驚蟄，秋用霜降日，遣官致祭。』……後停春祭，止霜降日祭於教場。」因春祭停止，故康熙兩版《安慶府志》、康熙《懷寧縣志》皆作「霜降日祭之」，道光、民國《懷寧縣志》從之。據此校改。

〔五〕安慶衛後：康熙二十二年、康熙六十年《安慶府志》「旗纛廟」條皆作「安慶衛左」。

年），布政使陳步瀛重修，有記〔一〕。後圮於水。道光三年（一八二三年），巡撫陶澍改建於城東帥字墩之西。四年（一八二四年），鳳陽府蝗，宿州尤甚，禱於廟。宿州報有青蛙無數，懷遠報有鳥雀數萬，靈璧〔二〕馬山湖，知縣黄光裕覓鴨四千隻，均一日食盡。奏上之，御書「神參秉畀」扁額，懸於廟。當塗大司農黄鉞爲作樂府紀其事，陶澍亦有記〔三〕。黄鉞詩〔四〕：「唼唼復唼唼，湖壖〔五〕四千鴨。四千鴨何來，縣君雇以充輿儓〔六〕。馬山湖中有蝗〔七〕子，朝生暮孫〔八〕生不已，半在湖中〔九〕半泥滓，捉亦不能爲之駐，撲亦不能爲之弭，縣君惟曰鴨可使。唼唼復唼唼，湖壖净如洗，我願宥此鴨，勿令供刀匕〔一〇〕，縱〔一一〕之江湖中，俾食天下之蝗子，有貓有虎胡愧彼。」「青蛙來，聲何喧？野鳥集，鶩〔一二〕若烟。鳳潁之間蝗出土，五日不滅生翅股。蛙閣閣，鳥喈喈，吞之啄之一朝夕，微神之力胡及焉，將軍主之寂無言。將軍寂無言〔一三〕，中丞禱孔虔，惟神能弭患，惟神錫豐年，微神之力胡及焉。中丞上其事，天子顔有喜，擩〔一四〕染大筆榜其字。自

〔一〕有記：民國《懷寧縣志》卷九「八蠟廟」條收録陳步瀛碑記原文。

〔二〕璧：油印本誤作「壁」。

〔三〕陶澍亦有記：《陶文毅公全集》卷三十三録此碑記，題爲《皖城劉猛將軍廟碑記》，道光《懷寧縣志》卷十一亦録此記，題爲《重修劉猛將軍廟碑記》。

〔四〕黄鉞詩：黄鉞《壹齋集》卷二十八録此詩，題爲《陶中丞澍奏：靈璧縣馬山湖蝗子萌生，湖大水深，不可撲滅。縣令黄光裕雇鴨四千隻，唼食悉盡。宿州灰古堆亦多蝗孽，州牧蘇元璐馳往，惟見青蛙無數，吞食靡遺，不假人力。又懷遠西界有鳥數萬，啄飛蝗一日而盡。先是中丞率屬禱於劉猛將軍廟，故有此異。上覽奏嘉悦，親書「神參秉畀」匾額，俾懸於廟，以答神貺。鉞忝鄉人，爰作樂府二章，以當神祠迎送之曲》。

〔五〕壖：底本及油印本皆作「濡」，據黄鉞《壹齋集》卷二十八所録此詩文本校改。下同。

〔六〕儓：底本及油印本皆作「臺」，據黄鉞《壹齋集》卷二十八所録此詩文本校改。

〔七〕蝗：底本及油印本皆作「蝻」，據黄鉞《壹齋集》卷二十八所録此詩文本校改。下同。

〔八〕孫：底本及油印本皆作「生」，據黄鉞《壹齋集》卷二十八所録此詩文本校改。

〔九〕中：底本及油印本皆作「田」，據黄鉞《壹齋集》卷二十八所録此詩文本校改。

〔一〇〕匕：底本及油印本皆作「几」，據黄鉞《壹齋集》卷二十八所録此詩文本校改。

〔一一〕縱：油印本誤作「終」。

〔一二〕鶩：底本及油印本皆作「霧」，據黄鉞《壹齋集》卷二十八所録此詩文本校改。

〔一三〕將軍寂無言：油印本脱此五字。

〔一四〕擩：底本及油印本皆作「濡」，據黄鉞《壹齋集》卷二十八所録此詩文本校改。

今以始歲其有，君不見蟲鳥效靈有如此？』十六年（一八三六年），知縣楊曉春以捕蝗致疾死，有旨附祀。咸豐毁，同治重建。民國二年（一九一三年）拆毁。三年（一九一四年），倪嗣冲因旱禱雨，就遺址祀之。予少在鄉里，見飛蝗蔽天，夜宿之處，縱横數十里，官民捕之不能盡，若蛙若鴨若鳥，何能爲力？鳳潁之蝗，翅股未生，且集於一角之湖壖，故盡之也易，非真神爲之也。劉猛將軍亦不知爲何人？陳記引《怡庵雜録》謂宋江淮制置使劉錡，因驅蝗，理宗時封『揚〔一〕威侯天曹猛將之神』。陶記又引《降靈録》，謂元末指揮使劉永忠，因驅蝗封今號，《大清會典》亦主之。蝗日落而止，日出而行。揮劍驅蝗，蝗飛境外，何足爲奇而神之？總之，滅蝗宜早，翅股未生，一朝可盡，驅之則晚矣。

〔一〕揚：油印本誤作『楊』。

九、私團[一]之組合

世皆謂中國人不能群，非不能群也，其群必藉神教而後組成。族祠、族譜，皆欲延其祀以明其系。若城市之中，湖南會館多爲禹王宫，福建會館多爲天后宫，木工之奉魯班，成衣匠之奉軒轅，商人之奉陶朱，皆其例也。兹分爲三。

甲、地方性之組合

自隋以後，服官者多回避本籍。安慶爲省治，各省之人，宦於斯、幕於斯、聽鼓於斯者，不知凡幾，惟鄉試向[二]在南京，本省各縣，在民國以前托居於此者尚少耳。

湖廣會館　舊在操江廠，清同治初移建太平境。

湖南會館　在二郎巷。

湖北會館　在衛山頭。

兩廣會館　在柳林。

八旗會館　在雙蓮寺南。民國元年（一九一二年），改名『奉直會館』。十六年（一九二七年）名『遼河里』，以奉天改遼寧，直隸改河北也。

浙江會館　在小南門内。

江蘇會館　在任家坡西。

〔一〕團：油印本誤作『團』。

〔二〕向：底本作『尚』，據手稿複印本及油印本校改。

河南會館　在三祖寺前。
江西會館　在江蘇會館東。
福建會館　即天后宫。
徽州會館　在大墨子巷。
涇縣會館　在西門外正街。
旌德會館　在太平境。
廬州會館　在鐵佛庵東。民國時立。
梅城別墅　潛山人就忠孝街潛山倉改立。梅城在潛山縣北，唐武德五年（六二二年）析懷寧縣置，故名。
大雷公寓　在縣下坡，望江人立。望江有雷池，晋置大雷戍，陳爲大雷郡，故名。

乙、慈善性之組合

《管子》：『國都皆〔一〕有掌孤。』南齊有六疾館，梁置孤獨園，蘇軾知杭州作病坊，常楙〔二〕知廣德軍置慈幼局，文王施及枯骨，後世遂有漏澤園〔三〕。陰隲之説，中於〔四〕人心，一人唱之，衆人和之，故救濟事業興，而慈善團體因之而發展，城市尤多焉。

〔一〕皆：底本與油印本皆脱此字，據黎翔鳳《管子校注》卷第十八相關記載校補。
〔二〕常楙：『楙』，底本作『懋』，手稿複印本字迹模糊不清，油印本作『撳』，據《宋史》卷二百四十一《常楙傳》校改。
〔三〕後世遂有漏澤園：《宋史》卷十九《徽宗本紀》載崇寧三年，『置漏澤園』。
〔四〕於：油印本誤作『余』。

清節堂

在四牌樓西街，前安徽通志局及馬王廟三清殿之舊址也。發起於葉伯英、李鴻章及方詒謀堂、汪怡敬堂、呂裕德堂等，各捐巨款，在城内外及懷寧、桐城，置産甚多。皖岸督銷局，在北鹽餘斤項下，每年貼鹽三千四百斤。於光緒九年（一八八三年）開辦，分内養、外養。内養隨帶子女，設育正小學以教之。中國向重節操，程子至以失節事大爲婦女戒。民國以來，此風漸替。近年改爲婦女教養所，設縫紉、紡織等科，謀生産以自救，一舉兩得矣。

育嬰堂

舊在南門外，乾隆十一年（一七四六年）募建。道光三年（一八二三年），以其逼近江邊，改建於北門内輯睦[一]坊三祖寺左首。列屋三進，置房六十餘間。咸豐毀，同治五年重建。其經費以募款購置宿松、懷寧、望江各洲及城内房地産爲大宗，次則爲改建時所募餘款，存典生息。嬰兒以私生子爲多。抗戰後并入救濟院，改爲育嬰所。

救生局

在東門外。清康熙時知府劉橒創救生船，後廢不舉。道光二年（一八二二年），由士紳募款建局，造大平船二隻。二十七年（一八四七年），又捐建樓房二重，紅船三隻。咸豐毀，同治初重建。又體仁局在四牌樓西街。乾隆九年（一七四四年），士紳創建，辦理施材掩埋等事。咸豐毀，并入救生局，更名『體仁救生局』。局屋光緒十三年[二]（一八八七年）重修。高樓臨江，生氣迎人。葉元吉詩『一棹觥船落照晴』是也。遭日寇破壞，竟成廢墟，後財産又爲救濟院流

[一] 睦：底本及油印本作『陸』，據民國《懷寧縣志》卷四『育嬰堂』條校改。
[二] 光緒十三年：民國《懷寧縣志》卷四『救生局』條作『光緒戊戌』。

用。民國三十七年（一九四八年）秋始發還，即造船兩隻，仍舊服務。

義渡局

在小南門〔一〕外西首濱江。江上南北行旅，有涉險之戒，渡者苦之。余壽平、吴哲夫自黄溢歸，扼於舟子，乃爲之倡，居民和之。款既集，光緒二十八年（一九〇二年），就太平軍舊築炮臺基建局。大渡船四隻，日渡江至黄溢往來，黄溢有分局。小渡船二隻，往來小新橋開河挖斷處。局與救生局同臨江，遥望縹渺若仙者惟救生局。方倫叔氏居近義渡局，愛其大樓，以清曠名之，題咏甚多〔二〕。録其三：『大觀亭最勝，寺好又迎江。今日成三杰，風流聚一邦。頽波障迴嶺，修岸折奔瀧。形勢獨憑檻〔三〕，潮聲常滿窗。』『風波常作惡，何以遂游敖。陸望黄塵大，水嗟白浪高。二君仁物量，萬斛濟川豪。寄語渡頭客，還家一舉醪。』『南岸向北岸，北柁〔四〕復南還。風雨縱横裏，蛟龍出没間。鴉寒人候渡，蟻附坐無班。望裏蒲帆穩，拈髭一解顔。』民國三年（一九一四年），姜笠夫主局，以反對倪嗣冲幾不免。臨去，於局臨江院内構亭，題聯云：『五載於兹，平地波濤終出險；一亭宛在，漫天風雪獨淩寒。』局屋亦爲日寇所毁，大船祇餘二隻，仍行駛〔五〕。

〔一〕小南門：底本與油印本皆作『南門』，據民國《懷寧縣志》卷四『義渡局』條及民國四年《安慶城》地圖、民國十年《安慶省城圖》所標義渡局位置校改。

〔二〕題咏甚多：方守彝《網舊聞齋調刁集》卷三有《義渡局新樓落成詩十首并叙》，此録三詩即在其中。其叙曰：『安慶江上南北岸行旅有涉險之戒，操渡者時復困苦之。望江余觀察誠格、懷寧陳觀察際唐，乃建議設義渡以濟往來，毁南城外粤賊舊築炮臺，建局架樓以臨其上。予寓南門内城根，最近樓。臨江登覽，適意便情。日昨中秋，風雨滿江。入夜，雲散月明。倚樓静對甚久，寂寞興懷，觸目所見，灑然成咏，得詩十章，爲新樓落成也。』

〔三〕檻：底本及油印本皆作『欄』，據方守彝《網舊聞齋調刁集》卷三所録此詩文本校改。

〔四〕柁：油印本作『舵』。

〔五〕駛：底本作『⿰舟史』。此字難以查考，疑爲『駛』字的抄寫俗字，油印本正作『駛』。據此校改。

大平局

在金保門外，即宋四賢祠也。同治六年（一八六七年），人民重建。

養心局

在西門外古牌樓正街。同治元年（一八六二年），人民公建。二局自昔設義塾[一]及救濟貧民不能自存者。光緒十年（一八八四年），巡撫陳彝請准歲發倉穀二千四百石以補助之。民國三年（一九一四年）停發，惟向商民籌募冬賑而已。

同安局

在西門外大節祠。同治六年（一八六七年）人民立。

永清局

在西門外柴家巷。同治六年[二]（一八六七年）民立。

寶文安静局

西門外大觀亭下。同治二年（一八六三年）民立。

[一] 塾：底本作『墊』，據民國《懷寧縣志》卷四『太平局』『養心局』條校改。
[二] 六年：民國《懷寧縣志》卷四『永清局』條作『七年』。

永康安寧局

忠臣廟後街。光緒十六年（一八九〇年）民立。

從善局

在東門外正街。同治七年（一八六八年）民立。

樂安局

在東門外月城内正街。同治七年（一八六八年）民立。

清定局

北門外塹樓南。光緒二年（一八七六年）民立。

靖定局

北門内〔一〕。同治八年（一八六九年）民立。

萬安局

北門内孝子坊。同治七年（一八六八年）民立。

〔一〕北門内：民國《懷寧縣志》卷四「靖定局」條作「北門内中路商團内」，民國《懷寧縣志校勘記》作：「附設純陽道院内，即今中路商團租住所。」

永安局

雙蓮寺右〔一〕。同治七年（一八六八年）民立。

普清局

司下坡。光緒六年（一八八〇年）民立。

康濟局

大關帝廟〔二〕西首。光緒二十九年（一九〇三年）民立。

體元局

西門外四眼井後街。光緒十八年（一八九二年）民立。

濟安局

北門内分龍巷。光緒三十一年（一九〇六年）民立。

〔一〕雙蓮寺右：民國《懷寧縣志》卷四作『在舊府署東首雙蓮寺前』。
〔二〕大關帝廟：民國《懷寧縣志》卷四『康濟局』條作『北門内大關帝廟』。

永仁局

在楊家塘。民國元年（一九一二年）民立。

以上各局，均係辦理施材掩埋各事，間有於暑期施藥者。體仁局與此相同，歸并救生局後，仍舊行之。此外則有：

同善堂

在玉虹門外清水塘，專爲寄頓旅櫬而設，與各局同置有義冢。此堂宣統元年（一九〇九年）建。

安仁醫局

金保門外觀音巷〔一〕，光緒十六年（一八九〇年）民立，施診。

其由官設立者：

養濟院

在北門内弓箭巷，同治元年（一八六二年）立。收養鰥、寡、孤、獨、殘廢者，經費由鹽河厘局發給。民國後停。

栖流所

在地藏庵前，光緒十三年（一八八七年）立。收養男女無告之貧民，費由官給。

〔一〕觀音巷：底本及油印本脱，據民國《懷寧縣志》卷四「安仁醫局」條校補。

同善醫局

在縣下坡，光緒間立。施診貧民，費由官給。

官醫牛痘總局〔二〕

大南門内正街，同治初立。施診貧民，兼施種牛痘，費由官給。

因利局

舊附多寶倉，民國後附純陽道院，即小本借貸也。光緒十三年（一八八七年），巡撫陳彝創設。儲款無息借給貧民經營小貿易，五日一還，五十日還清再借。民國元年（一九一二年）停。四年（一九一五年），巡按使韓國鈞復籌款舉行。

民國以後，官辦者大都廢弛。十九年（一九三〇年），設省立救濟院，將養濟院舊有之財産歸之，設養老所、栖流所，改殘廢所、育嬰堂亦歸其管理。三十四年（一九四五年），社會處成立，於三十五年（一九四六年）將公私慈善機關，淪陷時機關破壞者，如救生局等，一并接收，設救濟院於司下坡。當時經費無出，祇將救生局、育嬰堂財産收入，流用於人事之需。三十六年（一九四七年），以經費列入預算，乃將救生局等財産發還，分設殘廢、養老、育幼、育嬰四所。因水災而辦臨時施粥廠、平民食堂，亦由院任之。

民立者則有慈善聯合會，其初以因利局爲主體。因利局於民國四年（一九一五年）後，向局貸款者少，以有流通基金，得與各慈善機關相聯繫。三十四年（一九四五年），舉辦登記，乃冠以『私立』二字，相延至今。

〔二〕官醫牛痘總局：此條文字底本脱，據手稿複印本與油印本校補。民國《懷寧縣志》卷四有『官醫牛痘總局』條。

慈善團體如此之多，前人創之，後人利之，而其舉辦之業務，不過數項，且係消極〔一〕的而非積極的，消費的而非生産的。予嘗建議統一機關，分配業務，施藥已有人民醫院經辦，施材祇可爲一項，其餘必注重〔二〕於積極的生産的救濟，以謀社會實際之福利，勿徒托慈善之名也。

丙、職業性之組合

今日以工爲首。古之工人雖爲四民之一，在手工業之時代，鄉則附於農，城則附於商，未嘗有特别之組合也。前所謂木業之奉魯班，成衣業之奉軒轅，以及飲食業之奉雷祖，不過如農民之春祈秋報而已。清季有教育會、農會、商會，而工會無聞焉。自孫中山有職業選舉之倡，而工會始起。今當工業化之時代，農與商將附於工。惟溯其舊者，藉以明瞭過渡時代之社會耳。

教育會

會有三：

一省教育總〔三〕會。光緒三十一年（一九〇五年），李經畬等創設安徽學會於江寧〔四〕。是年學部初立，明年乃頒教育會章程，遂改稱『安徽教育總會』。三十三年（一九〇七年），移至安慶。辛亥革命停，民國四年（一九一五年）復會，設於舊咨議局。變賣南京貢院基地，以所得價款及來字洲爲會基金。八年（一九一九年），就純陽道院東都司署舊址，建設樓房一座，頗爲壯麗，抗戰後仍舊完好，由皖南師管區占據。三十五年（一九四六年），省教育會成立於合

〔一〕極：底本作『積』，或同音致誤。據上下文意及油印本校改。
〔二〕重：油印本作『意』。
〔三〕總：底本及油印本脱，據《皖政輯要》卷五十『教育會』條校補。
〔四〕江寧：底本及油印本作『南京』，據《皖政輯要》卷五十『教育會』條校改。

肥，經會長沈子修交涉，於三十七年（一九四八年）歸還。以餘屋設省立安慶小學校。

二皖北教育會。先是光緒三十二年（一九〇六年），寧國、池州、徽州、太平四府及廣德州，設皖南教育會於蕪湖，於是廬州、鳳陽、潁州三府滁、和、六、泗四州，因組會於安慶，而設分會於臨淮關。

科舉時代，鄉試在南京，皖人士來安慶者甚少。科舉廢，學校興，始相率而至，畛域之見以生。宣統三年（一九一一年），省教育會遂起爭端。迄至民國，畛域之見漸除，而學派又起。派有三：一高等派，畢業於安徽高等學堂者；二師範派，畢業於優級師範學堂者；三兩江派，畢業於南京兩江師範高等各學堂者。十一年（一九二二年），省教育會之選舉，爭之愈烈，改爲委員制而爭始息。不爲全體之利益，而祇顧少數之私人，自命爲智識分子尚如是，他何論焉！

三縣教育會。成立於民國初年，後因縣獄改建女校，於對門起房屋一座爲會址，文化館附焉。懷寧爲附郭之區，城中教育，隸於省行政系統之下，鄉區忽之。予主會時，分布懷寧教育計畫書，按步實施，頗收成效。抗戰後房屋全毀，雖復會，徒虛名而已。

商會

會址在司下坡，成立於光緒三十一年（一九〇五年）。昔日之城市，皆商之所萃聚，其經濟之勢力，往往與政治之勢力爲緣，有時亦可與之相抗。李兆珍長皖，教育人士起而驅之，然非商之罷市，無以奏功，商會與有力焉。民國十五年（一九二六年）以後，改委員制，分業合組。惟同業會之分，實在商會以前。如錢業公所司下坡之會址，雖建於光緒三十三年（一九〇七年），但錢業公會由來久矣。四方城之藥業公所，司下坡之米業公所，皆其例也。

農會

安慶向爲省治，故商會名商務總會，農會亦然[1]。農會成立於宣統三年（一九一一年），既非出於農民，且非經營農事，農會無經濟勢力，非商會比，其初欲以此爲革命工作者掩蔽地。予時辦高等農業學堂，會所附設於學堂之東偏，與管鯤南等主之。辛亥光復，與有力焉。民國初停，十五年（一九二六年）以後，大都假藉區鄉，捏造名册，以此爲競選之面具，農民猶夢夢也。其視昔日之徒托其名而未侵襲其實者又有間矣。鄉以農爲主體，非勞農何以爲農，何以爲會也？

十、工商業

昔日城市之發達，不在工商業本身之關係，以軍閥、官僚、勢豪、游民之集合而成消費之總彙，於生産無與焉。偶有挫折，即見崩潰，安慶尤顯著之實例也。工商業爲生産消費中間之主幹，懲前毖後，何可忽也。

甲、工業

以形式言，分家庭制、公所制、工廠制；以實質言，分手工業與機械工業。凡非大規模之工廠，未備機器馬力，如家庭中之分工、公所中之同業，皆不越手工業之範圍。此爲安慶固有之現象。凡金、銀、銅、鐵、木材、藤竹、棉絲、毛革、穀物、香料種種所製之成品，以及陶瓷、繪畫、雕刻、印刷，皆其類也。自帝國主義經濟勢力深入以後，李鴻章設江南製造局於上海，張之洞設紡織局於武昌，軍用工業、民生工業漸次萌芽，安慶亦聞風而起。其首先成立者：

製造局

冶廠湖有鼓鑄之遺迹，名曰『冶廠』，此爲設廠之初元。製造局創於光緒之中葉，初在金保門外，後移鷺鷥橋。製造及修理軍械，設有軍械庫。另設軍械局於大朱紫巷口。

火藥局

火藥爲中國三〔一〕大發明之一，其製造甚遠。安慶設局，則在清同治間。初在東門內新塘之中央，其先爲宛在亭址。光緒初，移北門外馬山。又在南莊嶺東，土名『老墈』，建火藥庫。

銀元局

宋置同安監，鑄銅錢〔二〕。清代銀錢兼權，雍正時設局鑄錢。安慶鑄者，文曰『寶安』。海禁既開，墨西哥銀元充斥以後，張之洞自鑄於廣東。安慶繼之，設局於東門內前火藥局之舊址。鑄有『安徽』字樣之銀元，一面龍形，俗呼爲『龍洋』。後以銅貴，改鑄當十文之銅鈔，易局爲造幣廠。民國時銅鈔價落，又添鑄五角、二角、一角銀元之輔幣。十四年（一九二五年）停。

民生日用品，逐漸改良。布襪而綫襪，手紉而機紉，木機而鐵機，藤木造〔三〕器亦趨於時式。初官設廠而民效之。其著者：

〔一〕三：油印本作『四』。馬克思《經濟學手稿（一八六一—一八六三年）》：『火藥、指南針、印刷術——這是預告資産階級社會到來的三大發明。』（《馬克思恩格斯全集》第四十七卷，人民出版社二〇一六年版第四二七頁）一九五一年三月二十七日《中國青年》第六一期載錢偉長《中國古代的三大發明》，其中將造紙和印刷術歸爲一大發明，與指南針、火藥合稱『三大發明』。底本作『三』是有依據的。

〔二〕鑄銅錢：《宋史・地理志》載安慶府同安監：『熙寧八年置，鑄銅錢。』然《宋史・孝宗本紀》載乾道六年二月，『復置舒州同安監，鑄鐵錢』。由此可知，北宋同安監鑄銅錢，南宋同安監鑄鐵錢。

〔三〕造：油印本脱。

工藝廠

光緒間官辦[一]，金保門外前製造局之舊址也。染織爲大宗，藤木等科次之[二]。西門外私人以染織爲業者甚衆，其初大都出身於本廠。若習藝所更有草帽、印刷、修理等科，已叙入監獄中。民國時教養局亦類是，皆係官立。

貧民工藝廠

民國元年（一九一二年），安慶六邑人士創辦[三]。設舊安慶府署，祇營紡織，并於百花亭蔣公祠設傳習所。三年（一九一四年）停。

由學校設立者

造紙廠　紡織廠　設百花亭女中對門，清季中等工業學堂所辦，辛亥[四]革命停。

紡織廠　設鷺橋教育廳東偏。釀造廠，亦設此。均女子職業學校所辦。

繅絲廠　在東門外，初由農業學校，後由高級蠶絲學校辦。

金工廠　高級工業學校辦。

化學工廠　設曾文正公祠，初由工業補習學校辦，後歸實業廳。十年（一九二一年）停。

〔一〕光緒間官辦：《皖政輯要》卷八十九「工藝廠」條載「皖省工藝廠於光緒三十四年正月經巡撫馮煦會同江督端方具奏」設立。

〔二〕染織爲大宗……次之：《皖政輯要》卷八十九「工藝廠」條作「以製皮、紡紗、火柴、織氈四項爲大宗。附設竹木藤漆各器，以備一科」。

〔三〕安慶六邑人士創辦：民國《懷寧縣志》卷四「貧民工藝廠」條：「民國元年官立。」

〔四〕亥：底本誤作「卯」。《皖政輯要》卷五十三載：「省城中等工業學堂」「於光緒三十四年十一月經提學使沈曾植詳請開辦」。由此校所辦造紙廠、紡織廠於辛亥革命停辦，符合當時歷史境况。據此校改。

自是私人仿效者，縫紉機、織襪機、織布機，有由家庭制進而爲工廠制者，規模過狹，進展不易。修理機器者，亦所在多有，仍未脱家庭制之範圍也。日用之必要者又有二：曰水火，曰糧食。

電燈廠

光緒三十四年（一九〇八年），太湖會操，安慶江岸置電燈。方倫叔氏詩〔一〕『江頭昨夜生雙〔二〕月』是也。設廠始於民國九年（一九二〇年）。舒彬儒氏爲之倡，建於南門外之江濱。十五年（一九二六年）歸爲省辦，二十五年（一九三六年）資源委員會以八折退還民股，又歸爲國營。

自來水廠

自來水創始於宣統二年（一九一〇年），水管已在各處裝設。辛亥革命而中止。日寇至，賡續完成。接收後，亦歸國營。

以上兩廠，後合并爲水電廠。

磨坊製粉，礱坊舂米，糧食仰給於手工業者最多。近時電機碾米廠蜂起，其以電機製麥且以之榨油者，則有麵粉廠、榨油廠，均在西門外。由日寇建立者，屬於五洲〔三〕公司。接收後歸之省營。原有之大量物資，徒供人事之消耗，招商承辦又無有應命者。今已整頓擴充，庶漸有起色。

中國新工業，以紡織業爲最。安慶紡織業，已述於前。惟紗爲紡織之要素。近地之棉質衹宜於粗紗，農村之布，

〔一〕方倫叔氏詩：方守彝《網舊聞齋調刁集》卷六收録此詩，題爲《同鐵華、嘯琴夜步江上，見新設電燈二。明日北風甚緊，鐵華遣小使投句，倒次其韵。時江鄂鎮兵將行秋操於太湖，欽派大臣臨視，道皖上，此電燈所以設也》。

〔二〕雙：底本與油印本皆作『明』，據方守彝《網舊聞齋調刁集》卷六所録此詩文本校改。

〔三〕洲：油印本誤作『州』。

粗紗實爲需要。舊時手紡單綫紗，既不適用；個人之彈棉紡紗機，亦少功效。董亨衢君爲至德周氏經營紗業。抗戰後南北紗廠在滬聯合會議，過皖時，請其轉達周氏，在西門外周慤慎公祠建立紗廠，已得允許。未幾，董君歿，未克實行。九江興中廠之廬山紗，盛行於皖，於是假西門外前工藝廠舊址，聯合組廠，名曰『慶中』。

乙、商業

安慶雖爲省會所在，上有九江，下有蕪湖，久成商埠，皖南北物産大部集於兩口岸。安慶支流甚少，陸路之交通，其發展又緩。自來商業祇寄托於政治與文化之中。迄省府、大學先後他移，商業更有江河日下之勢。農業之材料、工業之成品，商業祇有交換之作用。壟斷居奇，使物價失其平衡，農工業俱受其影響。商業之盛衰未足爲民族之輕重。惟自由經濟之時代，城市之榮瘁以商業之消長爲轉移，是則未可忽視者。

（一）商場之區别

古者日中爲市，今時北方之趕集，南方之趕場是也。安慶爲城市，與集場不同。市區之分劃，唐代猶嚴。唐無夜市，朝夕且有專官以司其管鑰。至宋則列肆街衢，與民居錯雜，而夜市復興。安慶築城於宋之季年，於市區當無若何之限制，然隱約中亦自有别。西門外江河接流，民舟所集，車自西北來者亦多集於此，商場必先求交通之便利，故以此爲獨盛。城内爲居民所聚，三、四牌樓爲城之中心，自昔與西門外相頡昂。民國初於御碑亭建勸業場，中爲商品陳列所。迄市政府成立，又轉變爲機關。六邑中學，建築龍門口一帶之市房；四牌樓上接科學街，臬署毁，改建市房；又平鷺鶿橋水溝，通東西花園，而成新市；三牌樓下接吴樾街，經新市而東；初擬於城東，另建市區，與招商碼頭及森林公園相錯壤。抗戰軍興，已成泡影。菜市初在勸業場前，後改建吴樾街西偏。北城菜市則在龍神祠前，西在柴家巷，東在鎮皖樓，今皆不存，存者祇吴樾街一處而已。近年攤販林立，於前保安處建第一商場，又應時代之需求而起者也。

（二）商人之籍别

徽商盈天下，涇、旌、太次之，不獨安慶爲然。張煌言過高河埠訪友，友皆徽人，俗語『無徽不成鎮』。徽墨、宣紙及婺源、祁門、太平之茶，自昔馳名。安慶向爲省會，走集於此者尤多。次則爲兩湖。咸同時湘軍東下，兩湖人分散於大江南北，安慶則湖南多於湖北，而經商者湖北又多於湖南。再次爲江西。木業、瓷業、紙張業，向以江西爲貨源，大新橋、蕭公廟爲江西商人公所，以此可知。又次爲浙江，業金銀者多。其他各省皆有之，但比較少數耳。

（三）商業之類别

商人各業，皆有同業公會。其類别有素，不必再爲分析。兹就其顯要者言之。

銀錢業

清代銀錢兼權。銀質有足銀、紋銀、市銀之别；銀量有馬蹄錠、中錠、小錠之差。錢有大小之分：大曰『制錢』，小曰『沙錢』。安慶短陌錢，九十五爲一百。大小各半曰『對開』，以上曰『六開』『七開』『八開』。納税則爲足制錢。西班牙〔二〕之銀幣曰『本洋』；自鑄者以庫平銀七錢二分爲衡，曰『龍洋』。龍洋、鷹洋約當本洋之八折。操兑换存放之業者，曰『錢莊』，曰『銀號』。清季於司下坡設裕皖官錢局，并發錢券。錢莊、銀號亦自出票，且可通匯，然票有定期，與唐之飛錢相似，較宋之交子、元明之交鈔有遜焉。光緒二十四年（一八九八年），盛宣懷首創通商銀行，嗣則大清銀行、交通銀行相繼設立。安慶初有合盛元銀號，設司下坡，與大清銀行通匯。辛亥革命，裕皖官錢局改爲『中華銀

〔二〕西班牙：底本作『墨西哥』，誤。鄭觀應《增訂盛世危言新編》卷七《鑄銀》載：『嘗考中國洋錢，多來自墨西哥……以錢面作鷹文，故曰「鷹洋」。又以英人販運居多，亦曰「英洋」（又有本洋者，則來自西班牙屬土小吕宋，近日愈少愈貴，不復來矣）。每圓計重七錢三分，運入中國，極貴時可抵規銀八錢。』據此校改。

行』，旋以大清銀行易名『中國』，乃設中國銀行於官錢局舊址，而中華銀行遂廢。田賦改兩爲元，遂以自鑄銀元爲本位。後交通銀行設四牌樓，中國農民銀行設大南門正街，上海商業銀行設錢牌樓，中國實業銀行設龍門口，中央銀行、農工銀行及安徽地方銀行均設吴樾街。此時銀行營業皆以商業爲對象，農貸工貸，名焉而已。其初，銀行皆有發行權。二十四年（一九三五年）金銀國有，發行權歸於中央銀行。現貸既不許流通，於是有一分銅幣，一角、二角之鎳幣，及中央與地方兩銀行之角票，相輔而行。抗戰後，地方銀行改名『省銀行』，中〔一〕國交通、農民相繼復業，懷寧縣銀行假中國實業銀行之舊址而産生，銀行雖較前鋭減，而營業反遠遜於前。當抗戰時，重慶之銀行蜂起，類以勢豪爲主幹，假權位而壟斷營私，甚至擅開金禁，買賣黄金以爲己利，商人蟻附以趨，與銀行爲緣，形成官僚資本與富豪資本相連結之局勢。安慶淪陷既久，向之商而富者，率徘徊滬上而不復回顧。省府他移，又無官僚資本以資助長。觀銀行之先後比較，則商業可知。厥後虚張金本位，改革幣制，以强抑物價，經濟混亂，政治隨之而〔二〕崩潰，商業更不足道也。

與錢莊并起者則爲典質。《後漢書〔三〕・劉虞傳》：『虞所賚賞典當胡夷。』考〔四〕《正字通》：『出物質錢，俗謂之「當」。』梁甄彬以束苧付長沙〔五〕寺之庫受質錢，即此。清時業此者多，稱曰『當坊』，或曰『當典』。青草塥、三橋、石牌皆有之，安慶更不一其處。質衣物者收付皆大錢，洋錢按大錢作價，月息二分，十個月滿期。期滿若不付息轉當，即不准回贖，曰『死當』。昔時舊衣店曰『擇衣鋪』，即承售其舊衣。舊貨店，即承售其舊物者也。資本小者曰『小押』。

〔一〕中：底本的此字前有『與』字，油印本作『其』，手稿複印本原抄作『其』，但涂上圓圈表示删除，據此校改。
〔二〕而：油印本脱此字。
〔三〕書：底本與油印本皆脱，據《後漢書》卷七十三《劉虞列傳》校補。
〔四〕考：底本作『改』，據上下文意與手稿複印本、油印本校改。
〔五〕沙：底本及油印本誤作『妙』。《南史》卷七十《甄彬傳》云：『彬有行業，鄉黨稱善。嘗以束苧就州長沙寺庫質錢，後贖苧還，於苧束中得五兩金，以手巾裹之。彬得，送還寺庫。』據此校改。

如日本之質屋，息較重，期又較短。民國後大多歇業。抗戰後祇有姚家口下一家，金元券發行時停。

鹽　業

清循宋熙寧中鹽引之法，運商皆給引徵税。安慶府屬之桐城，例食淮北綱鹽，鹽白而顆大，曰『大鹽』。懷、潛、太、宿、望，例食淮南綱鹽，鹽色稍遜，俗曰『小鹽』。原銷引共四萬九千二百四十六引。康熙十八年（一六七九年），懷、潛、太三縣丁多引少，共加一千七百六十三引，每引六百斤。督銷局雖移大通，鹽河厘局徵收鹽厘，其鹽必運至安慶以便分銷。懷寧祇高河埠歸桐城樅陽口岸，行銷大鹽，其餘各區及潛、太、宿、望，皆取給於安慶。當時運商，備有鹽船，鹽河即船之停泊而名。銷商皆名官鹽店，每斤足大錢四十八文。銷商與運商大都合爲一體。民國以來，鹽色無復有大小之別，鹽法漸有變更，引制遂廢。久大精鹽公司亦設有分銷處。昔時以鹽業與典當業并論，實居商家重要之地位。抗戰後，淮鹽阻滯，青鹽、台鹽因而輸入，運商與銷商又分爲二。銷商之鹽業公所在西門外，運商之辦事處在司下坡，銷場拓至貴池、東流、至德。鹽價雖由鹽務處公告，但價日上漲，囤積之風復起，以至鹽荒。資本制度之下，他商皆然，不獨鹽業獨操勝算也。

綢布業〔一〕

紗、羅、綾、緞以及夏布、棉布，原爲中國固有之産物，通商而後，絲織、毛織、棉織品相繼輸入，使數千年以絲稱雄於世者，反因之而減色。紗廠、織廠既興，鄉村之土布遂不見於市，此國民經濟之危機，非業綢布或業花紗者所能理喻。其他洋貨業皆然。予徵捲烟特税爲教育經費，英美烟公司占捲烟百分之八十，承銷其捲烟之商號，獨抗不繳納。在商言商，不足怪也。

〔一〕綢布業：底本以『次則爲綢布業』爲導語另起一段，與前『銀錢業』『鹽業』兩條單獨立目的行文風格不統一，今參照油印本，刪『次則爲』單獨立目。以下兩條處理與此同，分別刪去『再次爲』『又次則爲』等導語，以『金銀業』『書籍、文具、紙張等業』單獨立目。

金銀業

魏晋以來，金量鋭減，説者謂佛教侵入之所致。然釵環雖古，多飾以玉，漢之冠子猶以翡翠爲上。耳墜始於晋，與簪、釧、指環相率以金飾爲重，銀次之，金銀業因此而興。十餘年來，當局操縱金銀以爲利，對於金銀業明雖限之，陰實助之，金銀黑市所由起也。

書籍、文具、紙張等業

安慶自昔爲政治與文化兩中心。新舊書局，莫不以此爲分銷之總匯，文具、紙張附之。華中運動會之獎品，在長沙多刺綉，在南昌多瓷器，在安慶多爲徽墨。徽州會館在墨子巷，此或因墨商而有巷名。若科學街、文化街，其〔一〕名實因書業而起。

糖、瓷業〔二〕

糖、瓷皆外來品。糖分赤白，來自臺、廣者多。昔時糖食業，皆標閩、廣、臺糖，川糖、贛糖尚在其後。瓷自昔來自景德鎮，外瓷次之。業此類者亦多。

捲烟業

捲烟業最晚。光緒中葉，吸水烟、旱烟，俗呼曰『黄烟』。涂信大等號，廣東、屯溪所製之烟具，曰『烟筒』，一曰『烟袋』，營業頗盛。捲烟初出，西人沿街贈人，多棄而不顧，久之始漸有嗜者。民國十六年（一九二七年），予曾調查蕪關册報，捲烟轉子口至安慶，鳳大成經理英美烟公司，歲不過三十餘萬；中國南洋兄弟及華成等公司，由包萬泰謙泰等號經營者，不及十萬元。十八年（一九二九年）四倍，二十年（一九三一年）五倍，二十四年（一九三五年）十倍，今則不

〔一〕其：油印本誤作『具』。

〔二〕糖、瓷業：底本與油印本無此目，爲與前面行文風格一致，增補此目。下文『捲烟業』『土産商品』『旅社酒樓』三目與此同。

知其倍蓰矣。

土産商品

若土産商品，首爲米與魚。張紳《送人赴安慶幕僚〔一〕》詩：『年豐米穀上街賤，日落魚蝦入市鮮。』李先芳《皖江》詩：『魚米舟中市，人烟水上城。』然蕪湖向爲米市，懷寧之米多由高河埠循樅陽出口。上熟柳粈，則車運入城以供民食。民國後始有經營出口者，雜糧出口較多。其副〔二〕産商品，如糟坊、醬園、糖食等業，亦著於市。魚衹於冬季裝簍運滬，平時皆零售，與蔬菜等耳。簟雖特産，營出口業者多王家河一帶人，安慶衹有門市而已。其他鐵與紙之産量不足敵外來品，茶亦猶是。

旅社酒樓

旅社酒樓，因政治機關而生存。抗戰後遂不復振。昔日之小蓬萊、天然居、海洞春、一家春以及大旅館、迎賓館、國民、來安各大旅館，久成故迹矣。

昔日城中雖有商業、工業之分，而工業衹爲商業之附庸。今之工商聯合會，猶是資本制度之餘波，非經濟之本體也。自由經濟變而爲計劃經濟，各别經濟變而爲總體經濟，農工産品之收購與消費品之零售，城市有貿易公司，鄉村有合作社，平衡其價格，使之交流，有分配而無交易，其交易衹在分配所得，而非藉此以圖利，貨幣惟保證所得者之分配及再分配而已。舊時工商業之消長，原不足較，使人識舊社會之全貌，固如是耳。

〔一〕幕僚：底本及油印本脱此二字，據《列朝詩集》甲集卷十八所録張紳詩文本校補。
〔二〕副：油印本誤作『付』。

十一、社會之轉變

社會之風習，隨政治經濟之環境爲轉移。中國政治經濟，久沉淪於封建式之中，欲改造環境，必自改造政治經濟始。社會有不斷進化之定律。移風易俗，待人而行。兹所述者，舊社會之迹象而已。

甲、生活的方式

衣食住行，爲生活之要件，此非以貧富分豐歉，惟就其風尚言之。

衣

官吏之翎頂黼黻有定制，而常服則無定制。男皆寬袍長袖，女袖短而口徑大，衣半身而繫以裙。男鞋有叠底者，女多弓鞋，後根襯以木底。男之小帽，上綴紅結，女皆穿耳墜環，男孩亦有穿耳者。夏或半身夏布，半身紗羅，名曰『挂圍』；冬則着風帽，以紅呢爲之，亦有着風衣者，名曰『斗篷』。兵士皆挖雲馬褂。辮髮綴絲曰『辮綫』。過於常人，有事恒蟠諸頸。紗羅綢緞皆杭寧織物，布皆土布。五口通商以後，洋布侵入，練兵興學，衣冠一變。其後雜以西裝。民國以來，女亦剪髮而着長袍。以昔日旗人女子服之名，曰『旗袍』。自是男女之界漸泯。

食

安徽淮以北食麥，淮以南食米，安慶介長江之中游，米食多而麥食少。清時，日食兩餐，學校興，乃有朝食。鰣魚爲時節産物。漁人先網得者，進諸督撫，以次及於司道，以博厚賞。當時宴會，多爲八簋。府縣科試終覆，宴考生，俗謂之『吃八大碗』。予聞之劉會之，安慶之烤方鍋貼魚，京滬所不及，入席者猶少，迄至民國，一席之費何止萬錢。抗戰以後，市面之蕭條，百倍於昔日，而奢靡更有過之。官僚豪富所造成之現象，至於是也。

住

古之居室皆有定制。段氏建楊家塘住宅，稍有逾制，即挂彈章，至建昭忠祠以掩飾之。昔日之霄漢樓、陟園、屺園等，吾不得而見之矣。自教堂設立，始有西式房屋之出現，定制不復存在。抗戰時撤毀甚多，頹垣敗礫〔一〕，觸目皆是。戰後門户凄凉，修殘補闕，又力有不及，貧者更不待論矣。

行

此就代步之工具而言。唐之兜籠、宋之肩輿，爲轎之起原。清時，官有緑呢、藍呢〔二〕之分。常人所乘者，二人肩之，曰『小轎』。官有轎班，市有轎行〔三〕，民國十四五年，始行絶迹。安慶無騾馬市，鄉人入市，多乘土車。抗戰之初，始造鐵軸小輪之土車，蜀人謂之『雞公車』，然未嘗以之載人。人力車始於清季，謂之『東洋車』。民國以後，鐵皮輪易以膠皮。向之乘轎者，改用包車。脚踏車亦始於是時，汽車較晚。要之，斗大宜城，安步當車，於行較利，焉用轎爲，又焉用車爲？

〔一〕礫：底本誤作『鑠』，今據上下文意與油印本校改。

〔二〕緑呢、藍呢：『呢』，底本與油印本誤作『綈』。吴趼人《二十年目睹之怪現狀》第五十二回：『司事吃了一驚，連忙叫人去把督辦的緑呢大轎及總理的藍呢官轎請來。』據此校改。

〔三〕轎班……轎行：兩『轎』字，底本皆作『輪』，根據上下文意從手稿複印本與油印本校改。

乙、禮教的儀式

儒家重禮治，後世禮書與律書并重，因教成俗，波瀾〔一〕所及，有越乎禮制之外者。今以民智漸開，宗法社會之舊域漸破，儀式亦因之而改觀。約略言之。

冠

冠禮久廢。少時，見有族戚書其字額贈之，俗謂之『響號』。

婚

婚禮初請〔二〕庚，一曰過庚，古之納采、問名，今之訂婚也。報日，古之請期也。送妝奩〔三〕，曰『送鋪陳』。彩輿及門，揖而祝之，曰『退嫁神』。男女交拜，曰『拜堂』。去女面紗縠，曰『挑方巾』。合巹曰『交杯』。次日拜舅姑，古詩〔四〕『待曉堂前拜舅姑』是也。三日參厨，古詩〔五〕『三日入厨下，洗手作羹湯』是也。初回母家曰『回門』。昔日許婚，多在幼時，且有指腹爲婚者。民國之初，以親迎爲婚姻成立之要件。後分訂婚、結婚。介紹人即昔之媒人，主婚人即家長。訂婚則有證明人，結婚則有證婚人，但男女蓋印，必在各人蓋印之前。男女儐相，如古之良士扶娘。古之婚禮行

〔一〕瀾：底本作『濤』。據手稿複印本與油印本校改。
〔二〕請：油印本誤作『清』。
〔三〕奩：底本作『篕』，難以查考，或爲『奩』字不規範的手抄體。婚禮『送鋪陳』，民國《懷寧縣志》卷十謂送『嫁裝』，『妝奩』一詞正有嫁妝之義項，據此校改。油印本作『篋』。
〔四〕古詩：此詩爲朱慶餘《爲近試上張籍水部》（一作《閨意獻張水部》），見《全唐詩》卷五百十五。
〔五〕古詩：此詩爲王建《新嫁娘》，見《王司馬集》卷七。

於夜，今之婚禮行於晝，此不同之點也。同姓〔一〕爲婚，古以爲忌，今則初限於八等親，既祇限於直系親屬。重婚自古所禁，但古有媵妾，今亦干〔二〕刑章耳。婚姻爲人生幸福所關。男女平等，則夫爲妻綱之舊教可以廓清矣。

喪

喪禮視家有無。初死，報喪。既殯，發哀啓訃聞，擇日出殯。先日家奠，一曰『堂祭』，請鄉先生題主。堂祭即古大斂之奠，惟此時題主，識者譏之。次日開吊曰『領帖』，有鼓吹以迎送吊者。又次日出殯曰『發引』，吊者執紼，儀仗鼓吹爲前導，影亭次之。有路祭者，多解杠於西城外之同善堂。舊俗，初死以紙覆面，古之面帛也。殮以綢布新單衣，古之明衣也。僧道對棺追〔三〕薦曰『煖〔四〕棺』。棺下置燈曰『本命燈』。親戚各執一燈，繞棺環走，遍及閭巷，孝子捧靈從之，曰『照冥行』。既有書符於門，曰『掃浄』。七日置紙屋及像生人物，曰『安靈』。死者之像，初懸棺前，既置靈上。宋玉《招魂》已曰『像設君室』。古者祭必有尸，像以代尸也。古有七虞，後人〔五〕效之，逢七必祭，凡七祭。唐以來有回煞之説，有篩細灰於地以驗其輪迴之迹者，亦此意也。此皆出於道教符籙派之謬説。城市追薦多用僧，有唪經三日或七日者，親友請僧者曰『送堂經』，一日謂之一堂。銘旌始於商，今藉顯者姓名以紅綾題之，吊日樹於門前。出殯後，孝子練服玄冠，踵凡吊者之門，曰『謝孝』。服制自明太祖以後，父母皆斬衰。斬齊功緦，古以麻布之精粗而别，今則棉織。孝子麻冠而外，皆用白棉布。既以家之有無，權禮之隆殺。一切舊俗，隨之而變，且有以袖纏黑紗以代服者。古人短喪，以粗麻過重，有妨行動，勢使然也。

〔一〕姓：油印本誤作『妊』。
〔二〕干：底於作『於』，文意不順，據手稿複印本與油印本校改。
〔三〕追：油印本誤脱此字。
〔四〕煖：油印本作『暖』。
〔五〕人：油印本作『有』。

葬

葬必擇地，率先請術士，以亡者生年〔一〕與地之方嚮配合生刻〔二〕以擇日。日定，先期啓土，以土色驗地之美惡。郭璞《葬經》，堪輿家以爲薪傳。至有歲久暴棺不葬，或葬而起地之争奪者，皆此誤之也。小林、馮〔三〕家柳、龍灣、馬家嶺諸山，清真教以爲塋地，有公墓之意義，固無吉凶之别。近日開礦築路，山形亦爲之轉移，又何惑〔四〕焉！碑表志銘，自古有之，此風猶盛行。

祭

設壇祠廟，列入祀典者，昔之守土官吏皆奉其儀制。中國尊祖敬宗，清明祭於墓，冬至祭於祠，節祭、年祭多在私寢。祠祭贊禮者，有大通、副通，正引、副引之目，通唱於上，引導於下，升降進退，一循矩步，三獻而後畢。惟私寢之祭，脯醢之奠，無過一獻者。祭神用黄裱，祭祖用冥錢。漢有瘞〔五〕錢，唐王璵爲祠祭使〔六〕，焚錢以代之，名曰『寓錢』，

〔一〕年：底本作『平』，於文意不順，從手稿複印本與油印本校改。

〔二〕生刻：油印本脱此二字。

〔三〕馮：底本作『灣』，誤。民國《懷寧縣志》卷四『義冢』條載清真寺經理的義冢爲：『北門外小林山一，馮家柳山一，馬家嶺山一，龍灣山一。』據此從手稿複印本與油印本校改。

〔四〕惑：底本作『感』，據上下文意與手稿複印本、油印本校改。

〔五〕瘞：底本及油印本作『痤』，誤。《漢書》卷九十九《張湯傳》載：『會人有盜發孝文園瘞錢。』顔師古注引如淳曰：『瘞，埋也。埋錢於園陵以送死也。』《新唐書》卷一百九《王璵傳》載：『漢以來葬喪皆有瘞錢，後世里俗稍以紙寓錢爲鬼事，至是璵乃用之。』據此校改。

〔六〕王璵爲祠祭使：『璵』，底本與油印本皆作『嶼』。『使』，油印本誤屬下句。《新唐書》卷一百九《王璵傳》：『璵上言，請築壇東郊祀青帝，天子入其言，擢太常博士、侍御史，爲祠祭使。』據此校改。

即今之冥錢。清明之祭，詩云〔一〕『紙灰飛〔二〕作白蝴蝶』者此也。清明插紙標於墓，以示墓有祀主。近時，公祭以獻花爲敬，亦改良時俗之一道也。

壽

古無慶生日之文。《顔氏家訓》謂此禮始於齊梁之間，至唐玄宗乃有令儀耳。以文爲壽，又自明始。常年曰『小生日』，旬年曰『大生日』，六十歲爲花甲一周，等而上之。鄉村多贈匾額，城居廳堂過狹，匾額較少。詩詞及駢文、散文，製爲屏聯，以頌其生平。夫婦俱存，則爲雙壽。稱觴而外，有演堂戲以爲樂者。又鄉飲酒禮，自百歲章應富〔三〕爲鄉飲大賓之後，久廢而不行。民國以後有敬老會。三十五年（一九四六年），曾舉行於六邑中學，以齒序坐。首席未及九十，多者皆在七十、八十之間，猶是鄉飲之遺義。冥壽間有行之者，非常俗也。小兒以周歲爲重。宋曹彬周歲時，傳其『左手持干戈，右手持俎豆』〔四〕，繼取印。俗亦效之，名曰『抓周』。

丙、節令的習尚

節令大都以夏曆而分。古有《月令》《夏小正》，因時因事演成習尚者，多詳於《風土記》《荆楚歲時記》等書。此即歲時雜俗也。

〔一〕詩云：宋高翥《菊磵集》收録此詩，題爲《清明日對酒》。

〔二〕飛：底本及油印本作『化』，據高翥《菊磵集》所録此詩文本校改。

〔三〕章應富：民國《懷寧縣志》卷三十三《祥异》載：『道光後，壽登百歲未能詳時代者，男則有章應富（鄉飲大賓。見《同治志》）、劉元音、韓積慶、朱葆中、謝守章，俱百歲。』

〔四〕左手……俎豆：底本與油印本作『右手執筆，左手撫劍』，據《宋史》卷二百五十八《曹彬傳》校改。

元旦

漢武帝改用夏正，遂以寅月朔日爲元旦。晨起衣冠拜天地祖宗，開門向吉方三揖，曰『出行』，即古祖道祭軷意也。詩有云：『家家排當過新年，爆竹雷轟飛上天。我也世風老做作，倩人寫幅小春聯。』《荆楚〔一〕歲時記》云：『爆竹燃草，起於庭燎。』春聯緣於桃符。昔〔二〕繪〔三〕神荼、鬱壘二門神，明太祖爲屠者寫春聯，始易桃梗而爲紙。民國雖用陽曆，而春聯猶以陰曆爲多。有戲題者云：『男女平權，公説公有理，婆説婆有理；陰陽合曆，你過你的年，我過我的年。』自後以政府之提倡陽曆，元旦又爲開國紀念，貼春聯者多，陰曆之春聯漸減。家庭聚飲，除夕老者先，幼者後；元旦則幼者先，老者後，猶是古者屠蘇之意。年糕爲時節品，自元旦至元宵皆用之。元旦以後，親友互相過從，曰『拜年』。自昔祇投名片，清時紅紙大字，官場且用手本。今名片用白厚紙，小於前十倍。惟拜年名片，多用紅紙，并印『恭賀新禧』四字，新舊年通用之。至戚升堂叩拜〔四〕者，先拜祖，然後拜尊屬，餉之以果品或雞蛋。雞蛋美其名曰『元寶』。親友相招宴者曰『春酒』。今人多舉聚餐會，然至戚仍如故也。唐以前，於立春日以春餅、生菜相饋食，曰『春盤』，今但送年禮，如年糕之類，立春無之。舊有書『新春發筆，萬事大吉』紅紙條張於壁。梁章鉅督兩江，欲致仕。有挽留者，見其書『元旦發筆，歸田大吉』而止，不必爲新春也。清時沿周之制，官造土牛，迎春於東郊。鄉村有送春牛圖者，亦此意。

〔一〕荆楚：底本與油印本脱此二字。『爆竹燃草，起於庭燎』出自《荆楚歲時記》，據此校補。
〔二〕昔：油印本誤脱。
〔三〕繪：底本誤作『儈』。《荆楚歲時記》載：『繪二神貼户左右。左神荼，右鬱壘，俗謂之「門神」。』據此及手稿複印本、油印本校改。
〔四〕拜：底本脱。根據上下文遣詞用字，從手稿複印本與油印本校補。

人日

東方朔《占書》：『歲後八日：一雞，二犬，三豕，四羊，五牛，六馬，七人，八穀〔一〕。』呂留良詩『雞狗猪羊馬復牛，排來件件壓人頭』〔二〕是也。昔日小兒女有迎紫姑者，紫姑出於《异苑》，今已無之。俗呼人日爲『上七日』，雇傭多於此日上工。諺云：『燒却門前紙，各人務生理。』門前紙者，以紅紙簇成錢形及吉祥字，除夕即張之門前，曰『挂門錢』，如漢春幡故事。

上元

正月十五日之夜曰『元宵』，糯米團亦曰『元宵』。饗祖而餞之，自臘月二十四日接祖，朝夕焚香上供，至是餞之曰『送祖』。漢望日祠太乙，自昏至明，後世觀燈，即其遺意。唐之金吾放夜，自此演爲故事。宋太宗三元皆如之，後罷中元、下元二節，而上元益盛。蔡君謨令一家七盞，陳烈詩〔三〕：『富家一盞燈，太倉一粒粟。貧家一盞燈，父子相對哭。風流太守知不知，猶恨笙歌無妙曲。』其時家皆懸燈，十家爲一彩棚，火樹鰲山，競〔四〕爲燈市。今則不以家爲單位，有燈會焉。燈彩皆象形，安慶以龍燈爲著，襲斬龍王之説。頭與身若斷若續，黄鬚者爲首，非大力者其頭不能舉。

〔一〕《占書》……八穀：『二犬』『三豕』『四羊』，底本與油印本皆分别作『二猪』『三羊』『四狗』，據宋周必大《二老堂詩話》『杜詩元日至人日』條引東方朔《占書》校改。

〔二〕雞狗猪羊馬復牛，排來件件壓人頭：底本作『雞犬猪羊又馬牛，年年六畜壓人頭』。據呂留良《東莊詩存·倀倀集》校改。此詩題爲《人日同黄元煙飲》。

〔三〕蔡君謨……陳烈詩：宋晁説之《晁氏客語》載：『蔡君謨守福州。上元日，令民間一家點燈七盞。陳烈作大燈長丈餘，大書云：「富家一盞燈……猶恨笙歌無妙曲。」君謨見之，還輿罷燈。』

〔四〕競：油印本誤作『竟』。

參城隍，蟠殿柱時，他龍燈遇之必避而退居其後。田雯《迎春詩》『游龍蜒蜿〔一〕來何方』是也。獅燈次之。詩又云『假面獅子吟西涼〔二〕』是也。有歌者舞者。詩又云『椎髻花鈴唱采茶〔三〕』，又云『山謡秧歌語莫辨〔四〕』是也。王建詩〔五〕：『金吾除夜進儺名，畫袴朱衣四隊行。』儺以驅疫。昔有演爲神狀者，燃香鳴爆竹以迎之，亦儺之類也。鄉村以歌唱者爲花燈，出神者爲太平燈。城中花燈較多。今則慶祝令節皆有之，不限其爲上元矣。

中和節

唐以正月晦日送窮，韓愈有《送窮文》，李泌請廢之，以二月朔爲中和節。行之不久，祗存其名而已。惟以二月二日爲土地生日，有賽社者，如唐中和節之祭勾芒，祈年穀耳。秦俗以是日爲迎富日。安慶商店，亦多於二日開張。

上巳

三月初，巳日爲上巳。魏以後但用三日。蜀多流杯池，循流觴曲水故事。此地多於是日踏青郊外，席地觴咏，亦修禊之風也。

清明

清明，民國時以爲掃墓節。墓祭已叙於祭禮中。俗以楊柳插於門。舊時蓄髮，有簪柳葉者，相傳吊介子推。《左

〔一〕蜒蜿：『蜒』，油印本作『蜓』。『蜿』，底本作『蛇』，難以識讀。據田雯《古歡堂集》七言古詩卷三《迎春詩》校訂。
〔二〕假面獅子吟西涼：此詩句出自田雯《古歡堂集》七言古詩卷三《迎春詩》。
〔三〕椎髻花鈴唱采茶：此詩句出自田雯《古歡堂集》五七言絶句卷二《春鐙詞八首》之一。
〔四〕山謡秧歌語莫辨：此詩句出自田雯《古歡堂集》七言古詩卷二《迎春詩》。
〔五〕王建詩：下引詩句出自王建《王司馬集》卷八《宫詞一百首》之一。

傳》《史記》無子推被焚之事，周於『仲春以木鐸徇火禁於國中〔一〕』，推演而爲寒食禁火以哀子推。《琴操》載子推之死在五月，非春季也。

浴佛節

《化胡經》謂佛生於周莊王十年四月八日，故以是日爲浴佛節。寺僧多作龍華會，地藏庵、迎江寺尤盛。是日買魚放生者甚多。

端午

唐玄宗以八月五日爲千秋節。宋璟表云〔二〕：『月惟仲秋，日在端午。』端，初也。古人『五』『午』通用，凡月之五日，皆可稱端午。今人祇以五月五日當之。屈原以五月五日投汨羅江死，世以菰〔三〕葉裹黏米祭之，曰『角黍』，今粽子是也。龍舟競渡，亦欲拯屈原者，今以是日爲詩人節，且欲溯風騷之遺音。安慶以角黍相饋贈，昔亦有效唐太宗而贈扇者。競渡向自操江廠至大新橋，觀者如雲。每歲龍船，初一日試水，日日演之，惟初三不演，相傳此日曾覆舟，故忌之。艾虎蒲劍，浴蘭湯，飲雄黃酒，并噴屋辟床帳，嬰兒塗其耳鼻，以祛毒氣。昔日道士，送端午符，亦曰『驅邪』。郭麐詩〔四〕末云：『角黍須盛五采筩〔五〕，蛟龍波底泣孤忠。六丁六甲符安用，且避人間蠆與蜂。』

〔一〕仲春……國中：《周禮・秋官司寇第五》載司烜氏『中春以木鐸修火禁於國中』。張萱《疑耀》卷五曰：『《周禮》司烜氏「仲春以木鐸徇火禁於國中」。』方以智《通雅》卷十二引《周禮》作『司烜氏「仲春以木鐸徇火禁於國中」』。此處采用了明人所引的《周禮》文本。

〔二〕宋璟表云：見吴仁杰《兩漢刊誤補遺》卷九、洪邁《容齋隨筆》卷一。

〔三〕菰：油印本作『菇』，誤。宋人《紺珠集》卷十三『角黍』條曰：『《風土記》：五日以菰葉包粘米謂之角黍。』

〔四〕郭麐詩：郭麐《靈芬館詩》四集卷一收録此詩，題爲《重五日靈芬館分賦得五毒符》。

〔五〕筩：底本、油印本作『筒』，據郭麐《靈芬館詩》四集卷一所録此詩文本校改。

七夕

太平興國三年，詔七夕嘉辰，著於令甲。昔時少女望月穿針，乞巧於牛女。今女學興，此風已熄。牛女之事，始於《續齊諧〔一〕》成武丁之妄言，成於《博物志》乘槎之浪説。文人歌咏，最多可怪也。

中元

七月十五日之盂蘭會，傳爲目蓮救母故事。江南多於是時演目蓮戲。此地多召僧道焚楮錢冥衣，并施食，謂之『賑孤』〔二〕，且有放河燈者。十月十五日爲下元亦如之，但不如中元之盛。十月朔焚冥衣，曰『送寒衣』。

中秋

中秋古謂之『月夕』。是時天朗氣清，月倍明耳。唐明皇曾於宫中玩月，歐陽詹序〔三〕云：『玩月，古也。』今皆設餅、餌、栗、菱、石榴之類，圓坐飲食以賞月，以月之顯晦，卜上元之陰晴。諺云：『雲掩中秋月，雨打上元燈。』餅曰『中

〔一〕續齊諧：底本及油印本作『齊諧』，誤。吴均《續齊諧》載：『桂陽成武丁有仙道，常在人間。忽謂其弟曰：「七月七日，織女當渡河，諸仙悉還宫。吾向已被召，不得停，與爾别矣。」弟問曰：「織女何事渡河？去當何還？」答曰：「織女暫詣牽牛，吾復三年當還。」明日失武丁。至今云：織女嫁牽牛。』據此校改。

〔二〕賑孤：底本與油印本皆作『拯孤』，據道光《懷寧縣志》卷九、民國《懷寧縣志》卷十相關記載校改。

〔三〕歐陽詹序：歐陽詹《歐陽行周文集》卷九收録序文，題爲《玩月詩序》。

秋餅』。蜀志：元時，漢人於中秋夜殺韃子，以餅通消息〔一〕。昔有在鷺鷥橋摸礫塊，石爲男，瓦爲女，以占生子，曰『摸秋』。

重陽

九爲陽數，九月九日，故曰『重陽』。以糍糕相贈。西漢宮中，重陽食餌，餌即糕也。《蜀語〔二〕》云：『蒸糯米揉爲餅，曰『糍巴』。』即《禮記》之粉糍。登高傳於《續齊諧》，原不足信，但後世多踵桓景遺事。昔時多登迎江寺塔，次爲大觀亭，有遠至龍珠山者，持螯飲酒以爲樂。菱湖、森林兩公園，嘗堆菊花山，開菊花會。

冬至

昔時樹表占水旱。至後，日長一綫。婦於舅姑有獻履襪者，表女工之始。至於祠祭，已叙入祭禮中。

臘八

夏曰『嘉平』，殷曰『清祀』，周曰『大蜡』，總謂之『臘』。古以冬至後三戌爲臘，今人但以十二月爲臘月，八日〔三〕爲臘八。世多設臘八粥，以米、豆、棗、栗、薑、菜爲之。此地昔有臘八會，知縣牛映奎禁之而止。俗語粥之稀者曰『臘八

〔一〕蜀志……以餅通消息：『蜀志』，不知其爲何種文獻。考民國《牟平縣志》卷十《文獻志》：『俗云：「八月十五殺韃子。」相傳當時各村皆置韃子，管轄村民，橫行無道。各村密謀誅之，先期以月餅裹文，互相饋送，約於八月十五，酒醉韃子而殺之。故今中秋望夕，猶食月餅以爲紀念。按此當爲元末時事，雖不見正史，亦可爲民族革命之一證。』民國《萊陽縣志・附記》、民國《朝陽縣志・風土》、民國《茌平縣志・風俗》、民國《青城縣志・鄉區》皆有類似的記載，可與此處所載相印證，但不見蜀地地方志有此記載。

〔二〕蜀語：底本脱『語』字，手稿複印本與油印本作『蜀語』。考此下引語正見於明人李實《蜀語》，據此從手稿複印本與油印本校補。

〔三〕日：油印本誤作『月』。

稀』，蓋以其米量之少也。

竈日

商之五祀，竈居其一。周增門與司命而爲七。今稱竈神曰『司命』，二而一之也。司命見於《搜神記》〔一〕。道家妄言司命於十二月二十三日朝天，奏人家善惡，先期送竈神〔二〕、竈疏〔三〕。是夜家家祀之，曰『送竈』。糖曰『竈糖』，并以草豆奉竈馬。除夕子夜亦如之，曰『接竈』。《夢粱〔四〕録》『餳豆祀竈』是也。

小年

《武林舊事》：『禁中以臘〔五〕月二十四日爲小節夜，三十日爲大節夜。』古以臘之次日爲小歲。盧照鄰《元日》詩：『人歌小歲酒，花舞大唐春。』是又以元日爲小歲。小歲、小節與小年等。今俗皆以二十四日爲小年。是日接祖，以後朝夕馨香薦之，至上元送祖而止。家庭聚宴曰『過小年』。

〔一〕司命見於《搜神記》：在早於《搜神記》的文獻中已有不少關於司命的記載，如《周禮·春官宗伯》『大宗伯之職……以槱燎祀司中、司命、飌師、雨師』。《禮記·祭法》：『王爲群姓立七祀，曰司命，曰中霤，曰國門，曰國行，曰泰厲，曰户，曰竈。』《史記·封禪書》『晋巫祠五帝、東君、雲中君、司命、巫社、巫祠、族人、先炊之屬……荆巫祠堂下、巫先、司命、施糜之屬』。屈原《九歌》有《大司命》《少司命》。作此辨正，原文仍舊。

〔二〕神：底本作『坤』，根據上下文意，從手稿複印本與油印本校改。

〔三〕竈疏：光緒《嘉應州志》卷八《禮俗》：『臘月二十四日，楮畫竈君、竈馬爲黄疏，焚之送竈神上天。新正初五日，設酒饌，燒竈疏，謂之「接竈」。』

〔四〕粱：底本及油印本皆作『梁』，誤。『餳豆祀竈』一語出自宋代吴自牧《夢粱録》卷六。據此校改。

〔五〕臘：底本作『朧』，據宋人周密《武林舊事》卷三校改。下同。

除日

除日，歲盡之日。詩云〔一〕「爆竹聲中一歲除」是也。俗謂之大年晚曰「除夕」。具牲醴饗祖，家庭聚宴，曰「過大年」，雖乳兒必列席。俗以飲食歷時久者，曰「吃年飯」。詩云「椒觴緩緩醉深更」是也。《唐風・蟋蟀》之樂，至今未減。賜小兒錢曰「壓歲錢」。宋士庶之家圍爐團坐，達旦不寢，謂之「守歲」。今亦然。燈燭輝煌徹夜，黎明則賀新歲矣。

節令之習尚，其色彩漸淡者，原因有二：陰曆易爲陽曆，國不頒時憲之書，一也；勞動、青年、婦女、兒童等節，相繼産生，國慶尤爲隆重，足以轉移其心理，二也。其他月忌、日忌之讕言，更不攻自破矣。

〔一〕詩云：王安石《臨川先生文集》卷二十七收録此詩，題爲《元日》。

附録一：程濱遺年譜

汪祚民　撰

一八七七年（清光緒三年）　一歲

程濱遺，譜名國京，字長城，號孟侯，又號小蘇（筱蘇、曉蘇）。是年四月十七日，誕生於皖懷寧縣高河埠程家沖。

民國四年懷寧野鴨塘程家沖四箴堂《程氏支譜》（以下簡稱《程氏支譜》）：『國京，名濱遺，字長城，號孟侯，一號小蘇……光緒三年丁丑三月初四日卯時生。』

按，程勉一九八一年爲《安慶舊影》（以下簡稱《舊影》）所作的《作者生平簡介》（以下簡稱《簡介》）曰：『吾父名濱遺，字小蘇。一八七六年（光緒二年）四月五日生於皖懷寧縣高河埠程家沖。』其中，程濱遺字號與出生年月皆與《程氏支譜》有异。因程濱遺爲《程氏支譜》主修者，親爲此譜作序，并請當時參政院參政、前安徽都督孫毓筠，安徽高等審判廳長馬振憲，參政院參政、碩學通儒馬其昶分别爲其祖父、父、母作傳，載入譜中，其中，關於程濱遺的記載是經其本人審定的，最爲可信，故此處依《程氏支譜》載記爲準。民國二十六年出版的楊家駱《民國名人圖鑒》載程濱遺出生於一八七七年，與《程氏支譜》記載一致，可資佐證。

高祖宏志公、曾祖先行公皆國學生。祖容光公潜心於《易》，著《周易平議》。父華淦，長於詩文，濱遺輯其詩曰《卧龍山房詩存》。母儲氏，出生名門。父母皆生於咸豐六年（一八五六年），年二十二，生濱遺。

《程氏支譜》載：『宏志公，學名渭濱，字壯猷，號於道，一號惇厚，太學生。行實另載。原有序有傳……子四：先義，先禄，三卒，……先行。』『先行公，學名世德，字廣心，號克齋，一號少惇，國學生。行實另載……子一：容光。』『容光公，字鏡澄，號保堂，一號澹軒，邑庠生。道光十六年丙申五月初八日未時生。配汪氏，古埂埧師林公女，道光十六年丙申三月二十一日巳時生。子五：華淦，華玨，華導，華祐，華藩。女七。』『華淦公，字文錦，號蘇仙，一號卧龍。咸豐六年丙辰五月初三日卯時生。聘儲妣，州廩貢生誾公女，早逝。配儲氏，化宣公女，邑庠生百魁公侄女，咸豐六年丙辰九月初九日子時生。子一：國京，兼祧弟華祐公爲嗣。』孫毓筠《程公容光傳》：『其著《周易平議》，發明大義，成一家言。惜公歿時，小蘇主講宛陵，聞訃歸，稿多散失。』馬振憲《程蘇仙公傳》：『公諱華淦……故其爲文，能追縱古哲，而詩尤清奇。哲嗣小蘇拾其稿而輯之，都數十首，顔曰「卧龍山房詩存」。』

配黄氏，又娶侯氏。子七：長子勉（即勉旃）；次子勗，十三歲而卒；三子鑒（即銘之）；四子蜉生，幼殤；五子惕；六子佚名，或早殤；七子簡。女二：長女菊生；小女雪生。

《程氏支譜》載：『國京……娶黄氏，邑庠生聯甲公侄孫女、成顔公長女，光緒三年丁丑正月初六日亥時生。子：尚濂，尚洛，尚魯。女：長許。』『國京……娶侯氏，光緒二十五年己亥九月二十三日未時生。子：蜉生，殤。』『尚濂，學名勉，字從事，號黽齋。懷寧中學畢業生。光緒二十三年丁酉七月初三日申時生。聘儲妣，殤。娶黄氏。』『尚洛公，學名勗，字從賢，號迪齋。光緒二十五年己亥九月二十五日子時生。公民國三年甲寅九月三十日卯時卒。』『尚魯，學名鑑，字從新，號銘齋。光緒二十九年癸卯十月二十二日巳時生。聘汪氏。』二〇一二年編《程門教育家譜·程門教育世家四代譜系圖》載第一代爲程濱遺及其兩位夫人黄曉梅、侯蕓渠。第二代爲：長子媳程勉旃（程勉）、黄丹華；三子媳程銘之、汪惜餘；長女婿程菊生、江康黎；四子媳程惕、楊君；六子媳程簡、耿小瑩；小女婿程雪生、胡華光。

按，《程門教育家譜》譜系圖所録程濱遺六子，其中有次子和五子省去不提。對照《程氏支譜》，省去不提的兩子：一是十三歲而卒的次子尚洛，一是蜉生之外的另一位早殤的兒子。《程氏支譜》載程濱遺與黄氏所生三子一女，三子分别出生於光緒二十三年、二十五年和二十九年；與侯氏所生子一子，因幼殤未載出生年月。侯氏出生於光緒二十五年，小程濱遺與夫人黄氏二十三歲，至《程氏支譜》修成之民國四年，虛歲才十七歲，則侯氏生子蜉生應在民國元年至四年之間。由此可知，幼殤的蜉生按年齒排序爲程濱遺四子。子愓、簡及小女程雪生未及載入民國四年修的《程氏支譜》，説明三人皆出生於民國四年之後。程愓一九五六年填寫的《自傳》説『現年卅九歲』，并介紹弟程簡和妹程莉明（或即雪生），則他出生於一九一七年，即民國六年，弟妹更在其後，印證了上述推斷。程愓少於蜉生，應爲程濱遺五子。《程門教育家譜》譜系圖或忽略幼殤的蜉生未算其排行，程愓自然爲程濱遺四子，其中未提名姓的五子，或早殤。果真如此，則程濱遺實有七子。

一八七九年（清光緒五年）　三歲

九月八日，父卒，享年二十四。母年二十四，守節撫孤。

《程氏支譜》：華淦『光緒五年己卯七月二十二日卯時卒』，『時（儲）氏年二十三歲守節』。

按，《簡介》曰：『吾父歲餘喪父（名蘇仙）。』與家譜所載有出入。此以家譜記載爲準。《程氏支譜》載儲氏『年二十三守節』是按周歲計算的，今統一按虛歲作『二十四』。

一八八一年（清光緒七年）　五歲

五歲就學，母以紡織助其學費。稍長，朝耕夕讀。

《程氏支譜》載程濱遺請托馬其昶所作《節母儲太夫人序》曰：『子五歲就學。是時家道中落，凡書硯之費皆出其紡織之所得者以佐之。無何家分居，田不及石，使其子朝出而耕，夕入而讀。』

按，《簡介》曰：『吾父……自幼即從祖父（名容光）讀書。』與馬其昶序稍异，可相互補充。

一八九四年（清光緒二十年）　十八歲

是年中秀才。

《程氏支譜》載程濱遺爲『州廩生』。馬其昶《節母儲太夫人序》：『子既長，主講江南，補弟子員，食廩餼。』《簡介》曰：『一八九四年（清光緒二十年）中秀才。』

一八九六年（清光緒二十二年）　二十歲

一說是年中舉人副榜。

《簡介》曰：『一八九六年，中舉人副榜。』

按，民國《懷寧縣志》卷十五《選舉表》列有清代進士、舉人、副榜和欽賜檢討學正舉人副榜等欄，其中皆無程濱遺的相關記載，且此表顯示光緒二十二年丙申非鄉試年。《程氏支譜》亦未載録此事。

一八九七年（清光緒二十三年）　二十一歲

一月二十七日，爲族人寫賣田契。

《程氏支譜》載：光緒二十二年十二月二十五日，執筆叔父程華珏賣田契，落款『國京筆』。

一八九九年（清光緒二十五年）　二十三歲

六月三日，在族人賣田契上簽押。

《程氏支譜》載：光緒二十五年四月二十五日，在程祖培賣田契上簽押，落款『國京』。

一九〇二年（清光緒二十八年）　二十六歲

一月二十二日，在族人賣田契上簽押。

《程氏支譜》載：光緒二十七年十二月十三日，在程祖培賣田契上簽押，落款『國京』。

一九〇五年（清光緒三十一年）　二十九歲

一月二十五日，爲自己和族人寫賣田契。與此前後，在族人賣田契上簽押。

《程氏支譜》載：光緒三十年十二月二十日，執筆程華玨、程國京賣田契，落款『國京筆』。光緒三十年十二月，在程茂堂賣田契上簽押，落款『國京』。

一九〇六年（清光緒三十二年）　三十歲

一月十四日，在族人賣田契上簽押。

《程氏支譜》載：光緒三十一年十二月二十日，在程國啓賣田契上簽押，落款『小蘇』。

二月二十六日，祖父容光卒。其時，程濱遺課徒於宣城。

《程氏支譜》載容光於『光緒三十二年丙午二月初四日戌時卒』。《程氏支譜》載程濱遺請托孫毓筠所作《程公容光傳》曰：『惜公歿時，小蘇主講宛陵。聞訃歸，稿多散失。』

上年寫賣田契，或爲其母督促，爲留學日本作準備。祖父喪事後，最終成行，東渡日本。

馬其昶《節母儲太夫人序》：『太夫人聞而蹙曰：科舉餘氣，能令人喜，能令人悲。方今文明東漸，猶安擁臯比，與門人弟子談古論今，是趙括、房琯之故智也。勉哉行矣，毋以家爲念！遂罄其產得數百金，助之東游。』

一九〇七年（清光緒三十三年）　三十一歲

在日本留學。

《程氏支譜》載孫毓筠《程公容光傳》：『丁未（一九〇七年）秋，遇程子小蘇於富士見町。』

一九〇八年（清光緒三十四年）　三十二歲

本年從日本國東京法政學校畢業，回國。

《程氏支譜》載程濱遺『日本國東京法政學校畢業』。此譜程濱遺《重修宗譜序》：『余嘗越湘漢，道汝洛，馳驅燕趙之郊，問道扶桑，傳經吴越，不與族人士相接者已有年。戊申（一九〇八年）歸國，向之壯者老矣，少者壯矣。人事遷流，靡有底極。』

按，《簡介》曰：『一八九九年，東渡日本，讀於明治大學，修數理。三年畢業後歸國。』楊家駱《民國名人圖鑑》第二册（辭典館，一九三七年版）『程濱遺』條：『走日本，始習化學，繼研究政治經濟。』這些有關程濱遺留學日本時間、學校和專業的記載皆與程濱遺主修《程氏支譜》中的相關叙説差异較大，此處以《程氏支譜》爲準。

回國後即在宣城、南陵等地辦學。此時懷寧中學風潮突起，應懷寧教育人士電請，回安慶處理懷寧中學事務，服務安慶教育自此始。

《安慶舊影·懷寧中學》曰：『三十四年（一九〇八年），予方辦理宣城、南陵中小學及法政師範兩講習所，本學堂突起風潮，久未解决。堂内外人士，電予任校事，予祇允結束風潮，將校務稍事調整，月餘就緒，即去。但予在安慶服務教育，實自此始。』

一九〇九年（清宣統元年）　三十三歲

六月，參與組織發起銅官山礦抵制會、銅官山礦保存會。

《申報》一九〇九年六月三日第四—五版發表了《銅官山礦抵制會成立記事》。其中所録發起人姓名有程濱遺，并曰：『程曉蘇君謂，今日開會爲皖礦之存亡即爲皖人榮辱生死之關係。』《申報》一九〇九年六月二十六日第十版發表《銅官山礦保存會第二次大會記事》。文中曰：『日昨銅官山礦保存會發起人假明倫堂開議，各屬舉辦分會，提倡認股辦法。到會者均學界中人。首由程小蘇君宣布宗旨。』

一九一〇年（清宣統二年）　三十四歲

與劉梧岡創辦私立高等農業學堂，任教務長。學校於本年開學，分本科、講習科。

《安慶舊影·高等農業學堂》曰：『求是學堂遷移後，改設農工局。清季，劉梧岡氏致仕歸，建築八都湖江堤，遂有提倡農學之動機。與予會商，就農工局創辦私立高等農業學堂，自任董事長，予任教務，將八都湖公股四萬元作基金，惟堤未告成，成者復潰，祇公司前高地二十餘畝，供學生實習，此外未有收益。……本學堂於宣統二年（一九一〇年）開學，分本科、講習科。』

兼任懷寧中學監督，聘易白沙爲教務主任。

《安慶舊影·懷寧中學》曰：『宣統二年（一九一〇年），予經營高等農業學堂。本學堂又以監督易人，學生拒命，復令予兼任。……易白沙文學氣節，爲章太炎等所推重，自來鼓吹革命，聘爲教務主任。』

與光昇（明甫）創辦私立專門法政學堂。

《安慶舊影·法政專門學校》曰：『又次爲私立專門法政學堂，予與光昇創辦，設平安嶺張剛勇公祠。辛亥均停辦。』《安慶舊影·馨園》曰：『園在城北平安嶺，舊爲張剛勇公祠。清季，予假祠辦專門法政學堂。』

按，清宣統二年十月初九日《學部奏酌量推廣私立法政學堂片》（《浙江教育官報》第四四期二八一頁，一九一〇年刊印）：『再臣部於本年四月議覆浙江巡撫增韞具奏變通部章准予私立學堂專習法政摺内開：所有各省私立法政學堂應在省會、地方經費充裕、課程完備者方准呈請設立等語，奉旨允准，欽遵辦理在案。』據此，清廷允許有條件的地方呈請開辦私立法政學堂是在一九一〇年五月之後，故程演遺與光明甫創辦私立專門法政學堂的時間繫於此年。

一九一一年（宣統三年）　三十五歲

五月，爲安徽陸軍小學堂風潮打抱不平，發動罷課抗争。

《神州日報》一九一一年六月三日第六版《皖軍界之泪花血片（三）》：『安徽陸軍小學堂兼差總辦唐道，名啓堯，號蓂庭，此外别無名號。某報者與居同城，連日記此事，竟以堂堂尚書姓名加之該總辦，大書特書曰「唐紹怡」，此已可怪矣。程濱遺者，高等農業學堂監學也。一聞此風潮，集其教員吴某、方某，袒臂大呼，叠於二十四五六七等日奔走呼號，建議全城各校一律停課。』

六月，參加安徽巡警道高等屬官績考，以成績優等録取。

《漢口中西報》一九一一年六月十四日（宣統三年辛亥五月十八日）第四版《高等屬官績考之揭曉》：『安徽巡警道高等屬官第一次考取名次曾志本報。現本月初六日（公元一九一一年六月二日）第二次績考各員亦已評定，分數呈院鑒定。除下等七名不列等一名不計外，計取最優等孫發緒、黄位堃兩名，優等汪知本……程濱遺、孔慶琳、勞元璞、厲存憲等十一名。』

一九一二年（民國元年）　三十六歲

春，安慶高等農業學堂因辛亥革命中輟而復校，任校長。募款籌辦江淮大學。

《安慶舊影·高等農業學堂》曰：『辛亥革命，教育中輟。予於元年（一九一二年）春首先復校，又以城内不適於農業，擇定東門外演武廳，重建校舍，分辦蠶科，闢地植桑，并設養蠶、繅絲各場，部署甫經就緒。』《申報》一九一二年十二月五日第六版有《安慶高等農業學校風潮》一則報道，其中曰：『吴監學以學生如此胡鬧，即請校長程小蘇來堂將爲首滋事之儲生等各記過一次。』《安慶舊影·法政專門學校》曰：『民國元年（一九一二年）春，予獨力募款籌辦江淮大學，分文法兩院。法院分政治、經濟及法律，以三校學生爲主幹，初設於雙蓮寺街舊電報局。先是，清季有官辦高等巡警學堂，及民國初之國民法政專門法律，與陳獨秀經辦之省立大學，次第歸并江淮大學。』

六月，與吴靄航等創辦《民岩報》。

吴景賢《安徽之新聞紙與雜志》（安徽省圖書館《學風》第五卷第二期，一九三五年三月出版）：『民國以來，安徽日報中之富有悠久歷史的，頗多足述，如蕪湖有譚明卿等所辦的《皖江日報》，發刊於民國元年一月；安慶有吴靄航等所辦之《民岩報》，發刊於民國元年六月。』《安慶舊影·新聞事業》曰：『予於辛亥革命時，首先創刊者，曰《民岩》。日出兩大張，初附畫報一張。當時無播音，北京、上海皆有人日發專電，各縣則有特約通訊，本市亦核定訪員，一經刊布，風行一時。報費及滬漢與本市之廣告費，差足自給。』

七月，加入由統一黨、民社、國民協進會、民國公會、國民黨五大政團合并的共和黨。

共和黨本部民國元年八月刊布的《共和黨第一次報告·附本部第一次黨員名册》中録有『程濱遺，小蘇，安徽』。其中，支部分部表中載『安徽支部，安慶城内，七月七日』。據此，將程氏加入共和黨的時間定於民國元年七月。

十二月，作爲安慶高等農業學校校長處理該校師生因考試引發的風潮。

《申報》一九一二年十二月五日第六版《安慶高等農業學校風潮》：『皖省高等農業學校邇因考試，學生修身教員韋格六君因到省議會，擬就題目（係智、仁、勇三者爲修身之本）交與吴監學劍，屆時吴君將題寫出，各學生以此題功課中尚未講過，請另换一題，否則我們一定不作。吴監學告以此題係韋君所出，不能更换等語，維時學生中有儲生等一齊跑出講堂，吴監學以學生如此胡鬧，即請校長程小蘇來堂，將爲首滋事之儲生等各記過一次。各生即蠱惑全堂學生到監學室内尋毆吴君，衆教員一律至監學處排解，學生仍汹汹不休，嗣經姚庶對衆學生跪求，吴君始得未遭毒手，仍請程校長到堂處置，詎程畏學生勢焰，不特不予申斥，反袒護學生，於是監學教員均大起不平，一律出堂至教育司申訴。乃程校長又將吴監學開除，另派方國展接充，於是各教員更懷不服，均决定不回堂。江司長因兩方面相持不下，極力調停，囑程校長敦請各教員回堂，開除爲首滋事學生三人，程比即面允照辦。』

十二月，以自由黨負責人身份與安徽其他黨派負責人聯名發電辟謡。

《民主報》一九一二年十二月十一日第三版《安慶來電》：『大總統、國務院、參議院并轉各報館暨安徽同鄉會鑒：柏督與日商訂約售米，已由省議會電達中央。乃頃閲報載安徽二十二團體公電并與代表汪謙等情，不勝咤异，同人等實無此電，但不知汪謙爲何如人。前電應作無效，合電申明。至捏名僞造之人，俟查明再行呈聞究辦。商務總會蔡正，國民黨常恒芳、謝家鴻，共和黨光昇，自由黨程濱遺，民主黨程抱芳，皖民公會朱鏡清，農務總會管鵬，負販團管璘等公叩。魚。』常恒芳一九四七年《回憶辛亥革命》（《安徽文史資料選輯》第十三輯）：『民國二年，安慶已有五個黨，國民黨負責人是我，自由黨負責人是程筱蘇，民主黨負責人是童懋軒，統一黨負責人是陶蘇民，共和黨負責人是光昇。』

懷寧縣教育會成立，被推舉爲縣教育會會長。

《安慶舊影・縣教育會》曰：『成立於民國初年，後因縣獄改建女校，於對門起房屋一座爲會址，文化館附焉。懷寧爲附郭之區，城中教育隸於省行政系統之下，鄉區忽之。予主會時，分布懷寧教育計畫書，按步實施，頗收成效。』《時事新報》一九一五年七月二十六日第二張第三版《皖江短簡》：『懷寧縣教育會，曾經全縣學界組織成立，舉定程小蘇、何練霞等爲正副會長。旋因獨立之變，該會遽爾停用。』

創辦乙種農業學校和工業補習學校。

《安慶舊影・初等教育》曰：『予於民國元年（一九一二年）於甲種農業學校旁設乙種農業學校，因學生少而停。又設工業補習學校於曾文正公祠，分化學、染織兩科，成績略著。予離皖時，由程泰續辦，後亦停。』

萬壽宫改爲烈士祠，撰聯一副。

《安慶舊影・萬壽宫》曰：『御碑亭於民國元年（一九一二年），省會警察廳改建菜市，僅存者第一碑而已。萬壽宫改爲烈士祠。予當時撰一聯云：「宫殿依然，不敬生王拜死士；匹夫有責，莫教地下笑人間。」』

開始主編《實業雜志》《新教育》。

《安慶舊影・新聞事業》曰：『《實業雜志》爲予主編，同時主編《新教育》。三年（一九一四年）離皖時停。』

按，《實業雜志》疑爲《安徽實業雜志》最初名稱。《安徽實業雜志》第一卷第二號載高炳麟於民國九年（一九二〇年）所撰《弁言》：『安徽之有《實業雜志》始於民國初元劉梧岡先生任實業司長。佘以總務科長襄其事。其時安徽實業尚在萌芽，官私著述闕如也，版出風行一時。旋有兵事，出至七期遂止。』一九一〇年，劉梧岡與程濱遺共同創辦私立高等農業學堂。辛亥革命後，劉氏主安徽實業司，創辦《實業雜志》，請其辦學搭檔爲主編是順理成章的。據此，將程氏開始主編《實業雜志》《新教育》時間繫於此年。

一九一三年（民國二年）　三十七歲

春，因安慶高等農業學校收歸省立，請求卸任此校校長，全力專辦江淮大學。

《安慶舊影·高等農業學堂》曰：『二年（一九一三年）春，教育司商請董事長劉梧岡，將本校讓歸省立。劉任實業司，同府辦事，未能拒絶，轉而商之於予。予於本校盡純粹之義務，又以建築設備，負累過多，遂將財産全部造册移交，并請派員接替，使得以全力專辦江淮大學。易長之日，學生大嘩，經予勸導，大部分轉入江淮大學，於是改爲省立甲種農業學校，校産仍歸校管理。』

七月八日，作爲自由黨代表與其他黨派代表聯名發電反對兩院俸給。

《時事新報》一九一三年七月八日第二張第一版《反對兩院俸給之通電·其二》：『北京參衆兩院、大總統、國務院、武昌副總統、各省都督民政長、各省議會、各團體、各報館鑒：報載兩院議員擬定歲俸月四百元外，日給人二十元，每人收入月在千元以上……安徽國民黨謝家鴻等，共和黨光昇等，自由黨程濱遺等，統一黨趙繼椿等，民主黨李國棣等，工務總會邵傳森等，省農會管鵬等，皖民公會袁家民等，商會蔡正等，救國社薛毅等，政法學會胡慶道等，法學會楊善龍等，懷寧縣議會李可瓊等，同叩。』

七月，任新舉皖督劉國棟之秘書。

《申報》一九一三年七月二十七日第六版《皖省争奪都督之怪劇》：『皖督胡萬太於二十一夜潛行出省。……民政長孫多森、實業司劉梧崗，司法籌備處長李國棣，聞耗均同時出走，行政公署爲之一空。至次日晨，商民始知其事，大爲驚恐，紛紛携家出城。滿街兵士多持中華銀行鈔票，向商家硬買物件。紳商各界以省城不能一日無主，遂於十二句鐘開會，公舉憲兵司令長祁耿寰爲都督兼民政長，顧團長琢塘兼參謀長，於是人心稍定。昨日（廿三號）六句鐘時，忽聞槍聲……事已查知，因祁耿寰爲都督，軍界不服，以祁毫無軍事學識，衆望不孚，意欲另舉劉國棟爲都督。遂與各界會議，决意歡迎劉至行政公署接印。祁耿寰大怒，當時即開手槍向劉施放，隨由憲兵隊長保護開槍抵禦，衛兵亦放槍以壯聲威，祁耿寰見勢不敵，遂自行政公署圍墻後穿洞逃逸。是夜兵士戒嚴，梭巡達旦。至今晨，劉已出示布告，略謂孫胡二君去皖，秩序無人維持。現經諸父老公舉，國棟擔任都督兼民政長事宜，自顧棉薄，敢不竭力維持秩序。』《大公報》天津版一九一三年八月八日第九版《安慶現狀之種種》：『七月二十六日，風聲又緊。以聞蕪通軍隊已至離城四十里之攔江磯下游，省城各軍預備迎戰。蕪湖軍界電省議會、商會公舉管鵬爲都督，范光啓爲民政長，要求同意，兩會未置可否？……又謂都督一席，張永正與管鵬皆欲爲之，内部不免衝突。省城天主堂、聖公會暨各教會醫院以聞蕪軍有襲皖之説，亦函請劉國棟保護，并請於離城三十里外另畫戰綫。行政公署日昨曾經召集辦事人員定於本月入署辦公，今聞此消息無有應者，勢將解散。劉國棟親信之秘書爲程小蘇，一切電函皆其起草。』

一九一四年（民國三年）　三十八歲

八月，離皖，參加第三届縣知事考試，第一場及格，最終落第。

《安慶舊影・懷寧中學》曰：『三年（一九一四年）予離皖，因而辭職（懷寧中學監督）。』《安慶舊影・新聞事業》曰：『三年（一九一四年）離皖，（《民岩》）托之於吴靄航。』《時事新報》一九一四年九月八日第二張第三版與第三張第一版《第三届知事試驗述聞第一場甄録之揭曉》：『九月一日，順天直隸等省考試人員甄録試卷業經知事試驗委員會評定，兹將及格員名開列於下……安徽三十八名。』其中有『程濱遺』。《時事新報》一九一七年四月八日第二張第二版《馮副總統與中原日報・中原日報之内幕》：『《中原日報》創刊未久，除同業外多不知之……兹查該報係陸建章之參謀葛光庭所創辦，落第縣知事安徽懷寧之程濱遺所經理。」

十月，應内務部挑選各縣佐試被録取，分發安徽。

《申報》一九一四年十月二十五日第六版《各省縣佐之新分發》詳載録取名單和分發省份，程濱遺名列其中。民國《懷寧縣志》卷十五：「程濱遺考取縣佐，分發本省。」

一九一五年（民國四年）　三十九歲

一月，被推舉爲恢復安徽省教育會代表。

《時事新報》一九一五年一月十九日第三張第四版《恢復省教育會（安慶）》：「上年，學界曾組織省教育會，以爲互相研究之地，後因事中輟。兹於上星期開首次大會，召集各校長籌議恢復辦法。當推舉代表趙春木、竇谷聲、朱竹蓀、程小蘇四人與官廳接洽，由官廳撥給籌備費四百元，并指定前省議會内東隅房屋爲會址。」

二月，由公立專門法政學校校長改任該校教育主任。

《時事新報》一九一五年三月一日第三張第四版《教育界之談片（安徽）》：「韓巡按下車伊始，即注重教育……兹將公立專門法政學校校長程小蘇改任該校教育主任，另派黄璣爲該校理事。」

七月，再次被推舉爲懷寧縣教育會會長。

《時事新報》一九一五年七月二十六日第二張第三版《皖江短簡》：「懷寧縣教育會，於民國二年曾經全縣學界組織成立，舉定程小蘇、何綀霞等爲正副會長。旋因獨立之變，該會遽爾停閉。今年七月十九號，復由學界發起開會表决，而欲規復該會以維教育。現假定中學校爲會址，仍請程、何兩君擔任正副會長。」

九月八日，被公舉爲籌安會安慶分會代表北上。

《時事新報》一九一五年九月十一日第二張第三版《安慶快信》：「籌安會安慶分會，由王浩如、吴靄航組織公舉代表程小蘇於八日北上。」

九月二十六日，作爲安徽公民代表之一向全國請願聯合會聯名提交支持君主立憲請願書。

全國請願聯合會編《君憲紀實》第一册：『安徽公民代表馬吉符、程濱遺、宗寶善等爲請願事。竊自國體之倡，海内人士莫不致力於君憲之一途……民國四年九月二十六日。』

十月，奉倪嗣冲電召返皖，主持省各縣公民請願團大會，支持君主立憲。

《大公報》天津版一九一五年十一月四日第六版《倪將軍由蚌回省志聞》：『皖屬各縣公民請願團代表刻已齊集省垣，假舊日省議會會址，訂期開特别大會。前次莅京之代表程小蘇君，昨亦奉倪將軍電召促其返皖支配會務。倪將軍亦欲督飭一切，特於十月二十七日由蚌回省開會。事竣，仍赴蚌埠行轅。是日，在城印委文武各職均赴招商碼頭迎迓如儀。』

任民國《懷寧縣志》各鄉籌備主任。

民國四年《懷寧縣志・纂修姓名・各鄉籌備主任》名單列有『程濱遺』。

一九一六年（民國五年）　四十歲

袁世凱稱帝後，組織武裝參加護國運動。

楊家駱《民國名人圖鑒》第二册（辭典館，一九三七年版）『程濱遺』條：『乃遍歷各省，考察教育狀況。行至河南盤豆鎮，適值帝制之變，義師紛起，得五千餘人進定河東。袁氏既殂，奉令罷兵，乃授軍於商震。』

在北京與葛光庭創辦《中原日報》。

《安慶舊影・新聞事業》曰：『五年（一九一六年），予復在北京創《中原日報》，與《民岩》遥相呼應。』《時事新報》一九一七年四月八日第二張第二版《馮副總統與〈中原日報〉・〈中原日報〉之内幕》：『查該報係陸建章之參謀葛光庭所創辦，落第知事安徽懷寧之程濱遺所經理。』

參與發起創辦北京民國大學。

《北京民國大學一覽·北京民國大學創辦簡章》(民國五年)著録北京民國大學發起人名單,程濱遺名列其中。

一九一七年(民國六年)　四十一歲

五月,因所辦《中原日報》反對北洋政府,發表《馮國璋之總統夢》一文遭到馮國璋起訴,被判處有期徒刑三個月。

《大公報》天津版一九一七年五月三日第六版《地方新聞》:『《中原日報》與馮副總統交涉,迭志前報。自馮氏將該報控諸法庭,而檢廳星期日票傳編輯王元震、經理程小蘇到案,先後予以看管,隨移同級審廳起訴。經該報辯護人蒯晋德律師出庭言辭辯論終結後,方以爲法廳必能法依昭雪也。乃前日午後一時,詎審廳開庭宣布判詞,判王元震、程小蘇各處五等有期徒刑三個月,發行盧竹明無罪。查新聞報館與政界個人訴訟,原以法人與自然人之私行爲從無判處徒刑之例,最近《國風報》案即其一也。因之,該報記者王元震、經理程小蘇心不甘服,業已當庭聲明上訴云。』《申報》一九一七年四月六日第二版消息:『北京電:河間因京《中原日報》登有《馮國璋之總統夢》,昨用長電要求政府逮捕經理、主筆究辦,并擬派代表對質。』《申報》一九一七年五月三日第一版消息:『北京電:馮副總統控訴《中原日報》毀謗一案昨已判决。《中原日報》之經理與主筆皆定五等徒刑,監禁三月之罪。』《安慶舊影·新聞事業》曰:『後予以反對北政府,繫秋官者數月,報爲禁衛軍搗毀,不能復舉。』《簡介》曰:『在京辦《中原日報》時,因撰寫《馮國璋之總統夢》一文,報館遭禁衛軍搗毁,吾父被關數月才釋。』

六月二十九日,**獲司法部審批律師資格**。

民國六年(一九一七年)六月二十九日司法部批第五八八號文(《政府公報》第一一一二册第一一九頁):『呈均悉。張俊清等九十八員律師資格均經本部審查相符,兹將姓名開列於後。所有原送憑證及律師證書,仰即來部領取可也。此批。』其附九十八員名單中列有『程濱遺』。

一九一八年(民國七年)　四十二歲

任步兵第四團書記官,參加川鄂戰役,獲授八等嘉禾勛章。

北洋政府公文,七年(一九一八年)十一月二十四日《國務總理呈大總統核擬陸軍部請獎川鄂戰役人員勛章文(附單)》:『七等文虎章:總司令部監印員朱法奎……暫編步兵第四團書記官程演遺……以上十五員,原請七等與例不符,擬請比原委任官居超給勛章例,均給予八等嘉禾章。』(《政府公報》第一三五册六二九—六三一頁)

一九一九年(民國八年)　四十三歲

任皖省視學,懷寧縣教育會開評議會討論其議案。

《申報》一九一九年十月三十一日第七版消息:『懷寧縣教育會昨日開評議會,討論省視學程小蘇提議案,大綱如下:(一)經濟獨立;(二)人才集中;(三)校務;(四)培養道德;(五)增進職業教育;(六)啓發自治觀念;(七)提倡女學;(八)取締私塾。以上各問題均當場表决,次第舉行。』

創辦私立第一女學。

《安慶舊影·懷寧縣》曰:『八年(一九一九年),予就縣獄募款改建私立第一女學。』

力求恢復懷寧中學,并兼任校長半年。

《安慶舊影·懷寧中學》曰:『四年(一九一五年)奉令停辦,以校産歸地方財政局,分辦高小四,鄉三城一。城即本校之化身也。予歸皖後,力求恢復,又兼任半年。』

兼授法政專門學校『國際法』『法制史』等課。

《安慶舊影·法政專門學校》曰:『予於八年(一九一九年)回皖,長六邑中學,仍兼授昔日所任「國際法」「法制史」等課。』

一九二〇年(民國九年)　四十四歲

二月四日，任安徽省檢定小學教員委員，在懷寧縣檢試小學教員。

《申報》一九二〇年二月四日第七版《地方通訊·安慶·檢定小學教員委員出發》：『皖教育廳檢定小學教員第一期已訂二月四日舉行。其試驗地點分爲四路：一路懷寧；二路大通；三路蕪湖；四路合肥。試驗委員昨由教廳委任：一路李寅恭、向道成、朱述曾、程濱遺；二路汪聲應、蔡繼榕；三路江辛、吕聯乙；四路姚瑞其、趙桂芬。該員均於上月三十一日出發矣。』

六月底至七月間，任安慶六邑中學校長。

《安慶舊影·府學》曰：『九年(一九二〇年)予長安慶六邑中學，以府學與府校有歷史之關係，乃收歸校有，從而整飭之。可以利用者，皆創設學校。』《安慶舊影·安慶六邑中學》曰：『九年(一九二〇年)，學生突起風潮，公推予任校事，予不可。久之，提三條件：一、董事會設置於府學前校有房屋，董事不能住校；二、董事會衹核定預算、决算，不能經管收支；三、教職員以人才爲標準，不論外省外縣，由校長選聘，董事不能推薦。董事一一允諾。於是將校務從新改組。采分科制，注重數理，設法購辦中學儀器全部。另建理化教室及學生實習室。數學爲基本科學，設夜班，俾績較遜者補習之。文科國文以能力分班，亦有夜班補習。』《申報》一九二〇年六月二十四日第七版《皖省教育界近聞》：『六邑中學校長劉默庵，自任事以來無所表見。學生頗不滿意，一再懇請董事會更選。乃該董事會一面仍挽留該校長，一面革除學生六名，以見好於劉氏。現各生以該董事會如此解决，殊失其平，并濫用職權，摧殘教育，特上書教廳，請求罷免劉職以維教育。』據此，程氏任六邑中學校長應在本年六月底至七月間。

九月十四日，與皖省紳商學界人士聯名公電反對張文生督皖。

《申報》一九二〇年九月十四日第六版《皖人反對張文生督皖電》：『各報館均鑒：天禍吾皖，險象環生。方思廢督整軍，藉清治本。近聞張文生繼任督席，是避張勳督皖之名，而收張勳督皖之實。投鼠忌器，倘非誤傳，是中央故棄皖人，皖人寧甘自棄？萬一中央冒然發表，則皖人矢死協争，决無反顧，乞垂察焉。皖省紳商學界公民蔡正、程慶福、程濱遺……等共五百二十八人公叩。文。』

十一月二十六日下午，以省視學身份在安徽第四區第一次聯合運動會上致辭。

《本區聯合運動會開會紀略》：『本届暫以中等學校爲範圍，本期參與運動者凡三校：（一）省立第二師範學校；（二）省立第三中學校；（三）公立甲種商業學校。』『聯合運動場所，設休寧萬安省立第二師範學校之運動場。』據其中的運動會秩序單，一九二〇年十一月二十六日下午奏樂閉會前一項爲『整隊給獎（省視學致訓詞）』。此『省視學致訓詞』即《安徽教育廳代表程視學濱遺致第一届聯合運動會祝詞》。上述材料詳載《安徽省立第二師範學校雜志》一九二〇年第七期。

十一月三十日，作爲校長出席安慶六邑中學學生自治會成立大會，并發表演説。

《民國日報》一九二〇年十二月六日第七版《皖六中校自治會成立》：『安慶六邑中學組織學生自治會。上月三十日開正式成立大會，以該校禮堂爲會場……由該校校長程小蘇、英文教員陳唐卿等相繼講演，均能闡明自治，發展人權。』

一九二一年（民國十年）　四十五歲

一月，以省視學身份視察秋浦縣教育并發表報告。

《安徽教育月刊》一九二一年第三七期第八—一〇頁、第二六—二七頁分别刊載《省視學程濱遺視察秋浦縣教育狀况報告》《訓令秋浦縣知事：第一二八號（令爲視學程濱遺視察該縣教育狀况報告由）》（十年一月二十八日）。

六月十一日，參加安徽學校聯合會暨學生聯合會代表大會，討論六月九日軍閥議員屠戮學生事件的善後事宜。

《民國日報》一九二一年六月十六日第三版《安徽人寧爲玉碎》：『六月十一日上午九句鐘，安慶學生全體代表和上海安徽六公團代表王君先强……公假安徽省教育會地點，開聯席大會。……學生代表方樂舟君起立，謂安慶學生會自五四成立以來，曾數度反對省議會通過鹽斤加價一五，加徵八分米厘數案，久已觸怒軍閥，積怨議員。前日以十年度教育經費預算案議會延不提議，并相率赴蚌慶賀倪嗣冲生祠落成典禮。本會因派代表數十人赴該會勸阻，并請即日將教育經費案議決。乃議長趙繼椿、議員王蓋臣、劉碩等，適在會公宴倪道烺、馬聯甲，因嗾馬調集重兵，任意屠戮，血流遍地，哭聲滿城。本會誓死與萬惡議員和軍閥宣戰，望各代表發抒宏論，共策進行云云……六月十一日上午十一句鐘，安徽學校聯合會暨學生聯合會在教育會開全體代表聯席會議。……李光炯先生建議，請各校推舉人商議辦法；程小蘇先生提議，不必由每校推舉，完全由學校聯合會辦理。主席以此二建議付表决。結果依照程先生辦法循環講演辦法，完全由學校聯合會辦理。』

八月二十六日，被推爲委員制省教育會章程起草委員和主任。

《晨報》一九二一年十二月二十二日第六版《皖人倡設委員制省教育會之用意》：『八月二十六日，本（委員制省教育會）籌備處在省教育會開會……公推陶知行、曹士彬、光明父、劉式庵、劉希平、徐煦初、何著青、程小蘇……爲委員制省教育會章程起草委員……并推程小蘇爲起草主任。』

十月，被推舉爲安徽華洋義振會董事與游藝會主任。

《申報》一九二一年十月二十七日第十—十一版《安徽華洋義振開會記》：『許世英日來對於組立華洋義振會暨游藝會正在竭力進行，且欲於此年内極短期間趕辦完全。二十一日曾就造幣廠推舉游藝會各股主任，二十二日復就省公署特開華洋義賑討論大會。……推定會長張星五督軍、韓仁敦主教、許俊人省長，董事畢德生、……程小蘇……推定主任馬冀平、孫心蘭、李通聲、畢德生、史星珊、吴伯生、李範之、……程小蘇。』

十一月二十日，受安徽省教育廳委派去蕪湖調查處理二農風潮。

《民國日報》一九二一年十一月二十一日第八版《皖教育廳對付二農之嚴厲》：『蕪湖函云：教育廳前日電致程小蘇及余知事，飭令辭退二農教員吴遁生，并開除爲首滋事學生馬演壽、干思、薛卓漢等。茲聞昨日下午，程小蘇又接教廳快函一通，大致謂迅仰該員立即將吴遁生與馬演壽等撤退開除。如其違抗，即會同馬幫辦余知事派隊前往實行驅逐出境云云。』《四民報》一九二一年十一月二十三日第二張第八版《程小蘇昨已回省》：『調查二農風潮之省委程小蘇，已於前日下午三時乘輪回省復命。説者謂程與吴遁生頗有感情，故來蕪調查結果却有袒庇意，以是各人多懷疑云。』

任安徽省教育廳義務教育事務所所長、省城義務教育籌辦員，致力推廣普及小學教育。

《時事新報・學燈》一九二三年八月九日第六版《安徽教育信息・義務教育事務所》：『安徽省教育廳所辦義務教育事務所，專爲普及義務學校而設。緣皖省居長江中流，失學兒童既屬衆多，義務學校設立甚少，雖官廳所立之高小校内，附有國民學校，不但校舍偏於一隅，亦且不足以容納多數兒童。欲救濟兒童之失學，捨普及義務學校不爲功，於是教廳有籌備義務教育事務所之設立，年撥經費十八萬元，委任程小蘇爲所長，以專司籌備義務教育之責。計該所成立以來，已在省會先後成立國民學校二十餘所。』《安慶市小學教育概況》（安徽教育廳省會小學管理處一九三〇年編，第二〇五頁）在叙及安慶市第七小學沿革時説：『（民國）十二年春，主管義務教育主任程小蘇，視察此學區。』此處『主管義務教育主任』，也許就是『安徽省教育廳義務教育事務所所長』一職。《安徽教育月刊》一九二一年第三八期第二九—三〇頁刊登《指令省城義務教育籌辦員程演遺：第五六八號（呈一件呈報擬訂省會施行義務教育規程并組織事務所委員會情形，請撥給補助經費以策進行由）（二月十六日）》。《安慶舊影・懷寧縣》曰：『十年（一九二一年），予籌辦省會義務教育，先後成二十餘校。建築設備，亦係募集。乃於西偏，建爲第一小學。』《安慶舊影・中等教育》：『師範無私立者。予於民國十年（一九二一年）推廣小學，汲汲造就師資。日班二，附懷中内，曰「師範講習所」。夜班一，設第一中學東院孔教會内，曰「講習會」。限期皆一年。』《安慶舊影・初等教育》：『民國十年（一九二一年），予懸想普及安慶小學教育，聯合舊有學校之師生及工商界之熱心教育者，相與調查學齡，勘定地址，以便分區設校，先後成立二十二所，校舍多係新修或增建，設備各校一律，足敷小學之用。舊有之學校，亦分别調整，并以實力補助其不及。各校皆附民衆夜校，然去普及之途尚遠也，正繼續籌畫中。』又曰：『予於八年（一九一九年）自外歸，目擊長沙、太原及南通、無錫、常熟小學教育之發展，安慶視之深有愧色，遂矢願必達其目的。自十年（一九二一年）

開始，先後成立十九所。私立而補助其設備及經常費，承認爲代用者六所。』《安慶舊影・社會教育》：『民國十年（一九二一年），袁希濤以義務教育、陶知行以平民教育，爲國内倡。予方欲完成安慶義務教育，籌辦各小學，與陶商洽，以平民教育補助義務教育之不及，乃於中小學行政機關、人民團體各設平民夜校，分兒童班、成人班。』

兼任勸學所所長。

《安慶舊影・社會教育》：『民國十年（一九二一年），予暫兼勸學所。』

一九二二年（民國十一年）　四十六歲

一九二二年四月，參與籌辦安徽省教育會年會。

《申報》一九二二年四月十三日第十版《皖省教育會年會紀》：『安徽省教育會本年常年大會原定四月一日舉行。先期由省教育會發出通啓，召集各縣代表到省，詎届期報到者人數寥寥，復展期至四月八日。當各縣代表未到齊以前，各會員曾開預備會數次，討論會章問題。……推定劉先黎、劉式庵、董寄公、許殿平、向弼五、汪朗溪、孫希文、章鑄黄、陳坦如、程小蘇等十人爲招待員。』

五月，與安徽省教育會成員聯名發布公電反對省長創辦六角米捐。

《申報》一九二二年五月二十三日第四版《安徽省教育會代電》：『上海《申報》《新聞報》《時事新報》《民國日報》，轉各埠皖同鄉均鑒：皖省長創辦蕪湖米照捐，每米百斤收税六角，宣言先供償債及新軍裁兵之用，業經公布施行。查前項債款及裁兵各費，均屬國家範圍，何得令地方擔負。當此時局未定，軍閥專横，有此鉅資，足使武人覬覦，裁兵反更無望，况此種米税，雖直接取之運商，而運商勒抑米市，仍間接取之農户。從前八分米厘，因全省反對中止，今乃變本加厲，違法苛徵，誓不承認，伏祈迅電許省長立將此案撤銷，以蘇民困，不勝迫叩之至！安徽省教育會委員：丁銘禮、李盛豫、周世筠、劉貽燕、竇延年。評議員：劉先黎、王玉佩、何治愷、汪淮、戴立鰲、王作礪、虞育英、何巽、周松山、汪開棟、汪珇惇、穆海鵬、張和聲、章鑫培、孫毓琨、程濱遺……徐寅亮叩。巧。印。』

七月，安徽大學籌備處召開全體職員大會，程濱遺被公推爲十人代表，與省長許世英接洽經費。

《晨報》一九二二年七月十五日第五版《安徽大學之籌備》：『安徽大學籌備處，於日昨在省教育會開全體職員大會……嗣議公推代表十人，晋謁許世英省長接洽經費……其所推舉代表，如王星拱、高一涵、劉希平、張漢杰、程小蘇、梅小先、劉海屏、劉式庵、舒鐵香、光明甫。』

八月十八日，以省會義務教育籌辦員身份擬定《安徽省會代用國民學校暫行條例》，獲省教育廳批復實行。

《安徽教育月刊》一九二二年第五六期第四二—四四頁載省教育廳令：《指令省會義務教育籌辦員程濱遺：第二六六四號（呈一件呈爲遵擬代用國民學校暫行條例請鑒核由）（八月十八日）》。

十二月，以安徽省教育廳第二科長身份兼任安徽教育專款保管委員會委員。

《晨報》一九二二年十一月二十八日第五版《皖省教育經費獨立運動成功》：『皖省教育經費獨立一案，力爭經年，迨月前始得教育廳長江暐堅予主持，以底成立。其撥款辦法，亦已劃定，……惟保管委員會自應連帶成立。』《民國日報》一九二二年十二月十日第二張第六版《教費獨立後之皖省教育》：『教費獨立之保管，亦在進行中。查教育專款保管委員會日前開會籌備。原定委員五人，財教兩廳及省教育會各推委員一人，學校聯合會推舉二人。……因財廳撤出异議，謂該廳須派委員兩人。其理由係爲一司收入，一司支出。如以司收入者爲委員，支出方面則遇事不能參與，必多隔閡；如以司支出者爲委員，則收入方面又不接頭。有此原因，勢必兩人均爲委員不可。於是經過若干次討論，不得不聽予所請，故教廳省教育會學校聯合會，亦各要求加派一人。現在既成九人，各方均無异議，遂分頭推舉……教廳派出第二科長程小蘇、第三科長周禕侯……各委員已預備組織委員會，依照規定手續，進行一切矣。』《時事新報》一九二二年十二月十一日第二張第一版《皖省教育界近訊》：『教育專款保管委員會日前開會籌備。……財教兩廳及教育會亦要求各推委員二人……教廳派出第二科長程小蘇、第三科長周禕侯。』《教費獨立運動之經過》：『皖人士從事此項運動，迄今已八九年。民國十一年，省教育行政會議即有統一教育經費之議案。同年四月組織教育專款經理委員會，指定桐城等十縣劃撥田畝四十四萬元、鹽河等十厘局撥税六十一萬元，加以皖南茶厘及蕪湖米捐共爲一百五十三萬以爲教育經費，由委員會直接管理。辦理未及一年，財廳主張金庫統一，推翻成案，於是所謂教費獨立者，遂告一結束。』（《一年來之安徽教育·關於教育經費事項》，安徽省政府教育廳編譯處一九三〇年三月編印）《安慶舊影·安徽教育經費管理處》曰：『經費之獨立，創始於民國十一年（一九二二年）。當時劃定潛山、全椒、阜陽、廬江、無爲、貴池、休寧、南陵、當塗、繁昌等十縣之田賦，裕溪、鳳凰頸、和全、灣沚、華陽等五局之厘金，共一百萬元，爲教育專款，設教育專款委員會。收支保管，由教育廳負責。予爲委員之一，祗籌畫監察而已。』

一九二三年（民國十二年）　四十七歲

二月一日—三日，作爲省教育廳會員參與皖省實施新學制方案討論會，擔任會議執行股幹事、小學教育組審查員。

《申報》一九二三年二月九日第十版《皖省實施新學制會議（二）》：『皖省實施新學制討論會，已於本月一日舉行開會式。此次延聘者多教育界名流，聚會一堂，洵稱盛舉。教育廳長江暐爲辦理此事之主體固忙碌异常，即許世英是日亦新赴東門外農校，竭力周旋。……二日各會員分組研究：（一）地方教育行政爲陳寶泉、汪東木、孫希文、汪朗溪；……（五）小學教育爲陳寶泉、程小蘇、趙綸士。』《安徽省之學制改革》（民國十二年二月一日至三日通過）中《安徽實行新學制討論會會員表》教育廳會員、《安徽實行新學制討論會分股幹事表》招待股、《會員分組審查人名表》小學教育組皆列有『程濱遺』（《新教育》第六卷第三期第四四五—四六八頁）。

五月三日，被選爲安徽留東同學會幹事。

一九二三年五月三日《時事新報》第三張第一版《安徽留東學會滬訊》：『安徽留東同學會成立於客歲夏季，比時雖刊布會章，舉定職員，而以經費支絀而會址未定，故外間知之甚少。此次《旅大條約》滿期，日人藉口《二十一條》不允收回。東京留學生開會游行，復遭日警毆辱，皖省學生受創尤重。安徽留東同學會分子非常憤慨，曾假安慶六邑中校開大會一次，分別電慰全國及本省留東學生，力爭收回旅大及廢棄《二十一條》。……近該會鑒於内外多故，遂租定安慶康濟里十九號洋房爲會址。兹當改選之期，已選出王兆榮、程曉蘇等二十一人爲幹事。』

八月，辭去安徽省教育廳義務教育所所長。

《時事新報·學燈》一九二三年八月九日第六版《安徽教育信息·義務教育事務所》：『近聞該所所長程小蘇氏，以皖省財政困難，教育經費遂异常支絀，以致現狀難以維持，特提出辭呈，向教廳辭職。聞教廳業已照准，并另委任洪惠九接長該所云。』

九月，以省教育廳第二科科長身份參與挽留出走教育廳廳長江暐回任。

《益世報》一九二三年九月十五日第六版《教廳長江暐回任》：『安慶快信：教育廳長江暐，自廬山歸來……此次驅江之先鋒爲三模範小學，背後則爲教育廳第二科科長程濱遺、省視學趙綸士、工專校長劉貽燕、省署秘書劉藻彬一干人等。趙綸士、劉藻彬爲赴廬山挽留之代表。江氏歸來，與程濱遺、劉貽燕等拼命挽留，并囑三模範校長負荆請罪。』

十月二十五日，以六邑中學校長身份呈請將小關帝廟基址拍賣款建市房擴充六邑公共事業案列入省公署政務會議議程。

《益世報》一九二三年十一月一日第六版《安徽·政務會議》：『二十五日下午，省公署開政務會議……由政廳長章寶穀宣布議案：……（三）安慶六邑中學校校長程濱遺呈請將小關帝廟基址拍賣即以所得之款興建六邑公産坐落龍門口一帶市房擴充六邑公共事業案。』

發起徵收捲烟特税充補教費動議。

《安慶舊影·安徽教育經費管理處》曰：『十二年（一九二三年）創辦捲烟特税，值百抽二十，設特税處附財政廳内，由財教兩廳會委坐辦，一人主其事。』《安慶舊影·工業專門學校》曰：『予等發起徵收捲烟特税以補教費之不足，設處，由財教兩廳會派專員主持。』

主持修葺府學大成殿。

《安慶舊影·府學》曰：『九年（一九二〇年）予長安慶六邑中學，以府學與府校有歷史之關係，乃收歸校有，從而整飭之。……祇大成殿雖經予於十二年（一九二三年）大加修葺……亦在摇摇欲墜中。』

參加教育廳長江彤侯召集的安徽在南北兩京各大學教授會議，不贊同以工專經費籌備大學。

《安慶舊影·工業專門學校》曰：『十二年（一九二三年），教育廳長江彤侯欲以工專經費籌備大學，改工專爲第一高級中學，召集安徽在南北兩京各大學教授會議。予亦出席會議之一，適自上海回，出席時已製成議决案，予以爲不可，非反對大學。當北洋軍閥混戰之時，安徽教育經費屢經減折，從事教育者，終日叩財政廳之門，將來大學未成，徒廢一工專而已。』

任奎文中學董事長。

《安慶舊影·奎文中學》曰：『越三年，於民國十二年（一九二三年）遷至關岳廟，邀予任董事長，增建教室，略具規模。』

一九二四年（民國十三年）　四十八歲

三月，被新任安徽教育廳廳長盧殿虎委任爲教育廳科長。

《申報》一九二四年三月九日第七版《皖省立各校概況》：『皖垣私立學校，中學最多，講習所亦有幾所，共計三十校。……日前傳説教廳長盧殿虎有委科長程濱遺考察各校以便取締之説。』

五月十五日，主持安慶六邑中學二十周年紀念會，邀請各界莅會并參觀該校成績展覽。

《申報》一九二四年五月十七日第七版《皖省教育信息·安慶六邑中學二十周年紀念會》：『安慶六邑中學校定本月十五日開二十周年紀念會。先期遍送參觀券，請各界暨各官廳莅場參觀。是日上午十一時舉行開會式，并由教廳長盧殿虎演説，無非爲勉勵之詞。又有汪朗溪、張和聲、吴藹帆諸人，相繼演説。禮畢，由程校長導引來賓參觀該校成績展覽室。十六日，全校開運動會，是晚并放焰火，以資慶祝。』《大公報》天津版一九二四年五月二十六日第三版《皖聞紀要》：『余誼密，皖之潛山人，向有官氣，剛愎自用。作縣令時，即投入馬聯甲之門。馬爲幫辦，余爲皖北道尹時，同鄉親友，前往請托謀事者甚衆，余均告以其與馬聯甲内實疏遠……安慶六邑中學日前開二十周紀念會。半官式校長程小蘇，好結交官廳，特請余誼密莅會，以爲光耀。而六邑人見余乘八人大轎，前呼後擁而來，均思有以窘辱之。及余抵會，無一人起立爲禮。余知事不妙……已尋三十六着中之上策矣。』

八月，以教育廳第二科科長身份爲新任教育廳長盧殿虎平息教育界索薪風潮。盧氏回籍間，代行廳事。

《晨報》一九二四年八月十一日第六版《皖教育界索薪風潮》：『皖省教育經費，去歲經吕調元核減，由一百五十三萬遞至九十五萬，全省各學校暨教育機關裁并大半。……最近財廳復藉口軍事倥傯，餉糈吃緊，所有教實各費，暫停緩發……盧氏返廳後，行裝甫卸，即聞各校經費情形，及至省署，始悉學校聯合會聲明暫緩開學之事。厥後盧氏返廳，詢問代行第二科長程濱遺。程遍查卷宗，亦無是項公呈。經學校聯合會開會，科長程濱遺代表出席，向各校長磋商辦法……日昨校聯合會之會議，程復莅場交涉，語意牢騷，聲謂……况所欠兩月經費仍係前任移欠，并非盧任所欠，似此盧氏對於教費一層，可告無過，何諸君之不加諒解？又盧廳長回籍，廳務由某代行，日常與諸君周旋，抑何竟一未提及，突然興起波瀾，殊爲缺望云云。』

一九二五年（民國十四年）　四十九歲

四月中旬，任華中運動會皖預賽會副會長，主持皖省預賽。

《申報》一九二五年四月十七日第十一版《華中運動皖預賽足球比賽之波折》：『華中運動會皖預賽會田徑賽已得結果，成績較優於第二届，教育界异常歡欣。十三日晚，在省教育會開會，歡迎外埠選手并評判長盧頌恩君。首由副會長程濱遺致歡迎之意，繼由副會長竇延年致感謝詞，盧評判長旋致答詞，賓主盡歡迎而散。』

四月下旬，率安徽選手參加在南昌舉行的第三届華中運動會。

《安慶舊影・社會教育》曰：『體育以湖南爲上，一、二届皆安徽爲最下。三届在南昌，予率選手赴會，一躍而至第二位。』

按，《申報》一九二五年四月二十六日第十二版《第三届華中運動會之第一日》：『第三届華中運動會於今日（二十一日）上午八時舉行開會。』《申報》一九二五年四月二十八日第十一版《第三届華中運動會之結果》：『第一湖南，第二湖北，第三安徽。』此與程演遺《安徽舊影》所述有异，應以此爲準。

十月，與唐理淮等皖紳商學界人士聯名電請鄧如琢移師東駐防皖。

《申報》一九二五年十月二十九日第五版《安慶唐理淮等電》：『《申報》轉北京、天津暨各省皖同鄉諸先生均鑒：吾皖綰轂江淮，安危動關全局。近以蘇浙變作，捲入漩渦，風鶴頻傳，倉皇失主，非急謀實力之援救，殊不足以預防分裂而杜絶覬覦。九江鄧師長和璞，久統國軍，立功鄰域。旌旐所至，市廛不驚。憑其威望，固足鎮攝人心；推其誠信，尤足交歡群將。非第潯皖連地，移師便利已也。理淮等外惕環境之危險，内審衆意之依歸，急盼移節東來，主持大計。諸公愛鄉愛國，諒有同情，敢乞一致主張，庶幾皖局有賴。掬誠奉布，維共起圖之。安徽紳商學界唐理淮、竇以珏、高炳麟、邱鳳五、丁葆光、程演遺……等同叩。感。印。』

十一月二十日，當選爲捲烟業憑證税（教育專款）監察會監察員，并任主任委員。

《申報》一九二五年十一月二十四日第十版《皖省校聯合會之重要會議》：『皖省教育經費今年因直接受戰事之影響，較之去年東南大戰時尤爲艱窘。……當此軍務倥傯之際，即將各項政費完全停發，一概作軍費，尚虞不給，教費當係無力顧及，各校長現來省城者頗不在少。正在此危急存亡之秋，財政廳因捲烟業憑證税招商投標事宜，刻已辦理完竣，乃將籌備處裁撤改組爲事務處，仍附設於財政廳内，由財廳長柳汝礪自兼總辦，委程慶福爲坐辦。該項税收本係教育專款，是以事務處章程規定應設監察會，由省教育會學校聯合會共推督察員八人……二十日下午一時許，各校長代表齊集省教育會二層樓上，計三十餘人。振鈴開會後，首由主席光昇將黄夢飛起草之監察員任務規程宣讀一遍，衆無异議，旋即討論選舉監察員手續，議决用聯記名投票法選舉。每票寫當選六人姓名，依法舉行。開票結果，以程演遺、李寅恭、章玄庵、史浩然、楊穀人、王撫五等得票最多，當選爲監察員。』《安慶舊影·安徽教育經費管理處》曰：『另組監察委員會，予爲主任委員，考核特税處之收入。』《時事新報》一九二五年十一月二十四日《學燈》專刊第三版《皖省教育界之重要集會》亦報道此消息。

十二月，參與發起組織安徽和平共濟會，任該會文牘股主任。通電表彰鄧如琢治軍有方，軍紀嚴明，顧全桑梓；歡迎王普派隊來省填防。

《時事新報》一九二五年十二月六日第一張第三版《開拔軍隊》：『安慶快信云：鄧如琢今日即三號晚八時啓程返贛，并先通告各界云：「爲國興師，揭來皖境，過承款洽，銘感正深。顧念各公團代表之敦催與夫父老之環請，維持桑梓，寧獨無心，詎事與願違，返防在即。故鄉多難，端賴群賢。皖人之皖，願各界努力。家山在望，不盡依依。臨歧贈言，怨未走謝。」今日上午，各界領袖在商會開會，共同組立皖省和平共濟會。內分三股：總務、交際、文牘。推定舒鴻貽、程鳴鑾、馬伯瑶、張樹棻、程小蘇、蔡正爲各股主任後，旋議以公推代表，謁見鄧如琢。』《申報》一九二五年十二月八日第五版《安徽和平共濟會電》：『《申報》轉各省皖同鄉會均鑒：讀鄧和帥江電，具仰敝屣尊榮，顧全桑梓，現已率師回潯，旌旆往還，市廛無擾，知關遠注，特電奉聞。安徽和平共濟會舒鴻貽、馬伯瑶、程濱遺、蔡正、程慶福……董松年叩。魚。』《申報》一九二五年十二月十三日第六版《王普填防軍隊業已開到》：『紳商各界則另有集合組織和平共濟會，昨在總商會開成立大會。當即拍電致蕪，歡迎王普派隊來省填防。其電文曰：「蕪湖王慈生司令鈞鑒：鄧軍今晚開盡，省防空虛，請速派隊填防，維持治安。吴、徐、楊三團長前駐省垣，感情均洽，請擇一委任，地方幸甚。乞電復。安徽和平共濟會舒鴻貽、馬伯瑶、程濱遺、蔡正、程慶福、張澍棻叩。虞。」』

爲皖省教育經費電争軍閥霸占捲烟特税。

《安慶舊影·工業專門學校》曰：『十四年（一九二五年），孫傳芳據南京稱聯帥，以陳調元爲安徽總司令，駐節蚌埠。先是，予等發起徵收捲烟特税以補教費之不足，設處，由財教兩廳會派專員主持。捲烟銷場，以蕪湖、蚌埠爲大宗，至是在蚌埠設局，直隸總司令部。予等電争，覆電將以此款籌辦大學。』

月二十六日，被公推爲代表赴蕪湖籲請維持年關教費。

《晨報》一九二六年二月八日第五版《停止劃撥》：『現值各學校寒假既放，結束事項，均非款莫辦。於是省立學校聯合會即召開會議，議决公推第四中學校長史毓琨、第五師範校長孫毓琨、第一女師校（疑脱『長』字）徐方漢、前教育廳第二科長程濱遺四人，以及蕪湖各校校長全體赴蕪籲請維持年關教費。并事前電知王普暨代理財廳長潘淇，告以此事。……迨昨日（二十六日）下午，該校長等乃乘商輪下駛赴蕪湖云（一月二十七日）。』

二月，以華中體育聯合會皖省代表身份聯名請求皖省軍政當局籌備第四届華中運動會。

《申報》一九二六年二月二十六日第十一版《華中運動會輪皖舉行尚無頭緒　皖代表請求當道飭教廳籌備》：『華中運動會爲湘、鄂、贛、皖四省所組織。前三届已在他省舉行，本年輪及皖省，會期照例在陽曆五月。目前本應積極進行，庶不致衍期。徵聞皖當道對於華中運動籌備會經費不予發放，及教聯會少數人主張展期以致無從進行。現聞華中體育聯合會皖省代表程小蘇、竇谷聲、蔣頌平、黄世農以時期迫促（前曾呈當道籌備第四届華中運動事），本萬難再延，特又上王普一呈及陳調元一呈，請飭教廳籌備，未悉兩重軍閥能否俯如所請也。兹將原文録下：呈爲華中運動會日期迫促請即飭廳籌備照章進行以踐規約事。竊查華中運動會爲湘、鄂、贛、皖四省所組織，前三届已在他省舉行，本年輪及本省，并經代表等赴贛接收，萬難反汗。以情理論，本省選手曾赴湘、鄂、贛等省參與比賽，受人招待，例應答禮；以事實論，此事直接關係四省體育，間接與全國運動會、遠東運動會均蒙其影響，省格所關，國本是賴。會期例在陽曆五月，若因籌備不及，改至陽曆九月於全國運動會期前舉行，尚不爲遲。現聞學校聯合會呈請教廳，主張展緩一年，殊有未協。蓋華中運動會爲參加全國運動會之準備，必在全國運動會期前舉行。本年全國大會定於九月在粤舉行，華中大會宜在九月以前舉行，庶可銜接，否則華東、華北、華南各區均可按期舉行，而華中因本省之延誤其何以對湘、鄂、贛三省之人士？且全國體育協進會於去夏在津開董事會，議决此後各省均須先由各運動區預賽後始能加入全國運動會，若本年全國運動會舉行之時，華中尚未預賽，則湘、鄂等省之憤慨當何如？本省當局之遭責難又何如？查華中運動會章程及先例，各該值年之軍民長官，例爲正副會長。鈞座既爲會長，職責體面，兩有攸關，勢難以輪充東道之身，貽來而不往之誚。代表等承交有責，緘默難安，理合具文，慎重呈明。仰請俯賜鑒核，飭令教廳剋期籌備，以維體育而保省格云。』

三月，爲籌備華中運動會專程赴寧向孫傳芳總司令請願。

《時事新報》一九二六年三月二十八日第二張第四版《華中運動會展期續訊》：『華中運動會展緩及力争各節，已迭志本報。玆聞此事已得轉圜辦法，本年秋季開學時可以舉行。其詳情大略如下：安徽代表程小蘇等，以此事責任重大，非達到繼續辦理之目的無以對湘、贛、鄂之人士，乃即議定由程小蘇赴寧、竇谷聲赴蚌，分向孫、陳二總司令請願，報告此事無展緩或不辦之理。』

三月，爲洪逵履新安徽省教育廳廳長赴蕪、赴蚌争取軍方應允與支持。

《時事新報》一九二六年四月六日第二張第四版《皖教廳長問題解决詳情》：『皖省教育廳長問題，遷延數月，迄未解决，以致教育行政之進行，負責無人，諸多滯礙。本日清晨，省立學校聯合會，接得陳調元來電，係關教育廳長之事。其文云：安慶省立學校聯合會覽，艷電悉。教育廳長洪逵業經本署會同省署令委，并飭知剋日赴省履新矣。特復。總司令陳印云云。……先是，洪氏奉中央明令南下，由滬至寧轉蚌，孫傳芳、陳調元、王普對之均無若何表示，於是本省教育界，除電寧孫、蚌陳、蕪王飭洪剋日來省就職，并由程小蘇、竇谷聲、向弼五、章玄庵諸人，聯袂赴蕪，要求王普加委，王答以須請孫總司令核准。於是皖籍旅寧同鄉，如南京總商會長蘇民生、東大教授孫洪芬等，紛紛向孫請願，而孫亦無圓滿答復，久延不决。迨程小蘇回省後，二次經蕪赴蚌，約請竇谷聲向陳調元之秘書長崔叔和，詳細陳述洪逵爲京、皖、寧各處教育界一致推戴，捨此别無適當之人，崔當慨允主持。嗣程小蘇又請陳之參議陳超衡，向陳調元關説。陳以之商崔，崔言我聞竇谷聲言，洪爲皖學界一致推戴之人，我們何妨做一順水人情，一面邀洪見面，一面電致王普會銜，電孫請示。至三月二十八日，崔叔和、陳超衡又連袂赴寧疏通，孫遂核准。三十日，蚌陳即接得孫之復電，而崔等亦於是日返蚌，飭秘書簽稿并送。三十一日，公事當可辦妥。洪氏亦於四月一日，由蚌赴蕪，領王普之會委公文，不日即到省履新矣。」

四月六日，出席皖省校聯會會議，呈述華中運動會籌備問題。

《時事新報》一九二六年四月九日第二張第四版《皖省校聯會會議紀詳》：『安徽省立學校聯合會，因教育上種種問題無法解決，曾通函各校校長，請剋日來省，或派負責代表莅會討論。會期原定本月一日，因報到者寥寥，延至六日下午一時。……議决三案：（一）華中運動會舉行問題。據法專體育教員來函，請照常舉辦華中運動會以維省格。并由程小蘇出席，呈述全國運動會今年雙十節在廣州舉行。北數省因時間太早，要求展期。今年上學期，以時局經費及學生課業關係，籌備不及，公决延期，自係實在情形。本人意見，不妨延至下學期雙十節以前舉行。會畢，皖、湘、鄂、贛四省選手即可東下赴粤，豈不甚善？衆然其説，公决再呈教廳，轉呈軍民兩署，積極籌備。』

四月十二日，被新任教育廳廳長洪逵委任爲教育廳第二科科長。

《民國日報》一九二六年四月十四日第二版《皖政界近事種種·教育廳分委人員》：『新任教育廳長洪逵已於七日來皖履新。日昨已將該廳各科暨附屬機關職員全行發表，如第一科科長汪淮，第二科科長程演遺……』

五月二十八日，以省教育廳第二科科長身份出席廳務會議。

《申報》一九二六年五月三十一日第七版《皖省教育廳之廳務會議》：『皖教育廳長洪逵因無爲縣教育局長請示津貼旅外學生經費與教會學生轉學兩問題，特於昨日（二十八日）召集廳務會議。是日午後一時許，該廳第一科長汪鏡人、第二科長李盛豫、第三科長程演遺以及秘書王任等均齊集，洪廳長因事不克分身，特委托汪鏡人代表主席。』

七月，被安徽省教育廳指派爲安徽大學籌備處會議代表，任安徽大學計畫會議科目議案組和經費議案組審查員，主張大學補習班不收初中生，并詳細報告捲烟税交涉經過。

《民國日報》一九二六年七月二十三日第一張第四版《皖省軍事與教育》：『安徽大學之組設，醖釀數年，近則設處籌備，擬就第一高級中學秋季改爲預科。原定十九日開幕，唯京、滬、寧、鄂之皖籍學者（原報作「看」，誤）未克如期抵皖，乃經該籌備處通告延期，定於月之二十一日在安慶六邑中學校行開幕禮。兹從教育界覓得該處函聘之人員，如（一）依第一項資格聘請者，如姚文采、洪範五等三十九人，均係現任各國立大學校長或教授……（六）依第六項資格委派者（教廳指派）汪淮、程濱遺、李盛豫，係教廳指派。』《申報》一九二六年七月二十四日第七版《安徽大學計畫會議之第二日》：『宣布議案分四組：一組織，二科目，三經費，四規程。由主席指定各組審查員。……第二組郭絳侯……程小蘇……第三組徐皋浦……程小蘇。』《時事新報》一九二六年七月二十六日第二張第四版《安徽大學計畫會議之第四日》：『報告畢，主席宣讀組織大綱草案。第一、二、三三條均無异議，通過。至第四條，竇谷聲主張與第五案補習班案并條討論，蓋爲補習班是否招收初中畢業生也。……竇谷聲、程弢甫等主張補習班招收初中生，劉式庵、程小蘇、方東美等主張不收初中生。』《申報》一九二六年七月二十六日第七版《安徽大學計畫會議之第五日》：『主席請第三組審查長徐皋浦報告審查情形。徐請程小蘇報告，程將捲烟税交涉經過詳細報告。』

十月二十九日，任安慶六邑救灾聯合會副會長。

《申報》一九二六年十二月三十日第九版《安慶六邑救灾會之組織》：『自九江失陷後上游潰兵之過皖，絡繹不絶，水路尚可設法兜截，惟旱路來皖之潰兵爲數更多，經過各縣鄉鎮，無不大遭蹂躪，鷄犬不寧。甚至三五十人一起者，竄至鄉間，所過爲墟，受害最烈莫過安慶府屬懷寧、桐城、潛山、太湖、宿松、望江等縣，皆稱洪楊劫後，無此巨灾。現桐城縣境尚有大股土匪，假借民軍旗號，四處劫掠，雖經游擊隊前往擊退，尤潛伏深山之内，時出爲害。現在六邑士紳，以被灾難民無家可歸，際兹天氣嚴寒，雨雪載途，風餐露宿，其狀至慘，特就省垣組織安慶六邑救灾聯合會，以共籌救濟六邑兵灾爲宗旨，擬定簡章，會址暫假舊藩署一中附小學校，昨日開成立大會，六邑士紳到會者極爲踴躍，當場推舉太湖李德星、桐城鄭輔東爲正會長，望江倪文錚、懷寧程濱遺爲副會長。此外設交際、文書、事務三股，各股幹事均當場推定，即日着手進行一切救灾事宜。』

被公推負責籌劃省教育經費。

《安慶舊影・初等教育》曰：『十五年（一九二六年）市教育局成立，一律統轄於市，編爲市立。時以軍興，省立學校全部停辦，省令不出城門。予以捲烟特税，原爲教育專款，皖南北皆在軍事混亂之中，蕪湖一隅，猶爲捲烟集散之地，税款雖爲駐軍所劫持，不得已前往商洽，分得二萬餘元，將小學及留學生之款發清，小學不至中輟。未幾教育局裁撤，予受教育人士之公推，負籌畫省教育經費以恢復全省中等學校之責，争得協款月十萬元，足敷省教育機關及留學生之需，遂將省預算所列月八千元悉歸之於安慶小學，由教育廳設小學管理處辦理。』

一九二七年（民國十六年）　五十一歲

本年二月，任第一高中校長兼代第一初中校長。

《申報》一九二七年二月二十七日第十版《皖省立各中學定三月一日開學》：『開學伊始，各省立學校校長當有一番之更調：一女師校長改委張熙伯，已志報端。頃聞第一高中校長王撫五辭職，已經教廳批准，改委程濱遺接充。』《時事新報》一九二七年三月四日第二張第四版《安慶教育叢訊·第一高初中分而復合》：『皖教廳昨委程小蘇爲第一高中校長，徐天閔爲第一初中校長，將第一中學拆而爲二。徐堅辭不就，教廳仍加委程小蘇兼代初中校長，分而又合矣。』《時事新報》一九二七年二月二十七日第二張第四版《安慶教育叢訊·高中一中分立》：『安徽省立第一高中開辦時原係獨立，後經與第一初中并合，更名一中高中部。去歲安大籌議時，決以高中之校舍爲大學之校舍，擬即以高中爲大學之預科，尚未定議。現安大一時不能開辦，高中存在更無問題。昨日皖教育廳乃將高中與一中仍行分立，因前校長王撫五辭職甚堅，乃委程小蘇爲高中校長，徐天閔爲一中校長。程徐均爲懷寧人，程曾任教廳科長有年，現兼六邑中學校長。』

十月十一日，任安徽省教育經費管理處處長。

《申報》一九二七年十月二十日第八版要聞《皖省教育經費管理處發表　程濱遺爲處長　管理處組織辦法公布》：『前安徽政務委員會，曾議决以捲烟税爲教育經費，甫經實行。中央有收歸統辦之議，皖人雖出面請願，因政局變遷無甚結果。皖省政府成立後，教廳又復重提前議。復經政務會議通過，以捲烟税百分之二十爲教育專款，組織教育經費管理處，專事管理。十一日省政府已委定程濱遺爲教費管理處處長，并派程到蕪湖捲烟稅局接洽，因捲烟總局設於蕪湖也。程到蕪已數日，即將返省。該處成立在即。并聞該處內設二科，科長二人，科員若干人云。』《安慶舊影·安徽教育經費管理處》曰：『十六年（一九二七年），財政會議規定以牲、屠、牙、契四項雜稅及田賦七十二萬元爲安徽教育經費，并設管理處，聘予任其事。』

一九二八年（民國十七年）　五十二歲

二月，爲皖省教育經費發電呈南京大學院與財政部。

《民國日報》一九二八年二月十六日第二張第四版《皖省教費動摇堪慮·教費管理處呈院部電》：『南京大學院蔡院長、財政部宋部長鈞鑒：本省前因教育經費時虞竭蹶，首先創辦捲烟營業憑證稅，指定爲教育專款，稅率爲值百抽二十。行之數年，頗著成效。去年中央財政會議忽改爲國稅，增加稅率爲百分之五十，致教育經費根本動摇。教育各團體暨職處曾再三請求撥還百分之二十專款，旋奉鈞部第一八八二號指令，准劃撥三成，僅得稅款百分之十五，仍短少百分之五稅款，正擬呈請全數撥還間，適鈞部又將該稅改爲統稅，規定值百抽二二五，對於本省准撥之數將來如何撥付，未奉明令，群情惶悚异常。查本省十七年教育經費平均每月需十四萬，鈞部准撥之三萬，即全省稅收統一，每月亦不過七成餘，而契稅、牙帖、牲畜、屠宰等稅，又未遵照中央委决案劃歸職處管理，教育界僅恃此三成捲烟稅款爲命脉。若再虛懸無着，全省教育必致破産。職處謹依全省教育界之公意，呈請省政府仍照百分之五十稅率，自行設局徵收捲烟營業憑證稅，除去二二五統稅，實收二七五以維持教育一綫生機。除電請蕪湖捲烟稅局照常徵收以免教育費發生危險外，謹此電陳。安徽教育經費管理處長程濱遺叩。庚。印。』

二月二十九日，作爲安徽省教育經費管理處處長奉召赴滬。

《民國日報》一九二八年三月一日第二張第四版《皖教費大致有辦法》：『安徽教育經費，因捲烟收歸統辦發生根本動摇，已志前報。兹閩（應爲「聞」）皖教廳長雷嘯岑昨日返皖，據聞其在京時，對於此項問題，與中央財部及大學院已擬定妥當辦法，即將施諸實行……再教費管理處處長程小蘇，奉財部宋部長之電召，赴滬有所接洽。程氏已於昨晚東下。』

三月二十四日，作爲赴京力争教費代表經蕪湖回到安慶，報告争取教費結果。

《民國日報》一九二八年三月二十五日第二張第二版《蕪湖短簡》：『赴京力争教費代表程小蘇，昨過蕪赴省，向人表示，宋財部長曾允由部月撥皖省教費六萬元，經代表要求月撥十萬元，由蕪關榷運按月分撥，未蒙允許。教廳長韓安日内擬親赴首都交涉此事，財廳長余誼密亦同往襄助辦理。』

四月二日，電邀安徽捲烟總局局長毛景周赴南京接洽安徽教育經費。

《民國日報》一九二八年四月五日第二張第四版《蕪湖短簡》：『安徽捲烟總局局長毛景周，與省教育界代表一度談話後，雙方意見已接近，并於今日應程小蘇電邀赴京接洽一切。』

四月十日上午，在安徽大學開學典禮上致詞。

《申報》一九二八年四月十七日第十一版《安徽大學開學紀》：『安徽大學於十日上午十時舉行開學典禮……教費管理處處長程小蘇謂，安大籌備多年，屢廢未立，今劉先生回皖，出文學之緒餘，成經營之大業。竊爲本省慶。』

五月二十八日，被委任爲獨立第五師特别黨部籌備委員。

《申報》一九二八年五月二十九日第四版《中央常務會議》：『(南京)二十八日下午二時，中央開第一百四十一次常務會議。出席委員于右任、譚延闓，列席朱霽青、白雲梯、陳果夫。于主席决議如下：……馬馨亭、劉尚志、宣介溪、程濱遺、劉和鼎爲獨立第五師特别黨部籌備委員。』《申報》一九二八年六月三日第十版《宜昌新宜通訊社電》：『各報館鑒：中央黨部勘日委劉和鼎、馬馨亭、劉尚志、宣介溪、程小蘇爲獨立第五師特别黨部籌備委員，特請披露。宜昌新宜通訊社東。』

因爲省教育費奔走京滬，不能兼顧，辭去六邑中學校長職務。

《安慶舊影・安慶六邑中學》曰：『自九年至十九年（一九二〇——一九三〇年），予任事十年之中，以戰局之翻瀾，或人事之演變，省立各校，屢經告停，惟本校師生堅忍支持，未嘗一日或輟也。予爲省教育費奔走京滬，不能兼顧，因而辭職，以值年董事史仲文代理。』

按，一九三一年編印的《安慶六邑中學一覽·安慶六邑中學校年譜》載：民國九年，『陳濱遺繼任校長』；民國十七年，『史邦翰（字仲文）繼任校長』；民國十九年，『陳鳳棲（字我魯）繼任校長』。又陳我魯在此書《緣起》中説：『（民國）九年應劉默庵先生之聘，重來斯及。未幾，劉先生去，程筱蘇先生來，主持校政者凡七年，校譽日著。余亦在此七年中，時以教員兼職他校或兼本校教務。……適值本校火災，校董會諸先生再四責余肩此重任，自度力薄不敢前，然卒重違校董之命，於十九年春勉强承乏。』據此可證，程濱遺任六邑中學校長自一九二〇年至一九二八年，歷七年。故程辭六邑中學校長繫於此年。程氏自謂『自九年至十九年，予任事十年』，或記憶有誤。

一九二九年（民國十八年）　五十三歲

五月二十八日，報到參加南京孫中山安葬儀式。

《民國日報》一九二九年五月二十九日第二張第四版《在京報到之奉安代表》：『總理奉安期屆，國内外代表連日報到者，已志各報。……兹將昨日報到代表姓名録下：……程濱遺。』

一九三〇年（民國十九年）　五十四歲

一月十二日，在安徽省教育廳教育成績展覽室開幕式上發表演説。

《教育成績展覽室開幕盛況》：『本廳教育成績展覽室經悠久之籌備，始於十九年一月十二日上午九時在本廳正式開幕。……主席報告畢，中央建設委員會委員惲震，安徽省立大學代理校長楊亮功，内政部視察委員祁雲龍，及甘達潮團長，程小蘇處長，曾友豪院長，舒德進校長等相繼演説，對於本廳此次創設教育成績展覽室，莫不抱有無窮之希望。』（《一年來之安徽教育》，安徽省政府教育廳編譯處一九三〇年三月編印，第二一一頁。）《時事新報》一九三〇年一月十七日第二張第四版《皖教廳舉行成績展覽》亦有類似報道。

七月一日，出席安徽第二屆全省教育局局長會議，并就義務教育發表演説。

《申報》一九三〇年七月五日第十七版《皖二屆教局長會議紀（一）》：『安徽第二屆全省教育局長會議於七月一日上午八時半舉行開幕式。……教費管理處長程小蘇演説：對施行義務教育主張須有步驟分期實施，免致徒有其名，鮮收實效。』

十二月，以安徽省教育經費管理處處長身份偕同教育界多人赴京向財政部請願。

《中央日報》一九三〇年十二月三十日第九版《皖教彙訊·省教費之抵補問題》：『自財政部決定元旦裁厘後，皖省教費即根本動摇。因皖省教費每月十四萬元，而由財特署撥給者月十萬。特署以厘金爲主要收入，故裁厘即牽動教費也。近日，皖教界對此問題异常注意，省府方面亦正擬求抵補之方。廿二日，省一五八次會議，教廳臨時動議：實行裁厘後以各種特税抵補教育經費，請公决案議决付審查。同時，教費管理處長程小蘇偕同教育界多人，赴京向財政部請願，請於國税方面設法抵補。』

一九三一年（民國二十年）　五十五歲

一九三一年五月一日，當選皖省出席南京國民會議代表，隨後出席會議，擔任會議審查委員會會員，并提交實施義務教育年限必適訓政年限案、現職軍人不得兼任地方民政長官案等議案。

《申報》一九三一年五月四日第八版《陳調元偕皖省國議代表晋京》：『安慶通信：皖省各縣國民會議代表選舉經遵照總事務所規定於上月二十四日辦竣，并電省報告。省事務所對於當選人所得票數當即精確計算，迨二日始將總結果公布。各代表名單如下：……（五）教育會楊中明、程濱遺、葉家龍、張介清。以上代表已由總事務所於公布後，即將當選證書分别發出。選舉總監督朱熙於一日下午五時在民廳設筵宴請全體代表。現陳調元定三日下午偕各代表乘輪赴京出席國議。』《申報》一九三一年五月九日第七版《各審委會名單》：『南京主席團在第一次大會報告各審查委員會委員名單如下：……（八）提案審查委員會六十六人：方覺慧、吴敬恒、劉蘆隱、王樹翰、邵力子、陳果夫……程演遺……指定彭濟群召集。』《申報》一九三一年五月十二日第四版《提案二次審查》：『請交有關各組審查者十六案：……（六）程演遺等提實施義務教育年限必適訓政年限案……尚待審查者十七案……（十一）程演遺等提現職軍人不得兼任地方民政長官案。』

八月，發起成立安徽懷寧縣水灾救濟會，聯名公電求助賑灾。

《申報》一九三一年八月七日第九版《公電》：『懷寧來電：華洋義振會濟生會及丁價侯先生并《申報》《新聞報》安徽同鄉會，轉旅外諸鄉先生均鑒：竊安徽懷寧近以淫雨兼旬，洪水暴發，共潰圩堤百餘處，田廬人畜淹没無算。哀我數十萬灾民，其何以堪！務希黨國諸公、八皖鄉賢廣爲募賑，以解倒懸，則感恩戴德，不僅灾黎已也。安徽懷寧縣水灾救濟會程演遺、舒鴻貽、丁景炎、張介清等叩。虞。』

是年，參與編纂《安徽通志稿·教育考》。

一九三一年八月出版的《安徽通志館第一次報告書·編纂》中列有分門編纂概况表，表中顯示程筱蘇與徐皋浦負責《教育考》編纂，編纂情况爲『屬稿中』。

是年，被推舉爲《安徽叢書》編審會名譽會員。

一九三一—一九三二年編印的《安徽叢書》第一期《安徽叢書編審會名譽會員題名》載有『程小蘇先生』。

一九三二年（民國二十一年）　五十六歲

八月八日，作爲紳界代表前往吊唁皖省建設廳廳長程振鈞。

《華北日報》一九三二年八月十四日第五版《皖建廳長程振鈞逝世》：『安慶九日快訊：皖省建設廳廳長程振鈞……不意於昨晨一時忽患腦充血症，猝然溘逝。……程卒後，日昨上午十一時大殮。省黨特派員佘凌雲、吴遵明、吴忠信，省府光昇、張鼎勳諸委員暨曹秘書長，紳界舒賓吕、程小蘇以及該廳省會各附屬機關人員，約有兩百多人，均先後前去致唁』。

任安徽大學建築委員會副主任，安徽大學校長程演生兼主任。

《安慶舊影·法政專門學校》曰：『二十一年(一九三二年)，不允續租。予仍兼法學院教授，又負省教育經費之責，乃就法政專門學校舊址，籌款建築。組織建築委員會，予與校長程演生爲正副主任委員。另購東北地基數十畝，由上海營造公司得標承辦，越二年告成。』

一九三三年(民國二十二年)　五十七歲

一九三三年十月，與教育界名家聯名呈請省府令飭壽縣新發掘文物全數解省交省立圖書館保管，以供整理研究。

《申報》一九三三年十月十二日第十二版《壽縣發現大批殷商古物　現存縣府七百八十七件　省府令該縣悉運存省垣》：『安慶通信：皖北壽縣朱家集發現出土古物，喧傳已久。月前省立圖書館長陳東原曾呈請教廳轉呈省府，令飭第四區行政督察專員兼壽縣縣長席楚霖，轉諭該鄉士紳朱鴻初，迅將所掘古物悉數交出，運省保存。遷延一月，尚未據復。嗣省府令由該館派館員劉復彭前往該縣查勘，乃經會同縣委吴子明等往勘。……而教育界程演生、姚仲實、余幼泉、徐炎東、曹赤霞、程小蘇等，亦聯呈省府，請令飭全數解省，發交該館保管，藉爲多數人之觀摩。省府昨復令飭該縣遵照，已售古物設法追回，一面將實存古物妥慎運省，并嚴禁嗣後不得再有私掘售賣情事。』

一九三四年(民國二十三年)　五十八歲

一月十日，應邀參加安徽省立圖書館二十一周年紀念大會，發表演説并題辭。

《安徽省立圖書館二十一周年紀念會紀》載『本館於本年二月十日舉行二十一周年紀念會。……首由陳館長致辭及報告辦理經過，次由毛廳長、劉廳長、楊廳長相繼訓辭，後有來賓程筱穌、謝定亮、張正廷三君演説』，并載有程氏演説稿。《安徽省立圖書館二十一周年紀念題辭》載程筱蘇先生題辭：『巍巍龍山，宏開高館。左圖右書，昭垂雲漢。中溯厥始基，粤在癸丑。藍縷興邦，文化樞紐。爰啓其室，爰周其藩。桴宲格栭，既固且完。婆娑塵海，百感滄桑。中更世變，遷徙靡常。民十之歲，基礎乃奠。天柱煌煌，風高壇坫。嗣是以還，規模日具。東觀西園，井井有序。始從艱阻，得此夷途。滂徵遐采，聲應氣求。杜家之庫，曹氏之倉。結繩而得，代有篇章。古籍斑斕，新簡殊寡。雖富綱羅，未昌厥化。洸洸陳君，雄博鮮儔。百城大長，歲越四周。組織峻整，設備牣充。經之營之，以崇以閎。既理其穢，復瀹其清。勤於薈萃，務衆菁英。殫功蒼雅，探秘翠珉。摩娑金石，衆流畢臻。丹鉛淋灕，簡策都遍。舊學新知，恢聞見。往哲遺型，古代陳迹。民俗歌謡，歷歷備紀。神州鄒衍，西城辯師。扶輪大椎，誰歟任之。橫流滄海，大論龐蕪。聿興教化，迺正其趣。獨持緒論，以當衆歧。萬千學子，瞻途識夷。伊陽范滂，太學陳東。倡導正誼，蔚爲學風。綜其卓絶，大异前規。文教所被，于于同歸。歲月不居，廿一周晬。歷劫彌新，斯道未墜。青緗匝地，彩帙熙天。皖山皖水，億萬斯年。』（見《學風》第四卷第三期，安徽省立圖書館一九三四年四月出版。）

向安徽省立圖書館捐贈自己珍藏清季官報、雜志與名人稿本。

《安慶舊影·布政使司》曰：『二十三年（一九三四年）大事徵求，陳館長東原力懇將予數十年搜藏清季之官報、雜志以及名人稿本一千四百餘册，悉歸鄴架。』

三月，任改組後的安徽省教育經費委員會教育經費管理處主任，不久改任教育經費委員會秘書。

《申報》一九三四年三月十四日第十四版《皖委兩教費機關人員》：『皖省府近通過學産整理委員會暨教育經費委員會兩規程，擬即將該兩機關組織成立。兹悉省府業經委定吴天恒兼任學産整理委員會秘書，金戒塵任教育經費委員會秘書，并將該兩機關之圖記頒發。至原有教育經費管理處縮小範圍，隸於教育經費委員會，其主任一職仍由前處長程濱遺充任。』一九三四年十二月編《安徽省政府教育廳職員録》載：程濱遺任教育經費委員會秘書，金戒塵爲教育經費管理處主任。

一九三五年（民國二十四年）　五十九歲

向上海商業銀行押匯購運越南、暹羅之米，分區救濟饑荒。

《安慶舊影·鳳鳴書院》曰：『先一年（一九三五年），歲大饑。予向上海商業銀行簽訂借款合同，請准關務署發給免税護照，購運越南、暹羅之米，辦理平糶，照市價減三分之一。予駐滬時，各縣電請代辦護照者，皆應命。各縣弊端百出，甚至以護照賣給滬商，而不實行購運，得款自肥而已。予爲懷寧購運十萬石，城鄉分辦，結果餘款十萬，以萬元建倉，餘則分散鄉農，秋收照市價繳稻歸倉，得二萬石，以此備荒，可以無患。』《安慶舊影·懷寧中學》曰：『先一年，歲大饑，予向上海銀行押匯運越、暹之米，分區救濟，鄉人德之。』

懷寧中學因校舍狹小飭令停辦，被地方人士推舉爲校長，負復興之責，主持在縣學宫内另行建造懷寧中學校舍。

《大公報》天津版一九三五年八月三十日第十版《皖萬億倉借穀　省府通令各縣撥還　安慶將建新倉積穀》：『已勘定懷寧中學校校址改爲新倉，復就平糶存款項下動撥萬元，在縣學宫内另造懷寧中學校舍，由該校校長程小蘇主辦云（二十六日）。』《安慶舊影·懷寧中學》曰：『延至二十四年（一九三五年），部督學視察，以校舍狹而且朽，内外又無隙地可以迴旋，會廳飭令停辦。地方人士，又强予負復興之責，遂以從新建築設備爲前提。……此時發布募建校舍之通啓，一族公，二富家，三校友，皆欣然應命。於是組織委員會，擇定縣文廟爲基地，始設計，繼投標。』

一九三六年（民國二十五年）　六十歲

一九三六年九月一日，被推爲皖省第一區國代區域懷寧縣候選人。

《中報》一九三六年九月三日第十一版消息：『（安慶）皖省第一區國代區域選舉各縣推選候選人。一日在太湖一區專署開匭，結果計太湖楊慧存等八人、懷寧程濱遺等九人……宿松段土璋等五人。』

任街坊長。

《大公報》天津版一九三六年十月七日第十版《皖商團藏槍　搜獲七十餘杆》：『據安慶郵函報告，謂中路商團後樓私藏槍械二百餘杆，并未呈報登記，現由前商會委員蘭俊見保管等語……密令皖主席劉振華氏轉飭省會公安局前往搜查。頓時，商團門内外戒備甚嚴，并召街坊長程小蘇、謝申伯等監視。』

因主持募建懷寧中學校舍，力辭省教育廳教育經費管理處處長職務，祇任監察之責。

《安慶舊影·安徽教育經費管理處》曰：『予於二十五年（一九三六年）因募建縣中校舍，力辭處務，仍如曩時祇任監察之責而已。』

懷寧中學新校舍奠基、落成典禮與師生活動，皆主持攝製影片。

《安慶舊影·戲劇》曰：『予建築懷中校舍，慶祝落成時，曾攝巨片，每年校慶演之，但有聲者尚少耳。』《安慶舊影·懷寧中學》曰：『回憶校舍初建時，自奠基至落成典禮，凡建築之施工，儀器之實驗，校具之構造，圖書繪畫之陳列，包括師生一切之活動，曾製成影片四十捲，若非遺失，重演時得睹當年狀況。』

一九三七年（民國二十六年）　六十一歲

春，日寇進逼，辭去懷寧中學校長職務，西上避難。

《安慶舊影·懷寧中學》曰：『而敵氛漸逼，政府他移，省校星散，於是設分校於高河埠，留城校者祇在城學生而已。敵愈逼，一并遷至三橋。二十六年（一九三七年）春，予以兒輩自鄂歸，促西上，乃辭校務，由陳介孚、姜演同兩主任繼之，迄安慶淪陷。』

檢點運渝楚器，并在清單上簽字，交古物保存所。

《安慶舊影·布政使司》曰：『壽縣之楚器三百餘件，亦由館珍儲，未始非文物之大觀也……楚器於抗戰時運渝，予曾檢點簽字，交古物保存所。勝利後運回南京，文獻委員會以安慶館舍爲東南中學所利用，將於蕪湖建館以儲之。』

一九三八年（民國二十七年）　六十二歲

日寇占領安慶，携家人前往湖北、四川、貴州等地避難。

《簡介》曰：『一九三八年，安慶被日軍占領。吾父携家人去湖北宜昌，四川萬縣、江津，貴州遵義等地避難。』

一九四二年（民國三十一年）　六十六歲

六月一日，參加陳獨秀安葬儀式。

《大公報》重慶版一九四二年六月十三日第三版《陳獨秀先生安葬記》：『獨秀先生於五月二十七日下午九時四十分，在江津鶴山坪寓所病逝。六月一日，安葬於江津大西門外鄧氏康莊。是早靈櫬由鶴山坪舁至雙石橋附近，登舟下駛。左有鄉鄰壯丁不期而會者一二百人，沿途護衛，且放鞭炮以示景仰之意。舟抵鯉魚石登陸，由其親屬前導，隨之而來者，則有其通家子鄧仲純（初），學生何之瑜；迎至江干者，則友人桐城光明甫（昇）、光宣甫、方孝遠（時簡），合肥李運啓（應生），安慶程筱蘇、胡子穆……葬儀極簡單，唯極嚴肅；送葬者寥寥，唯極哀痛！』

一九四三年（民國三十二年）　六十七歲

三月十二日，任民國政府財政部田賦管理委員會督導、《田賦會要》編纂委員，主編《田賦會要》第二篇《田賦史》上册。

《大公報》重慶版一九四三年三月十四日第二版《國府命令》：『國民政府三月十三日令：……據財政部部長孔祥熙呈，請派王虞輔……程濱遺、左允中、劉國明、鍾政祥、涂康爲財政部田賦管理委員會督導。』

《田賦會要》第二篇《田賦史》上册（正中書局民國三十三年版）編纂者署有四人姓名，程濱遺爲第一編纂者。此書《弁言》曰：『本篇初稿係分别執筆，而最後由程委員濱遺、馬委員大英分别就上下兩册，統加編纂，并對所有材料，詳爲校勘。歷時年餘，備著辛勞。』此書載有《田賦會要》編纂委員名單，程濱遺名列其中。

一九四四年（民國三十三年）　六十八歲

八月，主編的《田賦史》上册，由正中書局正式出版。

此書版權頁署：『承印者：正中書局』，『中華民國三十三年八月出版』。扉頁署『田賦會要第二篇田賦史（上）』『編纂者：程濱遺、羅巨峰、夏益贊、吴澤』。

一九四五年（民國三十四年）　六十九歲

抗戰勝利後，主張省立安徽大學更名，援湖南、河南各大學之例，改『省立』爲『國立』。

《安慶舊影·工業專門學校》曰：『（抗戰）勝利後，教育部召集大學復原會議，教育廳長汪少倫徵求在渝安徽教育人士之意見，予等主張援湖南、河南各大學之例，改「省立」爲「國立」，至三十五年（一九四六年），方見實行。』

冬，自黔蜀回到安慶，關注安慶教育遭受劫難真實狀況并致力於復興。

《安慶舊影·初等教育》曰：『三十四年（一九四五年）冬，予歸自黔蜀，見城郭如故，門巷俱非，昔日之膠庠，鞠爲茂草，其幸存者十之二三而已。省府久未還治，隸屬於省之小學，恢復者祇高琦小學，因副將署毁，移設天柱閣。餘皆委之於縣。縣以本年賦糧豁免，收入毫無，予負縣中復原之責。』

一九四六年（民國三十五年）　七十歲

十二月五日，列席安徽省參議會第一届第一次大會駐會委員會第十六次會議。

《晚報》一九四六年十二月六日第三版《省參議會駐委會議》：『民本社本市訊：安徽省參議會第一届第一次大會駐會委員會昨（五）日上午九時舉行第十六次會議。出席議長江暐，副長陶若存，駐會委員趙宗漢……列席參議員胡象明、程濱遺。』

任懷寧中學校長，受邀列席六邑中學董事會，致力於復興校舍，在安徽大學講授『法制史』課程。

《安慶舊影・懷寧中學》曰：『三十五年（一九四六年）春，予自蜀歸，地方人士暨在校學生，又强予以復原之責。』『予督工時被撞，足負重傷，遂辭職。各設校長，分任校事。』《安慶舊影・府學》曰：『三十五年（一九四六年），予負懷寧中學師範兩部復原之責，感於校舍不足以并栖，乃商同六邑人士，重修大成殿，由懷寧師範籌建其他房屋，即以此爲校舍。』《安慶舊影・安慶六邑中學》曰：『三十五年（一九四六年）遷回，假前女子職業學校開學。予自渝歸，邀予列席董事會，力請不避萬難以復興校舍爲第一任務。』《安慶舊影・懷寧縣》曰：『予三十五年（一九四六年）歸，見大堂之磚瓦逐漸遺失，逾年無一存者，遂欲將女學修建恢復，以款過巨而未果。』《簡介》曰：『一九四六年，吾父自渝歸，即在安徽大學教「法制史」。後安大遷蕪湖，因年邁未往。』

一九四七年（民國三十六年）　七十一歲

一九四六年十二月二十日至一九四七年一月五日，參加安徽省參議會一届二次大會，向大會提請將省會遷回安慶一案獲得通過。

《大公報》上海版一九四七年一月十三日第九版《安徽省會還治安慶　皖省參議會大會之决議》：『皖省參議會一届二次大會已於五日正式閉幕。上午大會舉行第十五次會議，選舉檀鶴皋、儲作時、王立仁、尹穎青、高英適、丁積成、胡味因、章曙、程曦明等九參議員爲駐會委員。此次大會會期歷十七日，决議一百一十七案。四日下午已將程濱遺等所提請將省會遷回安慶一案通過。該會即將函請省府編擬還治預算，并與省府會電政院，從速撥款，早日實現。』

五月三十日，任懷寧文獻委員會主任委員，兼編纂組組長。

《皖報》一九四七年六月一日第三版《懷寧文獻委會程筱蘇爲主委》：『本報訊：懷寧文獻委員會於前日下午二

時假參議會大禮堂舉行，到程小蘇、錢鎮東、劉鯤球、吴芹、史瑞珍、劉虛清、王季緒等，主席馬伯瑶，决議下列事項……編纂組組長由程主任委員小蘇兼任。』

七月五日至十七日，參加安徽省參議會一届三次大會。在大會開幕典禮中致辭，强調治安與財政的重要。

《大公報》上海版一九四七年七月十日第七版《皖參議會開幕　重視治安財政兩事》：『本報合肥通信：皖省參議會第一届第三次大會四日在合肥開幕，李品仙主席及省府各廳處首長均參加致詞。此次大會會期定爲十二天，討論中心爲治安與財政二大問題，研討草擬方案。大會自五日起逐日聽取政府施政報告，十六日選舉駐會委員及補選參政員，十七日閉幕。又皖省治安與財政問題均極嚴重，議長江暐、參議員程濱遺於開幕典禮中致詞時，均强調解决此二大問題之重要。』

參與組織委員會，對原督練公所房屋進行修葺，改爲安慶醫院。

《安慶舊影·督練公所》曰：『三十六年（一九四七年），以安慶醫院無院址，乃組織委員會，加以修葺，遂爲安慶醫院。予亦與有力焉。』

懷寧中學校産委員會改組，被推舉爲校産委員會主任，組織校舍重修委員會并負督察之責。

《安慶舊影·懷寧中學》曰：『予在鄉得人捐田種四十五石，歲入稻穀四百石左右，連同體育場後面地基之行租，歸爲校産，組織保管委員會，規定以其收入爲兩校合置儀器標本、補充圖書，三四年後，恢復高中部或另辦職業之需。三十六年（一九四七年）冬，委員會改組，推予爲主任。又以校舍失修，大成殿、崇聖祠破壞尤甚，經各界集議，組織重修委員會，使予負督察之責。』

有感迎江寺歷經抗日戰火安然無恙，作詩贈高鐵君。

《安慶舊影·懷寧中學》曰：『予抗戰後，自黔蜀歸，大觀亭諸勝大多破壞，惟迎江寺無恙。丁亥（一九四七年）與高鐵君相見於寺中，以詩見贈：「遠寺疏鐘在，荒城夕照明。烟花同故舊，江海倦平生。得此一回面，皤然無盡情。可堪春已暮，芳樹老啼鶯。」』

一九四九年　七十三歲

曾與地方人士集會討論省府在安慶的屋房興建等問題。

《大公報》上海版一九四九年一月十三日第五版《夏威在安慶談省府不遷屯溪》：『夏威主席對記者説，省府遷到安慶辦公，如無特殊原因，决不輕易遷動。外傳省要遷往屯溪，并無此種打算。……安慶地方人士對省府遷回，觀感不一，一部分極表歡迎，一部分則表示沉默。過去一再請求省府還治的地方人士楊慧存、程小蘇等，曾集會討論省府屋房興建及籌辦應用器具諸問題，但因耗費太大，一時無法實現。』

一九五三年　七十七歲

二月二十二日卒。

《簡介》曰：『一九五三年二月二十二日因病卒於安慶市，終年七十九歲。』

按，程濱遺生於一八七七年（光緒三年），卒於一九五三年，生卒年各算一歲，則爲七十七歲，故《簡介》中『七十九歲』應爲『七十七歲』。

著有《田賦史》《安慶舊影》《風烟舊影》《風塵舊影》《中國法制史》《文學源流》等。

《簡介》曰：『在蜀二年餘，曾編寫《田賦史》一書。』『《安慶舊影》著於一九四九年以前，即安徽大學遷蕪湖之後。書中資料來源，均爲吾父所見所聞，并都一一作了考證，其中教育、新聞之述，多爲吾父之經歷。吾父生前，還著有《風烟舊影》《風塵舊影》《中國法制史》《文學源流》等書，其中，《中國法制史》一書已爲安徽大學所出版。』

按，程濱遺著述，今確知存世者有《田賦史》《安慶舊影》和一些詩文、聯語及講演文字，其餘著作難以考見。

擬聘爲安徽文史研究館館員。

《簡介》曰：『解放後，省文史館成立，吾父即爲文史館館員，直至去世。』

按，陶顯斌《安徽文史研究館館員傳·前言》（第一輯）：『一九五三年二月，省人民政府根據政務院決定，正式成立安徽省文史研究館，光明甫任館長兼教育廳長。』可見，安徽文史研究館成立的時間正值程濱遺去世之月。程氏被聘爲省文史館館員或祇是擬聘，正式聘任之時，程氏病重或去世，故《安徽文史研究館館員傳·館員名録》中未見程濱遺的名字。

附録二：程濱遺傳記資料

民國名人圖鑒·程濱遺

程濱遺，小蘇，安徽教育經費管理處處長，兼懷寧中學校長。懷寧人，居懷寧雙蓮寺，一八七七年生。少孤，未弱冠，游食江南。甲午戰後，與有志者奮起興學，創辦宣城、南陵等縣中小學暨師範、法政各講習所，風氣爲之一變。逾年走日本，始習化學，繼研究政治、經濟，歸國後歷任安徽法政專門學校、農業專門學校、第一高級中學、第一中學、安慶六邑中學等校校長，并創辦安慶市小學二十餘所。民四，倪氏督皖，停學辦團，乃編（按，『編』應爲『遍』）歷各省，考察教育狀況。行至河南盤豆鎮，適值帝制之變，義師紛起，得五千餘人，進定河東。袁氏既殂，奉令罷兵，乃授軍於商震。入北平，主《中原日報》，揭發復辟陰謀，繫秋官者累月。歸後復從事教育，以迄於今。著有《中國文學史》《中國法制史》。

（楊家駱《民國名人圖鑒》第二册，辭典館，一九三七年版第八一一六五頁。）

作者生平簡介

程勉撰

《安慶舊影》一書，係家父所著。吾父名濱遺，字小蘇。一八七六年（清光緒二年）四月五日生於皖懷寧高河埠程家冲，一九五三年二月二十二日因病卒於安慶市，終年七十九歲。

吾父歲餘喪父（名蘇仙），自幼即從祖父（名容光）讀書。一八九四年（清光緒二十年）中秀才，一八九六年中舉人副榜。一八九九年，東渡日本，讀於明治大學，修數理。三年畢業後歸國，即一直從事於教育和新聞事業。清朝末年，吾父曾創辦南陵儲才中學，省立法正專門學堂，私立高等農業學堂。先後擔任懷寧中學校長、私立高等農業學堂教務長。

辛亥革命後，吾父與劉希平、光明甫、周松甫等人創辦江淮大學，并力主創辦了省私立第一女子學校和義務教育等二十多所學校，先後擔任江淮大學副校長、私立第一女子學校董事長、安慶府（六邑）中學校長、法政學院教授。

一九一一年至一九一八年，吾父先後在安慶、北京兩地創辦了《民岩報》和《中原日報》。在京辦《中原日報》時，因撰寫《馮國璋之總統夢》一文，報館遭禁衛軍搗毁，吾父被關數月才釋。

此外，吾父還爲籌措省教育經費和籌建省圖書館做了許多工作，曾任省教育經費管理處處長。

一九三八年，安慶被日軍占領。吾父携家人去湖北宜昌，四川萬縣、江津，貴州遵義等地避難。在蜀二年餘，曾編寫《田賦史》一書。

一九四六年，吾父自渝歸，即在安徽大學教『法制史』，後安大遷蕪湖，因年邁未往。

解放後，省文史館成立，吾父即爲文史館館員，直至去世。

《安慶舊影》著於一九四九年以前，即安徽大學遷蕪湖之後。書中資料來源，均爲吾父所見所聞，并都一一作了考證，其中教育、新聞之述，多爲吾父之經歷。

吾父生前，還著有《風烟舊影》《風塵舊影》《中國法制史》《文學源流》等書，其中，《中國法制史》一書已爲安徽大學所出版。

（安慶市交通局一九八三年油印本《安慶舊影》。）

安慶市志・程濱遺傳

程濱遺（一八七六—一九五三），字小蘇。懷寧縣高河埠程家冲人。父名蘇仙。兩歲喪父，自幼即從祖父容光讀書。清光緒二十年（一八九四）中秀才，兩年後中舉人副榜。二十五年（一八九九）留學日本，入明治大學，修數理。越三年畢業歸國。時南陵、宣城一帶客民（由湖南、湖北及安徽各地逃難到皖南的平民百姓）苦於子弟不得入學，慕名聘請程濱遺前去設館教學。先在南陵開辦育青小學，接着創建炳靈、同安、文斗三校，在宣城創辦求實小學、端安小學，又在南陵開設師範講習所，培養師資，但不久，各小學及師範講習所招生困難，再次電請他前往。程濱遺經學務處批准公假半年南下。到客民家中走訪，苦口婆心勸民送子入學，并將南陵四所小學合并爲儲才高等小學，使招生問題得到解決。

三十三年（一九〇七），懷寧中學堂鬧風潮，久未平息，學界人士公推其接任校長。這是他在家鄉辦學的開始。宣統二年（一九一〇），爲興學育才，各方奔走領取官租，向裕皖官錢局商借款，創辦安徽高級農業學堂。三年，又與光明甫等創辦私立專門法政學堂。民國元年（一九一二），募款創辦江淮大學，私立專門法政學堂與官立法政學堂、公立法政講習所并入，設立文、法兩院系，主持法律系。同年六月與韋格六等人在安慶創辦《民岩報》，以人民喉舌自許，秉筆揭露社會黑暗，頗受省内讀者歡迎。

五年（一九一六），到北京，與志同道合者暢談國事，一起創辦《中原日報》，針對局勢著文評述。當時，張勛正在徐州邀北京政府副總統馮國璋密謀復辟帝制，《中原日報》先後發表《復辟之陰謀》《馮國璋之總統夢》等文章，猛加抨擊，引起軒然大波。馮國璋電請總統黎元洪嚴辦，又向法院訴以侮辱罪。於是，《中原日報》被迫停刊，報館被搗毀，他自己遭拘押八十餘日，獲釋後被驅逐出京。

八年（一九一九），任安慶六邑中學校長，改校董事會聘請制爲校長聘請制，興建實驗室，增購教學儀器，開闢圖書館，并將自己每月在外兼職的薪俸一百元捐出購書，同時組織募捐活動，共徵書三萬餘册，供學生閱覽。十六年，國民黨政府裁撤厘金，安徽省教育經費無着落，程濱遺任安徽省教育專款委員會主任委員，三度赴南京交涉，終於爭得經費的落實。爾後任安徽省教育經費管理處處長，專司其事。十七—二十年，兼任安徽大學教授。二十四年，教育部督學來安慶視察，認爲懷寧中學校址狹小，條件簡陋，不適合設立中學，飭令停辦。經懷寧縣地方人士積極策劃，公推程濱遺復任校長，籌措新建學校任務。他擇定舊學宫（今安慶市四中）爲新校址，設法籌募捐款，并親自主持營建工程。校舍於次年春全部竣工。繼之圖書館建成，程濱遺率先捐贈一部《二十四史》。

安慶淪陷，程濱遺舉家西上，旅居宜昌、萬縣、江津、遵義等地。在此期間仍然堅持編寫《中國田賦史》一書。抗日戰爭勝利後，在國立安徽大學教『中國法制史』，兼任懷寧中學校長。三十六年，國民黨教育部呈報行政院爲其頒發『盡瘁教育』之匾額，懸挂於懷寧中學明倫堂上。解放後，被推薦爲省文史館館員。

著有《安慶舊影》《風塵舊影》《風烟舊影》《文學源流》《中國法制史》等。《中國法制史》已由安徽大學出版。

子勉（一八九六—一九八四），民國五年（一九一六）赴日本留學，十三年回國。曾任安徽省督學及省立一女師、六邑中學、省立女中、省第二臨時中學、安慶高級中學等校校長。解放後任安徽省第一、四届政協委員。

（《安慶市志》卷六十八，方志出版社一九九七年版第一七七九—一七八〇頁。）

程小蘇傳略

金杏邨　撰

程濱遺（一八七六—一九五三），字小蘇，一八七六年四月二十八日生於懷寧縣高河埠程家冲，父程蘇仙在他一歲多時即已去世，由祖母撫養，依靠祠堂救濟維持生活。稍長，經族祖教他讀書，於一八九六年中南闈副榜。一八九九年官費留學日本，入明治大學，習數理。一九〇二年歸國，在宣城、南陵兩地創辦儲材中學和小學。至一九〇七年懷寧縣立中學堂突然發生風潮，久久未能平息，懷寧人士電請程來擔任該校校長，處理這一突發事件，這是他在家鄉辦學的開始。一九一〇年，劉梧岡致仕回家，倡辦私立高等農業學堂，請程濱遺任教務。辛亥革命期間，學校停辦。第二年復校，程濱遺將學校遷到菱湖附近，改爲蠶桑學校。不久，學校改爲省立女子蠶桑學校，由教育司接辦，程遂離校。這時他與光明甫在同安嶺創立私立專門法政學堂，在此同時，他還募款籌辦了江淮大學，該校分文、法兩院，法院設有政治、經濟、法律三科，校址在雙蓮寺街舊電報局内，後并入省立法政學堂。在此期間，由於懷寧中學堂又發生學生反對監督的學潮，地方人士又推挽程濱遺在一九一〇年再次兼任監督。在他兼任監督時期，整頓了校産，以多餘的款項，購置了圖書、儀器，使這所一無所有的書院式學堂，初步具備了近代學校的規模。同時，他聘請了易白沙當教務主任。易白沙是革命黨人，文章氣節爲孫中山、章太炎所推重，來安慶後，與韓衍、高語罕、管鵬共同組織青年軍，易自任第二隊軍監。在易白沙的教育鼓勵下，許多學生相率參加了青年軍，武昌起義戰争中，有的前赴武漢作戰而犧牲。

民國成立以後，程濱遺在安慶辦了一個《民岩報》，并主編《實業雜志》《新教育》兩個刊物。一九一四年，他離開了安慶，報社交給吴靄航接辦。一九一六年，程在北京創辦了《中原日報》。爲了發揮其民衆喉舌作用，對北洋軍閥進行批評和揭露，有一次，程濱遺撰寫了《馮國璋之總統夢》一文，報社竟因此遭警衛軍搗毁，程濱遺個人也遭拘押達半年之久。釋出之後，并宣布驅逐出北京，不准再入北京，報社遂遭夭折。

一九一九年，程濱遺回到安慶，任六邑中學校長，兼任省立法政學堂教習，講授『國際法』『法制史』。他接任六邑中學校長前，由於六縣的校董攬權，他們雜居校内，生活腐朽，貪污公款，安置教員，使校長無聘請、選擇教員餘地，也影響學生學習情緒。鑒於以上情况，程提出要求：一、校董事會衹能核定預决算，不能經管經費收支；二、任用教職員以人才爲準繩，概由校長聘請、雇用，董事會不能任用。董事會同意後，他接任校長，改組人事，充實教學。首先着重於數、理方面，設法購辦了中學需用的理、化儀器，并興建儀器室、實驗室。又鑒於該校從未購置圖書，於是他率先將兼聘的月薪六十元，兼職文廟奉仕官的每月四十元，一并捐爲購書款項。同時發出了捐助圖書啓事，自己還帶頭捐贈了圖書一百多種。經徵集購買後，共有圖書三萬餘册，遂建圖書館，充實了青年學生的精神食糧。在布置、規劃學校環境方面，他也親自指導，辟運動場，種植樹木，培植花圃，疏浚水塘，塘中築墩建亭，養魚種蓮，其環境之美，爲各校之冠，使學生學習、生活、娛樂均適有其所。

這時，軍閥連年内戰，教育經費經常被侵吞爲軍費或中飽私囊，因此安徽教育界在六二慘案以後，即已成立省教育專款委員會，聘請教育界名流負責保管。程濱遺在就任六邑中學校長後的第三年，即兼任該委員會委員，司籌劃監察任務；一九二三年，另組監察委員會，他任主任委員。一九二七年，設置安徽省教育經費管理處，聘程濱遺爲處長，他遂離開六邑中學，校長的職務由史仲文代理。在此同時，他還兼任了安徽大學教授。一九三〇年正式辭去六邑中學校長職務。一九三二年，安徽大學建校時，校長程演生和他分別兼任了建築委員會正、副主任委員，至一九三四年完成了建校工程。

一九三五年，教育部督學來安慶視察，提出懷寧中學校址狹小，條件簡陋，不適合設立中學，因會同教育廳，飭令停辦。懷寧地方人士，再度强挽程濱遺，勉力擔任了新建懷寧中學的任務。他接受這一艱巨而困難的任務後，首先擇定縣學宫爲新校址，募集款項，開工建築。在上年，全國遭受特大自然災害時，程濱遺曾親自向上海商業銀行聯繫，簽訂了貸款合同，請准關務署發給免税護照，購進安南（今越南）、暹羅（今泰國）大米十萬石，以低於市價三分之一價格平糶，使城鄉居民安全地度過了災荒。這次懷寧中學興建校舍，他以武訓式的精神，向家鄉募捐建校，鄉里聞訊，紛紛捐助，至第二年，完成了建築任務。至今，安慶第四中學裏，還保留着這位老校長當年建校的奠基碑。工程一結束，他接着購置校具、儀器、標本。他曾向懷寧張國興募得捐款二千元，於校舍竣工後，在内操場西邊，建成一座圖書館，至於書籍也全部來源於捐助之途徑。除了程濱遺率先捐贈一部《二十四史》外，已故校長吴季白的後嗣吴鷺之將其父的藏書約一百餘箱連同其遺著手稿，一并捐贈給懷寧中學，專雇大船，自南京運到安慶，充實了圖書館。一九三七年，抗戰軍興，程濱遺將學校遷至高河埠，遂離校西上，先後在宜昌、萬縣、江津、遵義等地避難。在旅居川、貴期間，依然孜孜不倦地編寫了《中國田賦史》。抗戰勝利，於一九四六年在安徽大學教授『中國法制史』，并一度兼管懷寧中學恢復工作。新中國成立後，經推薦爲省文史館館員，這時他完成了《安慶舊影》這部著作。一九六三年（應爲『一九五三年』）二月二十二日，程濱遺病逝於安慶。

程濱遺畢生除從事於高等、中等教育外，對於小學教育、普及教育也同樣關懷。一九二一年，爲了推廣小學，他積極培養小教師資，曾在懷寧中學附設了師範講習所，以進行師資培訓工作。爲了普及教育工作，當陶行知來安慶時，他曾就這方面問題與陶行知進行了商討，并向省教育廳提出了推進小學教育、普及成人識字教育、辦夜校的建議。一九四六年，他回到安慶後，爲恢復城區各公私立小學，而作了一番深入細緻的調查，擬出了規劃，并親手創辦了安慶實驗小學。

其生平著作，除上述兩書外，尚有《風塵舊影》《文學源流》《風烟舊影》等。

（《安徽文史資料全書（安慶卷）》，安徽人民出版社二〇〇七年版第一三〇八—一〇三九頁，另載於《安慶文史資料》第一五輯第七七頁，文字稍异。）

程小蘇先生事迹補遺

史觀 撰

《程小蘇先生傳略》已載《安慶文史資料》一五輯。現補遺於後：程小蘇先生本名濱遺，少年時代即博學多才，能文擅詩，有『懷寧才子』的稱譽。二十歲中南闈副榜以後，見到兩湖遷居皖南宣城、南陵、廣德各縣的客籍居民子弟，在當地入學困難，甚至受到當地人士的排擠，他毅然接受了當地居民的聘請，前往教學。先在南陵開辦了育青小學，接着創建了柄靈、同安、文斗三所小學；又在宣城開辦了求實小學、端本小學，并且在南陵開辦了『師範講習所』，解決了師資困難的問題，同時將南陵的四所初小合并，改建爲『儲才高等小學』，於是客籍居民子弟的就學問題，得到初步解決。鑒於當時地方教育經費來源困難，他徑自前往南京，呈請兩江總督魏光燾批准：在南陵、宣城田賦項下，隨賦帶徵客籍田糧附加，每畝三十文錢，專作客民興辦學校之用。

一九〇四年，程小蘇東渡日本留學。次年八月孫中山在東京創建同盟會，他毅然加入同盟會。歸國後仍從事教育事業。辛亥革命成功，同盟會改組爲國民黨，這時安徽參與辛亥革命的同盟會員分化爲八個小黨派，到後期尚存五個黨派，其中自由黨的負責人是程小蘇，其機關報刊是《民岩報》。程離開安慶後，這個報由吴藹航接辦。

北伐前後，他擔任安徽省教育經費管理處處長時，由於連年戰争，教育經費無着落，三次專程赴南京，先後向財政部長孫科、宋子文當面力争，獲得批准：每月由國庫撥款十萬元，作爲專項教育經費，并親自具領。安徽教育事業迄至抗戰前夕，得以持續發展，與程小蘇老人竭盡的最大努力，是密切相關的。

民國初年，他曾被推選爲省議員，抗戰勝利復聘任省參議員，解放以後經推薦爲省文史館館員。

（《安慶文史資料》第二八輯第一一二頁。）

附録三：《安慶舊影》著録題記

中國地方志總目提要·安慶舊影

〔民國〕《安慶舊影》，陳（應爲『程』）小蘇纂。小蘇，懷寧人，省内教育界知名人士，清光緒末年與光昇共同創辦私立法政專門學堂，民國後曾任六邑中學、懷寧中學、安慶第一中學校長與安徽大學法學院教授。是書體例没有因襲，不泥於舊，分爲十一篇。各篇記述皆甚細緻具體，大體而論，以教育最詳，城池、古迹、祠廟次之，私團之組合、工商業等又次之。記事時限一般自光緒末年至抗日戰争興起，部分時間牽延較長，有的下限到抗戰勝利之後，有的上限達於清初。其書所記不少是纂者親身經歷的事實，特别是教育方面，對當時學校的開辦、調整與經費籌劃等，很多都是第一手材料，最爲難得。惟職官、人物、兵事等都無專篇，部分篇内雖然結合談了一些有關材料，大多一鱗半爪，不能窺視全貌，甚感缺漏。成書時間約在民國三十六年（一九四七）至三十七年（一九四八）間，有鉛印本。流傳多爲抄本。（江焕文）

（金恩輝等《中國地方志總目提要》，漢美圖書有限公司一九九六年版，第一二一二〇頁。）

《安慶舊影》油印本附記

《安慶舊影》是程小蘇先生寫的。是書文字簡雅，歷述了安慶城市的建置沿革、歷史地理、名勝古迹、文化教育、市政工程、水利建設、工商經濟、交通郵電、新聞戲劇、祠宇寺觀、會館堂局、民俗習尚等方面，文化教育尤爲詳細，是一本建國前安慶市的珍貴史志資料。

我們在爲安慶市公路交通史志采編史料工作中，曾在本市和南京、合肥等地發現了《安慶舊影》手稿複印本，認爲有必要以内部參考資料的形式向各界推薦，以幫助編史修志工作的開展。由於原本殘缺不全，經多方尋找，探本求源，才得到了副本和作者姓名。於是，我們不揣淺陋，將它打印出來。書中的繁體字，我們都依據漢字簡化方案盡量予以簡化，以方便閱讀；又將清道光年間的安慶城郭街衢圖、民國四年（一九一五年）的《懷寧縣志·安慶城廂圖》、建國初期測繪的安慶市區圖予以縮印附在書中，以幫助理解；并將書中條目加以明朗，列在卷首，便於查找。書中的《作者生平簡介》，是程小蘇先生的長子程勉同志所寫的；兩篇補遺資料及作者照片（攝於一九四〇年），是其四子程愓同志所提供。作者程曉蘇，應爲程小蘇。

由於我們水平有限，《安慶舊影》在編排、訂正、標點、打印、裝幀等方面，都存在着一定的缺點和錯誤，希望瞭解安慶掌故的老同志和廣大讀者予以批評、指正。

安慶市交通局史志辦公室

一九八三年十月

（安慶市交通局一九八三年油印本《安慶舊影》。）